दूसरे लोग जहां देश को एक जड़ वस्तु, कुछ मैदान, जंगल, पठार और नदी समझते हैं, वहां मैं अपने देश को अपनी माता मानता हूं। मैं इसकी पूजा करता हूं और मां की भांति उसकी भक्ति करता हूं। जब कोई राक्षस मां की छाती पर बैठकर उसका खून पी रहा हो तो उस समय उसका पुत्र क्या करेगा? क्या वह चुपचाप अपने परिवार के साथ मौज मनाता रहेगा या इसके बदले में मां को बचाने के लिए दौड़ पड़ेगा? मैं जानता हूं कि इस पतित जाति को उठा सकने का सामर्थ्य मुझमें है। यह कोई शारीरिक सामर्थ्य नहीं और मैं तलवार या बंदूक लेकर भी लड़ने नहीं जा रहा, यह तो ज्ञान की शक्ति है। क्षत्र तेज ही शक्ति का एकमात्र तेज नहीं है, ब्रह्म तेज भी है, वह तेज ज्ञान के ऊपर प्रतिष्ठित है।

योगीराज अरविन्द

# योगीराज अरविन्द

अशोक कौशिक

डायमंड बुक्स

**प्रकाशक : डायमंड पॉकेट बुक्स (प्रा.) लि.**
X-30 ओखला इंडस्ट्रियल एरिया, फेज-II
नई दिल्ली-110020
फोन : 011-40712200
ई-मेल : wecare@diamondbooks.in
वेबसाइट : www.diamondbooks.in
संस्करण : 2026
मुद्रक : रेप्रो (इंडिया)

---

**Yogiraj Arvind**
*By : Ashok Kaushik*

# अनुक्रम

# भूमिका

स्वर्गीय श्री अरविन्द घोष को 'योगिराज अरविन्द' नाम से ख्याति प्राप्त है। घर के अंग्रेजियत वातावरण और इंग्लैण्ड में अंग्रेजी शिक्षा ग्रहण करने के उपरान्त भी अरविन्द स्वदेश और स्वराज के प्रति समर्पित रहे। बाल्यावस्था से आरम्भ कर यौवनावस्था तक का उनका क्रान्तिकारी जीवन इस देश के लिए महान् वरदान सिद्ध हुआ। उनकी रचनाएं आज भी मानवता पर उपकार सिद्ध हो रही हैं। उनके व्यक्तिगत जीवन से अनेक लोगों ने व्यक्तिगत लाभ भी उठाया, यह अन्य बात है।

हमारी दृष्टि में अलीपुर षड्यंत्र में अरविन्द का लिप्त किया जाना और उस अभियोग में दोषमुक्त होने पर उनको कारागार में रखना, उनके जीवनक्रम में विपरीत परिवर्तन का कारण बना। किन्तु इसे न तो अरविन्द ने स्वीकार किया और न उनके भक्तों अथवा शिष्यों ने। हां, इतना सब स्वीकार करते हैं कि कारागार में अरविन्द को आध्यात्मिक अनुभव प्राप्त होने लगे थे।

1893 में लंदन से भारत वापस आने के उपरान्त 1910 तक चंद्रनगर तथा उसके बाद पाण्डिचेरी प्रस्थान करने तक का अरविन्द का सफर देश और धर्म के लिए समर्पित रहा। 1910 के उपरान्त भी 1926 तक वे अपनी रचनाओं द्वारा देश, जाति को कुछ न कुछ प्रदान करते रहे हैं, किन्तु उसके बाद के 24 वर्ष का उनका जीवन योग-साधना और सिद्धि का जीवन रहा है। इन अंतिम 24 वर्षों के उनके जीवन का कोई क्रम अथवा गतिविधि किसी भी प्रकार कहीं भी उपलब्ध नहीं है। इस अवधि में वे अपने भक्तों को अथवा एकलव्य की भांति बने अपने शिष्यों को, मात्र कभी-कभी दर्शन और आशीर्वाद से उपकृत करते रहे हैं। प्रकट रूप से अरविन्द ने न किसी की शिष्य बनाया और न भक्त, उनके सहयोगी ही अनायास उनके शिष्य बनते गए और यह क्रम स्वयंमेव बढ़ता गया।

अरविन्द के जीवन को पढ़ने वाले अथवा उनके सम्पर्क में रहने वाले व्यक्ति यह भली-भांति जानते हैं कि अरविन्द सिंगारपान एवं भक्षण निरन्तर करते रहे थे। यह क्रम पाण्डिचेरी से भी कम-से-कम 1920-24 तक तो रहा ही है।

कम से कम 1914 तक तो वे कभी मद्यपान भी करते रहे थे, इसका उल्लेख अनेक स्थानों पर उनके भक्तों तथा सहयोगियों ने किया है। योग-साधना और तामसी भोजन दोनों परस्पर विरोधी माने जाते हैं। इस विषय में न कभी किसी ने अरविन्द से जिज्ञासा व्यक्त की और न उन्होंने स्वयं कभी इसका समाधान प्रस्तुत किया।

1901 में बड़ौदा में कार्यरत रहते हुए उन्होंने स्वयं अपने विवाह के लिए विज्ञापन प्रकाशित करवाया और उसी वर्ष उनके मित्रों का सहयोग से उनका विवाह भी हो गया। विवाह के 4-5 वर्ष के उपरान्त बड़ौदा में रहते हुए ही उन्होंने कलकत्ता में रहने वाली अपनी पत्नी को अपनी मान्यताओं के विषय में लिखा और कहा कि उन मान्यताओं से समझौता करने पर ही उनका दाम्पत्य-जीवन सुखमय हो सकता है, जबकि अपनी उन मान्यताओं के विषय में उनको विवाह से पूर्व अपनी पत्नी को अवगत कराना चाहिए था। इस प्रकार यह कहा जा सकता है कि एक प्रकार से भारतीय नारी की मनोव्यथा को अरविन्द ने बढ़ाया ही, यद्यपि उन जैसे प्रबुद्ध व्यक्ति को उसे दूर नहीं तो कम से कम, कम तो करना ही चाहिए था।

श्री मां का उनकी योग साधना में कितना और किस प्रकार का सहयोग रहा है, इस विषय में सर्वत्र मौन ही छाया हुआ है। न भक्तगण कुछ जानते हैं और न स्वयं अरविन्द अथवा श्री मां ने इस विषय में कुछ उजागर किया है। श्री मां ने तो केवल इतना ही कहा है कि अपने बाल्यकाल में जिस कृष्ण की उन्होंने कल्पना की थी वह उन्हें पाण्डिचेरी आने के बाद प्रत्यक्ष में दिखाई दे गया। अस्तु।

पाण्डिचेरी जाने के उपरान्त श्री अरविन्द को एक बार राजा राममोहन राय और स्वामी विवेकानंद की प्रतिछायाएं दृष्टिगोचर होती रही हैं और उनके निर्देश पर वे कुछ न कुछ लिखते रहे हैं। तो क्या इससे यह अनुमान लगाना चाहिए कि उस अवधि तक उन दोनों की आत्माएं इस संसार में भटकती रही होंगी? यह पहेली अनसुलझी रह जाती है।

तटस्थ अथवा निष्पक्ष पाठक अरविन्द साहित्य और उनके प्रशंसकों द्वारा लिखे गए उनके जीवन चरित्रों को पढ़कर चकित होता है, किन्तु वह किसी से कुछ कहने अथवा पूछने का साहस नहीं कर पाता। क्योंकि यदि वह पूछता है तो उसके उत्तर में उसको भर्त्सना ही प्राप्त होती है समाधान नहीं। हमने अरविन्द के जीवनकाल में ही उनके अनेक शिष्यों को उनके प्रभा-मण्डल के वशीभूत विभिन्न प्रकार के अनर्गल प्रलाप करते हुए सुना है। हमने देखा है कि यदि कोई भक्त मरणासन्न हो गया है तो वह एक ओर तो पाण्डिचेरी तार भेजकर अरविन्द

और श्री मां के आशीर्वाद की कामना करता था और दूसरी ओर नगर के योग्यतम डॉक्टर को चिकित्सा के लिए आमंत्रित करता था। न केवल इतना अपितु हमने यह भी देखा कि यदि रोगी ठीक हो गया तो उसे योगीराज की कृपा प्रसाद माना गया और यदि कुछ अघटित घट गया तो उसे चिकित्सक की अकुशलता माना गया।

हमारी दृष्टि से 1872 से आरम्भ कर नवम्बर 1926 के अरविन्द और दिसम्बर 1926 से आरम्भ कर 5 दिसम्बर 1950 के योगीराज अरविन्द दो पृथक-पृथक व्यक्तित्व थे। अरविन्द की साधना, लगन, निष्ठा, समर्पण और त्याग के प्रति हम श्रद्धावत् हैं। किन्तु योगीराज अरविन्द हमारे लिए अनबूझी पहेली होकर रह गए हैं।

इस जीवनी के लेखन में हमने यथाशक्ति निष्पक्ष रहने और अरविन्द के भक्तों की अपार श्रद्धा को ध्यान में रखने का भरसक प्रयत्न किया है। तदापि जहां कहीं हमें शंका हुई, उसका उल्लेख करना कर्त्तव्य मान उसका समावेश अवश्य किया है क्योंकि यह जीवनी सामान्य पाठकों के लिए लिखी गई है, मात्र भक्तों के लिए नहीं।

**–अशोक कौशिक**

# बाल्यावस्था

श्री अरविन्दो वास्तविक शुद्ध नाम अरविन्द का जन्म उस काल में हुआ जब भारत में एक ओर तो अंग्रेजी सरकार अपने पूर्ण वैभवकाल का उपभोग कर रही थी, तो दूसरी ओर अंग्रेजों की दासता की बेड़ियां तोड़ने के लिए भारतवासी छटपटा रहे थे और एक के बाद एक इस प्रकार अपनी जान की बाजी लगाते जा रहे थे। अरविन्द के जन्म से पंद्रह वर्ष पूर्व भारतीय स्वतंत्रता का प्रथम समर लड़ा जा चुका था। उस समर की उपलब्धियों और दोषों के आधार पर निर्धारित भावी युद्ध लड़ा जा रहा था।

अरविन्द का जन्म उस परिवार में हुआ जो एक ओर तो स्वयं को सुधारवादी घोषित करता हुआ 'ब्रह्मों समाज' के नियमों एवं रीति-रिवाज का परिपालन करता था, क्योंकि अरविन्द के मातृ और पितृ, दोनों पक्ष 'ब्रह्मसमाजी' थे, तो दूसरी ओर उसके पिता अंग्रेजी शासन और शासकों के अनन्य भक्तों में से थे। अरविन्द के पिता डॉक्टर कृष्णधन घोष की मान्यता थी कि यदि भारत में अंग्रेजों का राज न होता तो यह देश न जाने अब और कब तक अंधकार में डूबा रहता। अंग्रेजों ने शासन, शिक्षा, समाजसुधार आदि कार्यों से जो प्रकाश इस देश में फैलाया, उसकी कृपा से ही डॉक्टर घोष की दृष्टि में, भारत का पुनरोदय हो रहा था।

डॉक्टर कृष्णधन घोष ने मेडिकल कॉलेज कलकत्ता से चिकित्सा विज्ञान की शिक्षा ग्रहण की। 1864 में 19 वर्ष की आयु में उनका 12 वर्षीया स्वर्णलता बोस के साथ विवाह हुआ और 1869 में आयुर्विज्ञान की ऊंची पढ़ाई के लिए इंग्लैंड चले गए। अपनी शिक्षा पूर्ण कर जब वे 1871 में भारत लौटे तो तब पूर्णतया अंग्रेजियत के दास और परम नास्तिक बन चुके थे।

भारत लौटने पर उनको चिकित्सा विभाग में नौकरी मिल गई और सिविल सर्जन के रूप में उनकी नियुक्ति हो गई। उनकी नौकरी का अधिकांश भाग भागलपुर, रंगपुर और खुलना में ही व्यतीत हुआ। अपने जीवन के अंतिम दिनों में उनकी नियुक्ति खुलना में हुई थी और उसके जीवन का अंत भी वहीं पर हुआ था।

1869 में जब डॉ. कृष्णधन घोष ऊंची पढ़ाई के लिए इंग्लैंड गए थे तब उनके दो पुत्रों, विनय भूषण और मनमोहन का जन्म हो चुका था। उनको वे अपनी पत्नी के पास छोड़ गए और देख-रेख के लिए मिस पैगेट नाम की एक नर्स को भी नियुक्ति कर गए। भारत लौटने पर जहां-जहां भी उन्होंने कार्य किया, उस क्षेत्र में उनकी बड़ी प्रसिद्धि होती रही। उसका कारण यह था कि वे वहां के सामाजिक जीवन में भी अत्यधिक रुचि लेते रहे थे। वे अपनी उदारता के लिए भी प्रसिद्ध रहे थे। तदापि वे यह समझते थे कि उनका जीवन सुखमय नहीं बीत रहा है। अपने जीवन के अंतिम दिनों में इस दु:ख को दूर करने के लिए उन्होंने मद्यपान भी आरंभ कर दिया था। किन्तु यह तो केवल कहने की बात है, मद्यपान से दु:ख दूर नहीं होता अपितु शनै:-शनै: वह बढ़ता ही जाता है। डॉक्टर घोष के साथ भी यही हुआ। मद्यपान के कारण उनका शरीर दिनोंदिन क्षीण होता गया था।

डॉक्टर कृष्णधन घोष के एक भाई भी थे, बामाचरण घोष। वे भागलपुर में हैड क्लर्क के रूप में सरकार की सेवा करते रहे थे। दोनों भाइयों में किसी भी विषय पर मतैक्य न होने के कारण दोनों के संबंध कभी गहन नहीं रहे।

डॉक्टर कृष्णधन घोष के एक अभिन्न मित्र थे–बैरिस्टर मनोमोहन घोष। यह संयोग की ही बात है कि उनकी पत्नी का नाम भी स्वर्णलता ही था। इस प्रकार जहां पतियों में प्रगाढ़ मित्रता थी, उसी प्रकार दोनों की पत्नियां भी अभिन्न सखियां थीं। बैरिस्टर घोष कलकत्ता में प्रैक्टिस करते थे।

अरविन्द के जन्म के समय उनकी माताजी कलकत्ता में अपनी सखी श्रीमती स्वर्णलता घोष के घर पर रह रही थी। वहीं 15 अगस्त 1872 को प्रात:काल साढ़े चार बजे अरविन्द का जन्म हुआ।

अरविन्द के नाना राजनारायण बोस देवघर में रहा करते थे। उन दिनों डॉक्टर घोष खुलना में कार्यरत थे। समय-समय पर घोष परिवार के बच्चे अपने नाना के पास रहने के लिए देवघर जाया करते थे। डॉक्टर घोष के परिवार में अंग्रेजी वातावरण था। यहां तक कि बच्चों को मातृभाषा का ज्ञान नहीं था। अरविन्द ने जब बोलना आरम्भ किया तो अंग्रेजी में ही। उन्हें बंगला आती ही नहीं थी। पांच वर्ष की आयु तक वे अंग्रेजी के माध्यम से ही बात करते रहे थे, तदुपरान्त कुछ परिस्थितिवश उन्होंने बंगला सीखी थी। नाना के घर में एक नर्स और एक बटलर थे, उनके साथ अरविन्द टूटी-फूटी इंग्लिश और बंगला से बात करते थे। उनके मामा परम देशभक्त और भारतीय संस्कृति के परम उपासक थे।

नाना चाहते थे कि पुत्री के बच्चों को भारतीय शिक्षा दी जाए, किन्तु डॉ. घोष को समझाना किसी के वश की बात नहीं थी। दार्जिलिंग में लोरेटो कॉन्वेन्ट स्कूल नाम से एक अंग्रेजी स्कूल था, जिसमें अधिकांशतया भारत स्थित अंग्रेज अधिकारियों के बच्चे पढ़ते थे। इसी स्कूल में डॉ. घोष अपने तीन पुत्रों को

प्रविष्ट कराया था। अरविन्द घोष की आयु उस समय पांच वर्ष की थी। इस प्रकार वे अपने बाल्यकाल से ही घर और परिवार से दूर रहने के अभ्यस्त हो गए थे। अवकाश के दिनों में बच्चे अपने पिता के पास खुलना और नाना के पास देवघर जाया करते थे। दार्जिलिंग स्कूल में वे दो वर्ष तक रहे। उन दिनों के विषय में अरविन्द को कुछ विशेष स्मरण नहीं रहा था।

अरविन्द के जन्म के बाद उनका एक और भाई भी जन्मा था, किन्तु कुल समय बाद ही उसका निधन हो गया। उसके बाद उनकी बहन सरोजिनी का जन्म हुआ। अरविन्द के नाना डॉ. राजनारायण बोस के परिवार में कुछ व्याधि पाई जाती थी। उनका एक पुत्र पागल हो गया था। उनकी दोनों पुत्रियां स्वर्णलता अर्थात् अरविन्द की माताजी और उसकी बहन को भी मिर्गी के दौरे पड़ा करते थे।

अपने बच्चों को दो वर्ष तक दार्जिलिंग में शिक्षा दिलाने के उपरान्त डॉक्टर कृष्णधन घोष अपनी पत्नी और चारों बच्चों को लेकर इंग्लैंड गए। कुछ दिन वहां रहकर सब ठीक व्यवस्था करने के उपरान्त डॉक्टर घोष अकेले ही भारत वापस आ गए, क्योंकि यहां उनको निश्चित तिथि पर अपनी नौकरी पर उपस्थित होना था।

उसके एक वर्ष बाद उनकी पत्नी स्वर्णलता भी अपने दो छोटे बच्चे सरोजिनी और बारीन के साथ वापस भारत लौटी। बारीन का जन्म इंगलैंड में ही हुआ था। वहां के जन्म रजिस्टर में उनका नाम इमानुयल घोष अंकित किया गया था।

भारत वापस आने पर डॉक्टर घोष ने देखा कि उनकी पत्नी की मानसिक स्थिति बड़ी विचित्र थी। कुछ समय तक तो उन्होंने उसे अपने पास ही रखा किन्तु उस स्थिति में पत्नी के साथ रहना असह्य हो गया तो उन्होंने उसके लिए देवघर से दो मील के अन्तर पर रोहिणी में उनके रहने की व्यवस्था कर दी। दोनों छोटे बच्चे भी उनके साथ ही रहते रहे।

इंग्लैड में पढ़ने वाले अपने तीनों बच्चों के लिए डॉ. घोष प्रथम वर्ष में तो उनके खर्चे के लिए नियमित रूप से धन भेजते रहे थे। किन्तु अगले वर्षों से उसमें कमी आने लगी और एक समय ऐसा भी आया कि जब डॉ. घोष ने अपने बच्चों को खर्चा भेजना ही बन्द कर दिया। उस समय उन लोगों के दिन कैसे बीते होंगे, इस विषय में बहुत कम ज्ञात है।

अरविन्द 1879 से 1892 तक, लगभग चौदह वर्ष इंग्लैंड में रहे। इस चौदह वर्ष की अवधि में वे चार स्थानों पर रहते रहे थे। 1879 से 1884 तक मानचेस्टर में, 1884 से 1890 तक लंदन में, 1890 से अक्टूबर 1892 तक कैम्ब्रिज में और अक्टूबर 1892 से दिसम्बर 1892 तक फिर लंदन में रहे थे।

इन स्थानों पर रहत हुए अवकाश के दिनों में यदि उनकी आर्थिक दशा कुछ भी ठीक रही तो वे बाहर आते-जाते रहे थे।

डॉक्टर कृष्णधन घोष की प्रबल इच्छा थी कि उनकी संतति पूर्णतया अंग्रेजी रंग में रंगी जाए। इसके लिए ही उन्होंने उनको इंग्लैंड भेजने का यत्न किया। इस कार्य के लिए उन्होंने रंगपुर के जिलाधीश मिस्टर ग्लेजियर की सहायता प्राप्त की। ग्लेजियर के डॉ. घोष की मैत्री थी। उस समय ग्लेजियर का एक रिश्तेदार रेव. विलियम ड्रेवेट मानचेस्टर में रहता था। उसने ही इनके वहां ठहरने की व्यवस्था की थी। उस समय अरविन्द की आयु मात्र सात वर्ष की थी। ड्रेवेट चर्च में पादरी की पद पर नियुक्त था।

मानचेस्टर में अरविन्द के दोनों बड़े भाइयों को वहां के ग्रामर स्कूल में प्रविष्ट करा दिया गया। अरविन्द की आयु में छोटे होने के कारण स्कूल में नहीं लिया गया तथा ड्रेवेट पति-पत्नी उसको घर पर ही पढ़ाते रहे थे। ड्रेवेट लैटिन भाषा में निष्णात थे, उन्होंने अरविन्द को अंग्रेजी और लैटिन पढ़ाई। उनकी श्रीमती ने उनका इतिहास, भूगोल, अंकगणित और फ्रेंच में निष्णात किया।

क्योंकि अरविन्द घर पर ही पढ़ रहे थे, इसलिए उनको अपनी इच्छानुसार अनेक पुस्तकें पढ़ने का अवसर सुलभ हो गया तो उन्होंने उस अवधि में बाइबिल, शेक्सपियर, शैली, कीट्स आदि की रचनाएं पढ़ डाली। इसके अतिरिक्त जो भी अच्छा लगा वह सब पढ़ा। यहां तक कि उस बाल्यावस्था में वे फॉक्स फैमिली मैगजीन के लिए कविता भी लिख कर भेजने लगे। घर से बाहर कम निकलना होता था, इसलिए खेलने की सुविधा उनको नहीं थी।

डॉक्टर कृष्णधन घोष ने मिस्टर ड्रेवेट को खूब भली प्रकार यह समझा दिया था कि उनके बच्चों को इंग्लैंड में न तो किसी भारतीय से मिलने दिया जाए और न ही उसको भारतीय जीवन पद्धति के विषय में किसी प्रकार का कोई ज्ञान होने पाए। इसलिए इंग्लैंड में रहते हुए तीनों भाइयों का मिस्टर ड्रेवेट के अतिरिक्त अन्य किसी के साथ कोई संबंध रहा ही नहीं। मानचेस्टर में रहते हुए वे जिस अन्य व्यक्ति को जानते थे वे बैन्टले थे, जो सामान्यतया यार्क से ड्रेवेट परिवार के पास आते रहते थे या फिर एक ड्रेवेट की बहन भी थी जो यदाकदा उसके पास आती थी और कभी-कभी ये उनके पास जाते थे। तब घोष बन्धु भी उनके साथ जाया करते थे।

मिस्टर ड्रेवेट की माता पक्की ईसाई थीं और वे चाहती थी कि डॉ. घोष के पुत्रों को भी ईसाई बनाया जाए। इसके पीछे उनकी कोई मिशनरी भावना नहीं थी उससे ईसाइयों की संख्या बढ़ेगी, अपितु वे उन बच्चों को प्यार करती थीं

और चाहती थीं कि जिस प्रकार ईसा की शरण में रहने से वे स्वयं सुरक्षित हैं उसी प्रकार वे बच्चे भी सुरक्षित हो जायेंगे। किन्तु मिस्टर ड्रेवेट ने ऐसा नहीं करने दिया, क्योंकि जब डॉक्टर घोष ने उनको निर्देश दिया था कि उनके बच्चे किसी भारतीय के सम्पर्क में न आए तो उस समय ड्रेवेट ने उनके धर्म के विषय में भी पूछा था। तब डॉक्टर घोष ने कहा था कि बच्चों को बड़ा होने दो, उस समय वे जैसा बनना चाहेंगे उनको बना दिया जायेगा।

अरविन्द को जब प्रारंभिक स्कूल में प्रविष्ट कराया गया तो वह उनका नाम अरविन्द अक्रोयड घोष लिखाया गया। इससे यह भ्रम फैलने लगा कि अरविन्द को ईसाई बना लिया गया है। किन्तु तथ्य यह नहीं था। वृद्धा श्रीमति ड्रेवेट अरविन्द को रविवार के दिन अपने साथ चर्च ले जाया करती थीं, वहां कभी-कभी वे प्रार्थना में सम्मिलित होकर ईसाइयों की भांति प्रार्थना करने लगते थे, इसके अतिरिक्त उन्होंने कभी ईसाईयत को ग्रहण नहीं किया। उस समय उनकी आयु लगभग दस वर्ष की रही होगी।

तभी एक घटना घटी। पादरी ड्रेवेट का चर्च अधिकारियों के साथ कुछ मतभेद हुआ तो उसने अपने पद से त्याग-पत्र दे दिया और वह इंग्लैड छोड़कर आस्ट्रेलिया चला गया। यह सब इस प्रकार हुआ कि डॉक्टर घोष को सूचना देना संभव नहीं हो पाया। उसने उनके बच्चों की व्यवस्था मि. अक्रोयड और उनकी वृद्धा माता के साथ कर दी। इसका मुख्य कारण यही था कि वृद्धा अक्रोयड वर्ष 1872 में उस समय कलकत्ता में ही थीं, जब अरविन्द का जन्म हुआ था और बैरिस्टर मनोमोहन के घर पर उनका नामकरण संस्कार हुआ था। उस समय श्रीमती अक्रोयड को विदित हुआ था कि डॉक्टर घोष भारतीय जीवन पद्धति से घृणा करते हैं और वह अपनी सन्तति को पाश्चात्य पद्धति में ढालना चाहते थे। इसी कारण श्रीमती अक्रोयड ने अरविन्द के 'गॉड फादर' के रूप में उसे अपने पिता का नाम दे दिया था।

घोष बन्धु जब मानचेस्टर में रहते थे तो उनके पिता डॉक्टर कृष्णधन घोष उनके खर्च के लिए 300 पौंड प्रतिवर्ष भेजा करते थे। उन दिनों एक पौंड कदाचित् पांच रुपये के बराबर होता होगा। किन्तु कालान्तर में डॉक्टर घोष यह खर्चा भेजने में नियमित नहीं रह पाए। इसलिए जब ड्रेवेट भारत के मार्ग से आस्ट्रेलिया के लिए गए तो वे कलकत्ता में रुककर घोष से पिछला हिसाब चुकता करके ले गए थे।

मनोमोहन और अरविन्द को लंदन के सेंट पॉल स्कूल में किसने प्रविष्ट कराया, इसका कोई विवरण कहीं उपलब्ध नहीं है। तदपि उसी स्कूल के रजिस्टर में सितम्बर 1884 की तिथि में मनोमोहन के लिए 'डब्ल्यू० एच०

ड्रैवेट' के अभिभावकत्व में लिखा पाया गया है। अरविन्द कहा करते थे कि लंदन की व्यवस्था श्रीमति ड्रेवेट के माध्यम से हुई थी।

सेंट पॉल स्कूल में प्रविष्ट होने के उपरांत वहां के एक अध्यापक डॉ. वाकर ने अरविन्द की परीक्षा ली और उनको लैटिन तथा अन्य विषयों में योग्य पाया, किंतु ग्रीक में उनको कुछ कठिनाई होती थी। इसीलिए डॉक्टर वाकर ने उनको कक्षा के अतिरिक्त भी, दुर्बल छात्रों के लिए खोली गई, अपनी कोंचिग क्लास में पढ़ाना आरम्भ कर दिया।

अरविन्द सेंट पॉल स्कूल में 1884 से 1886 तक रहे। इस अवधि में वहां उनका जीवन क्रिया-कलापों से परिपूर्ण बीता। उन्होंने वहां कुछ सीखा और अनेक विषयों पर उनके पुरस्कार भी प्राप्त किए, क्योंकि डॉक्टर वाकर ने अरविन्द को योग्य छात्र पाया, तो अगली कक्षाओं में चढ़ा दिया। इस प्रकार उनके कुछ वर्ष बच गए।

डॉक्टर घोष की ओर से भेजा जाने वाला भत्ता अनियमित होने के कारण तीनों भाइयों का लंदन का जीवन बड़ी ही कठिनाइयों से भरा हुआ था। इस विषय में अरविन्द ने ''सेक्रेटरी ऑफ स्टेट्स फॉर इंडिया'' को एक बार अपने पत्र में लिखा था–

''मैं जब केवल सात वर्ष का था तब मुझे अपने दो भाइयों के साथ पढ़ने के लिए लंदन भेजा गया था। किन्तु पिछले आठ वर्ष से हम लोगों को आत्मनिर्भरता का जीवन जीना पड़ रहा है। कोई अंग्रेज हमारा मित्र नहीं है जो हमारी किसी तरह की सहायता कर सके अथवा कोई परामर्श दे सके। हमारे पिता, खुलना के डॉक्टर कृष्णधन घोष, हम लोगों को नियमित भत्ता भेजने में असमर्थ हो गए हैं। इस कारण हम विगत कई वर्षों से बड़ी दयनीय स्थिति में रहने के लिए बाध्य हो गए हैं।

इस पत्र में वर्णित तथ्यों की पुष्टि अरविन्द के भाई मनोमोहन द्वारा अपने मित्र लारेंस बिनयों को जुलाई 1887 में लिखे निम्न पत्र से होती है–

''आजकल मेरी स्थिति बड़ी विचित्र हो गई है, मैं नहीं समझ पा रहा हूं कि क्या मैं अपनी छात्रवृत्ति की व्यवस्था कर पाऊंगा? क्योंकि हमारे पिता पर आर्थिक संकट आ गया है और वे मेरी सहायता करने में असमर्थ हैं। ऑक्सफोर्ड में रहने के लिए 80 पौंड अपर्याप्त हैं। मैं यह जानने के लिए अगले सप्ताह ऑक्सफोर्ड जाने वाला हूं कि क्या मैं वहां अपने लिए किसी प्रकार की व्यवस्था कर पाता हूं अथवा नहीं, या मुझे किसी प्रकार की कोई सहायता मिल सकती है। मैं अपने पिता को इस बात के लिए मनाना चाहता हूं कि वे मुझे सदा-सदा

के लिए इंग्लैंड रहने की अनुमति दे दें क्योंकि मैं जानता हूं कि जिस प्रकार की मेरी अभिरुचि है, भारत में मैं किसी काम का सिद्ध नहीं हूंगा।''

यहां पर मनोमोहन ने जिस कठिनाई का उल्लेख किया वह तीनों भाइयों के लिए समान थी। हां, अरविन्द के विषय में थोड़ा-सा अन्तर यह था कि वे सेंट पॉल स्कूल से जब किंग्स कॉलेज कैम्ब्रिज में प्रविष्ट हुए तो उस समय उनको कुछ छात्रवृत्ति मिल गई थी और जब आई.सी.एस. की तैयारी करने लगे तो उसके लिए भी उनको थोड़ा बहुत भत्ता प्राप्त होने लगा था। फिर भी वे सदा कठिन स्थिति में ही रहते रहे थे, क्योंकि जब भी उनसे संभव होता था वे अपने दोनों भाइयों की सहायता कर दिया करते थे।

ऊपर मनोमोहन के जिस पत्र का उल्लेख कर आये हैं, उससे दो बातों का रहस्योद्घाटन होता है। एक तो यह कि अपने पुत्रों के प्रति डॉक्टर कृष्णधन घोष की मनोवृत्ति सहसा बदल गयी थी और यह भी उस समय, अर्थात् 1887 के लगभग वे आर्थिक संकट से घिर गये थे। उनकी पुष्टि के अन्य भी अनेक प्रमाण प्राप्त हुए हैं।

अरविन्द आई.सी.एस. की घुड़सवारी की परीक्षा में सम्मिलित नहीं हो पाये थे। इस कारण उनको आई.सी.एस. में नहीं लिया गया था। इसकी सूचना जब उनके किसी अध्यापक को प्राप्त हुई तो उसने किंग्स कॉलेज के अध्यापक को उनकी आर्थिक विपन्नता किन्तु अध्ययनशीलता तथा लगन का उल्लेख करते हुए पत्र लिखा। उसमें उसने अरविन्द के विगत जीवन की उपलिब्धयों का भी उल्लेख किया था। उनकी योग्यता और उच्च चरित्र के विषय में उसने बहुत अच्छा लिखा था। उसके पत्र लिखने का उद्देश्य यही था कि केवल घुड़सवारी में भाग न ले सकने के कारण उन्हें न रोका जाए।

इसकी चर्चा अनेक जनों ने अनेक प्रकरणों में की है, उनका विस्तार से उल्लेख कर पुस्तक के पृष्ठ भरने से कोई लाभ नहीं। आई.सी.एस. कमिश्नर कों प्रभावित करने के लिए भी कुछ पत्र लिखे गये, किन्तु परिणाम कुछ नहीं निकला।

अपने लंदन के 6 वर्ष के प्रवास काल में अरविन्द 3-4 विभिन्न स्थानों पर रहे थे। इस विषय में एक घटना का उल्लेख किया जाता है। वह यह कि लंदन में इनके रहने की व्यवस्था श्रीमति ड्रेवेट करती थीं। शाम के समय वह इन तीनों के निकट के 'चैपल' में ले जाती थीं। जहां प्रार्थना के उपरान्त बाइबिल से कुछ पढ़कर सुनाया जाता था। कभी-कभी उनके बड़े भाई मनोमोहन भी उसका संचालन करते थे। एक ऐसे ही दिन मनोमोहन ने बाइबिल का उद्धरण पढ़ने के उपरान्त उद्धरण के विषय में अपना विचार व्यक्त करते हुए 'मोजेज' की आलोचना कर दी।

श्रीमति ड्रेवेट को यह बहुत बुरा लगा और उसने कह दिया कि वह इन नास्तिकों के साथ नहीं रह सकती। इसलिए वह इनसे अलग रहने के लिए चली गयीं। अरविन्द कहते हैं कि यह बहुत अच्छा हुआ। उन्होंने मन ही मन 'दादा' अर्थात् बड़े भाई का धन्यवाद किया। तदपि इन कारण उनको वह मकान बदलना पड़ा। ऐसे ही अन्य कारण भी रहे और तीनों भाइयों को अलग-अलग भी रहना पड़ा। यह उन लोगों के अत्यन्त कठिनाई के दिन थे। कभी विनय मोहन ने जेम्स कॉटन कं. के पांच शिलिंग प्रति सप्ताह की नौकरी भी की। इस अवधि में इन लोगों को पर्याप्त भोजन भी प्राप्त नहीं होता था। यहां तक लगभग दो वर्ष तक उन लोगों को रात्रि का भोजन ही प्राप्त नहीं होता रहा था। यही दशा उनके वस्त्रों की थी। लंदन जैसे शीतयुक्त स्थान पर बिना ऊनी कपड़ों के उन लोगों को अपने दिन बिताने पड़े थे। कमरे को गरम रखने की तो बात ही नहीं सोची जा सकती थी।

उन्हीं दिनों अरविन्द ने 'दि रिवोल्ट ऑफ इस्लाम' पुस्तक पढ़ी। उसको उन्होंने अनेक बार पढ़ा। वे उससे प्रभावित हुए और सोचने लगे कि मैं भी अपने जीवन को इसी प्रकार के सुधार के कार्यों में लगाऊंगा। अरविन्द अपनी पाठ्यपुस्तकों को कम और अन्य पुस्तकों को अधिक पढ़ा करते थे। तदपि यह उनका सौभाग्य था कि वे पाठ्यक्रम से संबंधित अनेक पुरस्कारों को प्राप्त कर लिया करते थे। तब उनके शिक्षक उन्हें समझाते थे कि यदि वे पाठ्येत्तर पुस्तकों को पढ़ना छोड़कर केवल अपनी स्कूली पढ़ाई पर ध्यान दे तो वे इससे भी अच्छा कर सकते हैं।

अरविन्द अपने आरम्भिक जीवन से ही अंग्रेजी कविता लिखने लगे थे। किन्तु सैंट पॉल में आने के उपरान्त 16-18 वर्ष की आयु में बहुत अच्छी कविता लिखने लगे थे। कैम्ब्रिज में जाने पर भी उनकी रचनायें प्रकाश में आती रही, यही क्या वे तो आजीवन कविताएं लिखते ही रहे थे। अपनी 17 वर्ष की आयु में उन्होंने किसी ग्रीक ग्रंथ के किसी प्रसिद्ध उद्धरण का अंग्रेजी में पद्यानुवाद किया था, जिसे पढ़कर उसके शुभचिंतकों ने उसको कविता लिखते रहने के लिए प्रोत्साहित किया था। उस समय वे ग्रीक और लैटिन भाषा में कविता करते थे।

वर्तमान युग में जिस प्रकार खेलों को जीवन का एक मूल्यवान अंग माना जाता है, उस युग में इस पर इतना ध्यान नहीं दिया जाता था। फुटबॉल और क्रिकेट तो उन दिनों बस, आरम्भ ही हुए थे।

कविता करना और पाठ्येत्तर पुस्तकें पढ़ना जारी रखते हुए भी अरविन्द अपनी पढ़ाई में तेज थे और छात्रवृत्ति लिया करते थे। यहां तक कि जब उन्होंने

आई.सी.एस. की प्रवेश परीक्षा दी तो उसका स्थान 11वां था और क्लासिक्स में उनको सर्वोत्तम अंक प्राप्त हुए थे। जब वे आई.सी.एस. की तैयारी कर रहे थे, तब भी उनको भत्ता प्राप्त होता रहा था।

उनकी आर्थिक दशा का उल्लेख हम पूर्व में कर आये हैं। उनके अध्यापकों ने जब डॉक्टर कृष्णधन घोष को खर्चा भेजने के लिए लिखा तो यह भी लिख दिया था कि दुकानदारों से उस पर कानूनी कार्यवाही करने की धमकी देना आरम्भ कर दिया है। उस समय उनको कुछ पैसे भेजते हुए डॉक्टर कृष्णधन ने अरविन्द को लिखा कि वे बहुत फिजूलखर्ची करने लगे हैं। कालान्तर में जब इसकी चर्चा अरविन्द अपने मित्रों से करते थे तो हंसा करते थे कि हमें तो खाना भी भली प्रकार नहीं मिलता था, फिर फिजूलखर्ची कहां से होती? तदपि उन लोगों ने अपने पिता के प्रति कभी अनादर की भावना व्यक्त नहीं की।

उनके पिता को भी अपने पुत्रों के विषय में बड़ा अभिमान था। उन्होंने एक बार दिसम्बर 1891 में अपने साले जोगेन्द्र बोस को पत्र लिखा था–

''मैंने जो अपने तीन पुत्र उत्पन्न किए हैं, उनको मैंने रत्न के रूप में तराशा है। मैं भले ही जीवित न रहूं किन्तु तुम जीवित रहोगे और तुम्हें अपने भानजों पर गर्व होगा, जो अपने देश का गौरव बढ़ायेंगे और तुम्हारे नाम को भी ऊंचा करेंगे। मैं समझता हूं कि 'अरो' (अर्थात् अरविन्द) अपने कुशल प्रशासन से अपने देश को गौरवान्वित करेगा। मैं तो जीवित नहीं रहूंगा। यदि तुम जीवित रहे तो मेरे इस पत्र की बातों को स्मरण करना। वह इस समय कैम्ब्रिज के किम्स कॉलेज में हैं, वहां वह अपनी ही योग्यता पर पहुंचा है।''

कैम्ब्रिज में अपने द्वितीय वर्ष में अरविन्द ने अपनी परीक्षायें प्रथम श्रेणी में उत्तीर्ण कीं। इस प्रकार वहां का यह प्रथम मार्ग उत्तीर्ण कर लेने पर सामान्यतया बी.ए. की उपाधि दे दी जाती है। किन्तु उसे प्राप्त तभी किया जा सकता है जब वहां तीन वर्ष का अध्ययन पूर्ण कर लिया जाए। अरविन्द ने उस उपाधि को लेने की कोई चिन्ता नहीं की। यदि कोई व्यक्ति इंग्लैंड में शैक्षिक अथवा शैक्षणिक गतिविधियों को अपना भावी कार्यक्रम बनाना चाहता है तो उसके लिए बी.ए. की उपाधि प्राप्त करना अनिवार्य होता है। अन्यथा इसका कोई विशेष महत्त्व नहीं है।

1891 में आइरिश नेता परनैल के देहान्त पर अरविन्द ने उस पर एक कविता लिखी। उसने जन–साधारण की समस्याओं पर विशेष ध्यान देना आरम्भ कर दिया था और उसके विषय में वह अपने स्वतंत्र निर्णय, निर्धारित किया करता था।

अरविन्द ने कैम्ब्रिज के दिनों में ही वहां ''भारतीय मजलिस'' की स्थापना हुई थी। वह मजलिस इंग्लैंड में रहने वाले विद्यार्थियों की सामाजिक

स्थिति पर महत्वपूर्ण भूमिका निभाने लगी थी। सामान्यतया इसके कारण उन विद्यार्थियों के राजनीतिक विचारों में परिवर्तन होने लगता था। अरविन्द ने इसमें बढ़-चढ़कर भाग लेना आरम्भ किया और कुछ समय के लिए वह उसके मंत्री भी रहे। इस मजलिस में वे भारतीय स्वतंत्रता की बड़े प्रबल शब्दों में व्याख्या करने लगे थे। सम्भवतया उनके इन क्रांतिकारी विचारों की सूचना लंदन स्थित इंडियन सिविल सर्विस कमिश्नर को जाती होगी। यह समझा जाता है कि अरविन्द को आई.सी.एस. में न लिए जाने में इसके निर्णायक भूमिका निभाई होगी।

कैम्ब्रिज में रहते हुए अरविन्द ने तीन बातों पर विशेष ध्यान दिया था–

1. ट्रिपोस और आई.सी.एस. की पढ़ाई, 2. 'इंडियन मजलिस' में भाग लेना, भारतीय स्वतंत्रता के लिए यत्न करना और 3. कविता लिखना।

उस काल में जो कविताएं उन्होंने लिखी थी, वे 1895 में बड़ौदा में 'सांग्स ऑफ मायरटिला' शीर्षक से प्रकाशित हुई थी। नोरमन फेरर जो कालान्तर में बैरिस्टर बना, उसने अरविन्द को कविता के छन्द पर विशेष ध्यान देने की बात समझाई थी। उन दोनों में घनिष्टता थी और जब वही नोरमन फेरर 1908 में सिंगापुर जाते हुए मार्ग में कलकत्ता में रुका था तो उस समय अरविन्द अलीपुर बमकाण्ड में घिरे हुए थे। वह उच्च न्यायालय में गया था, इस काण्ड में वह अरविन्द की सहायता करना चाहता था, किन्तु समझ नहीं पा रहा था कि यह सहायता किस प्रकार की जा सकती है।

अरविन्द ने समकालीनों में माहफी रोबर्ट पैंटलैंड, हफ नोरमन फेरर, फ्लेक्स जेवियर, डिसूजा, के.जी. देशपाण्डे, सर हरिसिंह गौड आदि के नाम लिया जा सकता है। के.जी. देशपाण्डे अरविन्द को बड़ौदा में मिले थे, जहां वे रिवेन्यु विभाग में कार्यरत थे।

इसके सुपुष्ठ प्रमाण होते हैं अरविन्द ने अक्टूबर 1892 में कैम्ब्रिज छोड़ दिया था और वे लंदन आकर रहने लगे थे। लंदन में भी वे उस वर्ष के दिसम्बर तक ही रहे और फिर भारत के लिए चल पड़े।

यह सर्वमान्य तथ्य है कि अरविन्द ने आई.सी.एस. परीक्षा उत्तीर्ण कर ली थी किन्तु वे घुड़सवारी की परीक्षा के लिए नहीं गए थे। इस विषय में कालान्तर में उनका कहना था कि वे उसके लिए जानबूझकर नहीं गये थे। क्योंकि यदि वे चुन लिए जाते तो उन्हें सरकारी नौकरी करनी पड़ती, जिसे वे स्वयं तो पसंद नहीं करते थे और उसे अस्वीकार करने में उसको अपने घरवालों के कोप का भाजन बनना पड़ता। इस तथ्य को अरविन्द ने 1950 में अपनी मृत्यु के कुछ वर्ष पूर्व अपनी कृति 'श्री अरविन्दो ऑन हिमसेल्फ एण्ड दि मदर' के पृष्ठ 12 पर अंकित किया है।

इंडियन मजलिस में भारत की स्वतंत्रता पर व्यक्त किए गए उनके विचार किसी भी प्रकार से अपरिपक्व मस्तिष्क की उपज नहीं कहे जा सकते। भारत वापस आने पर उन्होंने इस विषय पर लेखों की एक श्रृंखला तैयार की और उन्हें बम्बई की पत्रिका 'इन्दुप्रकाश' ने 'न्यू लैप्स फॉर ओल्ड' शीर्षक से प्रकाशित किया।

अरविन्द के परम हितैषी लंदन निवासी जेम्स. एस. कॉटन उनके लिए बड़े चिंतित थे। उनको विदित था कि आई.सी.एस. परीक्षा यदि अरविन्द ने उत्तीर्ण कर भी ली तो वे नौकरी नहीं करेंगे। अत: वे महाराजा बड़ौदा से उनके विषय में पहले ही वार्तालाप करते रहे थे। उन दिनों सर सयाजीराव गायकवाड़ लंदन में ही थे, जिन दिनों अरविन्द के आई.सी.एस. का अंतिम निर्णय हुआ था।

इस प्रकार दिसम्बर 1892 के अंत तक सब कुछ तय हो गया था और अरविन्द ने बड़ौदा में आकर राज्य की सेवा करने के विचार से 'एस.एस. कारथेग' नामक जहाज में पदार्पण किया। जिस बहुत थोड़े वेतन पर अरविन्द को नौकरी दी गई थी, उसे स्वयं अरविन्द ने स्वीकार नहीं किया था। उन्हें सांसारिकता का कुछ भी ज्ञान और अनुभव नहीं था कि किस प्रकार अन्य लोगों से वार्त्तालाप किया जा सकता है। यह तो उन्होंने अपने हितैषियों के परामर्श से ही स्वीकार किया था और महाराजा बड़ौदा बड़े प्रसन्न थे कि 200 रुपया मासिक के साधारण से वेतन पर उनकी आई.सी.एस. व्यक्ति मिल रहा है।

अरविन्द के लंदन से चले आने के बाद वहां के एक टेलर ने दावा किया कि अरविन्द उनका 4 पौण्ड चुकाये बिना लंदन छोड़कर चले गये हैं। उसके लिए उसने बंगाल सरकार को लिखने के साथ-साथ महाराजा बड़ौदा को भी लिखा। महाराजा बड़ौदा ने जब अरविन्द से पूछा तो उन्होंने बताया कि इस प्रकार के कपड़े वे नहीं अपितु उनके भाई मनोमोहन सिलाया करते थे। वे तो सामान्य वस्त्र ही पहनते थे। दूसरी जो मुख्य बात थी वह यह कि टेलर मास्टर नकद की बजाए उधार सिलवाने पर दुगने-तिगुने पैसे लेता था, इसलिए अंब तक उसने जो कुछ भी लिया था, वह उसकी लागत और लाभ के अतिरिक्त भी बहुत कुछ वह ले चुका था, इसलिए उसको यह पैसा दिया जाना उचित नहीं है। किन्तु महाराजा बड़ौदा ने अरविन्द से आग्रह किया कि वे उसका ऋण चुका दें। परिणामस्वरूप वह चुका दिया गया।

एक ओर जहां अरविन्द भारत की स्वतंत्रता के लिए छटपटा रहे थे, वहां दूसरी ओर उनके अपने सगे भाई मनोमोहन की उनकी कोई चिन्ता नहीं थी। उनका कहना था कि भारत अपनी स्वयं ही निबेड़ लेगा, मुझे क्या आवश्यकता है इस विषय में कुछ करने की?

अरविन्द को भारत की स्वतंत्रता में रुचि किस प्रकार उत्पन्न हुई, इस विषय में स्वयं ही उन्होंने अपनी पुस्तक **'श्री अरविन्दो ऑन हिमसेल्फ'** के पृष्ठ 13 पर लिख है–

''हमारे पिताजी ने हमें बंगाली समाचार पत्र भेजने आरम्भ कर दिये थे, जिसमें उन अंशों को रेखांकित किया हुआ होता था जिसमें अंग्रेजों द्वारा भारतीयों को सताए जाने का वर्णन होता। अपने पत्रों में भी वे अपने पुत्रों को लिखते रहते थे कि भारत की अंग्रेज सरकार हृदयहीन सरकार है। 11 वर्ष की अवस्था में ही श्री अरविन्द को यह आभास होने लगा था कि संसार में महान क्रान्ति का सूत्रपात होने वाला है और उसमें उनकी बहुत बड़ी भूमिका निभानी है, इस प्रकार उनका ध्यान भारत की ओर जाना आरम्भ हुआ और धीरे-धीरे भारत की स्वतंत्रता ही उनका एकमात्र लक्ष्य बनता चला गया। किन्तु इस विषय में दृढ-निश्चय की स्थिति तो उसके चार वर्ष बाद ही आई। वे जब कैम्ब्रिज गये, तभी उनके मन में यह धारणा बन गई थी और जब वे मजलिस के मंत्री नियुक्त किये गये तो उस अवधि में उन्होंने ऐसे-ऐसे भाषण दिए कि जो क्रांतिकारी विचारों से ओत-प्रोत होते थे। यह तो उनको बाद में विदित हुआ कि उन भाषणों के कारण ही कमिश्नर फॉर इण्डिया उन्हें आई.सी.एस. में नहीं लेना चाहता था। घुड़सवारी में भाग न लेने के कारण उस परीक्षा में अनुत्तीर्ण किया जाना तो एक बहाना मात्र था क्योंकि अन्य लोगों के विषय में इस प्रकार की कमियों को दूर करने का अवसर दिया जाता रहा था।''

भारत के लिए प्रस्थान करने से पूर्व अरविन्द ने लंदन में कार्यरत 'लोट्स एण्ड डैगर' संस्था में भी प्रवेश लिया था। इससे भी यही प्रमाणित होता है कि उन्होंने भारत की स्वतंत्रता के लिए कार्य करने का दृढ़-निश्चय कर लिया था। यह एक प्रकार की गुप्त संस्था थी और इसके प्रत्येक सदस्य की गोपनीयता की शपथ लेने के साथ-साथ संस्था की प्रगति के लिए एवं भारत की स्वतंत्रता के लिए कोई-न-कोई कार्य अपने हाथ में लेना होता था। अरविन्द अपने भाइयों के साथ इसके सदस्य बने थे। किन्तु इस संस्था का असमय में ही अवसान हो गया।

भारत में आने के तुरन्त बाद उन्होंने बम्बई से प्रकाशित होने वाले 'इन्द्रप्रकाश' के लिए सात लेखों की एक श्रृंखला अंग्रेजी में 'न्यू लैप्स फॉर ओल्ड' आरम्भ की। जिसमें उन्होंने भारतीय राष्ट्रीय कांग्रेस को भारत की स्वतंत्रता के लिए नये प्रकार के कार्य करने की पद्धति पर विस्तृत प्रकाश डाला। इससे ही यह सिद्ध होता है कि भारत की स्वतंत्रता के लिए उनके मन में एक ज्वाला धधक रही थी, इसी कारण उन्होंने लंदन में रहते हुए आई.सी.एस. परीक्षा में इस प्रकार से आनाकानी की। इस प्रकार वे जहां अपने पिता की इच्छा की अवमानना से बच गये, वहां स्वयं भी अंग्रेजों की दासता को अस्वीकार कर दिया।

अरविन्द जब कैम्ब्रिज में थे तभी उन्होंने बंगला पढ़ना आरंभ कर दिया था। उनके बंगला के अध्यापक का नाम म्रि. टौवर्स था। जिसके वे पंडित टौवर्स कहा करते थे। किन्तु पंडित टौवर्स का बंगला का ज्ञान सीमित था। उन दिनों बंगला सरल व्याकरण के लिए पंडित ईश्वरचन्द्र विद्यासागर की पुस्तकों का अच्छा प्रचलन था। बंगला सीखने वालों के लिए वह अच्छी पुस्तकें थीं। पंडित विद्यासागर के बोधोदय आदि तीन भाग ही टौवर्स पढ़ा सकता था। एक बार अरविन्द ने पंडित टौवर्स को बंकिमचंद्र चटर्जी का कोई उद्धरण दिखाकर उसे समझाने के लिए कहा। टौवर्स ने उसे बड़े ध्यान से देखा और पढ़ा। किन्तु अंत में कह दिया, ''यह तो बंगला नहीं है।'' इससे ही अनुमान लगाया जा सकता है कि पंडित टौवर्स को कितनी बंगला आती होंगी और कितना वे अपने छात्रों को पढ़ा सकते होंगे।

मजलिस में जहां एक ओर खूब हंसी-मंजाक होता था, वहां दास देशों की स्वतंत्रता के विषय पर भी खूब विचार-विमर्श हुआ करता था। इसी प्रसंग में उन्होंने एक रोचक घटना का उल्लेख किया कि एक पंजाबी छात्र, जो उस समय लॉ पढ़ रहा था, मजलिस में आने वाले अधिकांश भारतीय लॉ पढ़ते थे। वह पंजाबी छात्र अपने अंग्रेजी भाषण में कह रहा था–''हम सब लॉयर्स हैं।'' अर्थात हम सब झूठ बोलने वाले हैं, जबकि उसका अभिप्राय था कि हक 'हम सब लॉयर्स हैं' अर्थात् 'कानून पढ़ने वाले या वकील हैं।' पंजाबी उच्चारण के कारण अर्थ का अनर्थ हो रहा था।

अरविन्द का यह मानना हैं कि उन्हें बचपन में ही कुछ आंतरिक प्रेरणा-सी होने लगी थी। तेरह वर्ष की आयु में, जब वे इंग्लैंड में ही थे, एक बार उसके ध्यान में आया था कि वे स्वार्थी हैं, उन्हें अपनी इस प्रवृत्ति को त्यागना चाहिए। उन्होंने इसके लिए यत्न किया।

इसी प्रकार एक बार वे मैक्स मूलर द्वारा रचित 'सक्रेड बुक्स ऑफ ईस्ट सीरीज' का अध्ययन कर रहे थे कि उस समय 'स्व' अथवा 'आत्मा' के विषय में कुछ जानने का अवसर प्राप्त हुआ था। उसके बाद उनके मन में विश्वास हुआ कि 'वेदान्त' कुछ ऐसी विद्या है जिसको जीवन की वास्तविकता से जोड़ा जा सकता है।

इस प्रकार की कुछ झुटपुट घटनायें ही उनकें इंग्लैंड के जीवनकाल की प्राप्त हैं। कोई क्रम इनका उपलब्ध न होने से और विस्तृत जानकारी भी कहीं से प्राप्त न होने से वहां के जीवन पर अधिक विस्तार से प्रकाश डालना संभव नहीं है।

❑❑❑

# कर्मक्षेत्र में

दिसम्बर 1892 में अरविन्द ने 'एस.एस. कारथेग' जहाज से भारत के लिए प्रस्थान किया था। उन्हें बड़ौदा पहुंचना था। अपने बड़ौदा आने के विषय में एक स्थान पर उन्होंने स्वयं लिखा है–

''बड़ौदा का विचार आते ही मेरे मस्तिष्क में गायकवाड़ से संबंध की बात आई। बड़े आश्चर्य की बात है कि किस प्रकार घटनाएं अपना मोड़ ले लेती हैं। जिस समय मैं आई.सी.एस. में अयोग्य घोषित किया गया, जिस समय मैं किसी कार्य की खोज में था, ठीक उसी समय गायकवाड लंदन में थे। मुझे ठीक स्मरण नहीं कि उन्होंने हमें बुलाया था या कि हम उनके पास गये थे, किन्तु इतना मुझे स्मरण है कि एक प्रौढ़ व्यक्ति ने, जिनसे हमने परामर्श किया था, कहा था दो सौ रुपया मासिक अर्थात् दस पौण्ड, पर्याप्त है और गायकवाड़ महाशय लोगों को कहते फिरते थे कि उनको दो सौ रुपये मासिक पर एक आई.सी.एस. मिल गया है। बड़े आश्चर्य की बात है कि जिनसे हमने परामर्श किया था उन्होंने दो सौ रुपये मासिक पर्याप्त मान लिया।

''मैंने तो यह सारा वार्तालाप अपने बड़े भाई और जेम्स कौटन को सौंप दिया था। मैं उस समय जीवन यापन के विषय में कुछ भी नहीं जानता था।''

आई.सी.एस. में अपने अनुत्तीर्ण होने के विषय में जनवरी 1939 में एक स्थान पर अरविन्द ने लिखा है–

''कुछ अंशों में यह पिताजी की भूल भी थी कि मैं घुड़सवारी की परीक्षा में अनुत्तीर्ण हो गया। उन्होंने खर्चा भेजा नहीं और उस युग में घुड़सवारी का पाठ पढ़ना बड़ा महंगा पड़ता था। शिक्षक भी बड़ा लापरवाह था। उसको जब तक शुल्क न मिले वह परवाह ही नहीं करता था। मैं जब जाता तो वह घोड़े की लगाम मेरे हाथ में थमा देता, बस। मैं भी नियमित नहीं था। बड़ौदा आने पर मैंने माधवराव के साथ भी इसके लिए यत्न किया था, किन्तु सफलता नहीं मिली।

''पिताजी को इससे बड़ी निराशा हुई। क्योंकि उन्होंने सर हेनरी कौटन के माध्यम से मेरे लिए भारत में प्रबंध किया था। उन्होंने जिला आरा में मेरी नियुक्ति

की व्यवस्था भी कर ली थी। आरा बहुत ही अच्छा स्थान माना जाता था और सर हेनरी कौटन स्वयं वहां मेरी देखभाल करते।

किन्तु उनके स्वप्नों का महल ढह गया। मुझे आश्चर्य होता है कि यदि मैंने सिविल सर्विस स्वीकार कर ली होती तो मेरा क्या होता। मैं समझता हूं कि मेरे आलस और प्रमोद के कारण मुझे कार्यमुक्त कर दिया जाता।''

अरविन्द के स्वयं के इस कथन से, कुछ जीवनी से लेखकों की उस धारणा का प्रतिवाद होता है, जिसमें कहा गया है कि वे जान-बूझकर घुड़सवारी में रुचि नहीं लेते थे, जिससे कि वे अनुत्तीर्ण हो जाएं और उनको सिविल सर्विस में न जाना पड़े।

अरविन्द 1893 के आरंभ के दिनों में बम्बई के अपोलो बंदरगाह पर उतरे। उनका स्वदेश आगमन बिल्कुल गुपचुप हुआ, उनका अगवानी के लिए सम्भवतया कोई नहीं गया। परन्तु जिस प्रकार भारत माता ने उनका चुपचाप स्वागत किया, उससे और अधिक स्वागत और क्या हो सकता था। भारत पहुंचने पर उसके भीतर एक अलौकिक शांति बैठ गई और उन्होंने बाद में अपने एक शिष्य को पत्र में लिखा भी–

''बम्बई ने अपोलो बंदरगाह पर जैसे ही भारत की मिट्टी का मेरे पैरों ने स्पर्श किया वैसे ही मुझे ऐसे आध्यात्मिक अनुभव होने लगे, जो इस विश्व के अलग के नहीं थे, अपितु उनका आंतरिक और सनातन आधार इसी धरती पर था। लगाकि वह अनंत इस जड़ देश में व्याप्त है और वह सर्वव्यापी इन भौतिक पदार्थों व आकारों में निवास करता है। इस अनुभूति के साथ ही, मैंने अतीन्द्रिय जगत् और लोंकों में प्रवेश किया और इनके प्रभावों को भौतिक लोक पर पड़ते देखा।''

भारत लौटने के लगभग साथ ही साथ उन्होंने भारतीय राजनीति में भाग लेना शुरू कर दिया। उन्हें राजनीतिक परिस्थिति की पूरी जानकारी हासिल करने में ज्यादा समय नहीं लगा। उस समय राजनीति कुछ उदारवादी नेताओं के हाथों या यों कहें, उनके शब्दों में सीमित थी। भारत जैसे बड़े राष्ट्र के लिए कांग्रेस तब तक छोटा-सा ही संगठन था। अंग्रेजों द्वारा स्थापित (अत्याधुनिक) उपनिवेशवादी जटिल व्यवस्था के विरोध में उसका स्वर बहुत हल्का था। जब तक उसे पूरी तरह झकझोर नहीं दिया जाए, जब तक उसके द्वारा वास्तविक आकांक्षा की पूर्ति न की जाये, जब तक उसके सम्मुख संघर्ष के प्रेरणादायक ध्येय न हो और अंततः जब तक उसका आधार इतना व्यापक न बनाया जाए कि वह सम्पूर्ण जनता को साथ लेकर चल सके, तब तक विरोध के उस स्वर से कोई लाभ नहीं हो सकता था।

प्रारम्भ में अरविन्द ने छद्म नाम से बम्बई की 'इदुप्रकाश' पत्रिका में 'न्यू लैप्स फॉर ओल्ड' शीर्षक से सिलसिलेवार कई लेख लिखे। कांग्रेस की उन्होंने कटु आलोचना करते हुए लिखा–

''जब कांग्रेस का नाम आता है तो मेरा कहना है कि इसके उद्देश्य गलत है। उन उद्देश्यों की पूर्ति के लिए जिस भावना से कांग्रेस बढ़ रही है, उसमें गहरी निष्ठा एवं पूरी दृढ़ता का अभाव है। उसकी कार्यपद्धति सटीक नहीं है। जिन नेताओं में कांग्रेस का विश्वास है वे सही ढंग से नेता नहीं हैं संक्षेप में हमारे समक्ष फिलहाल अंध नेतृत्व है। अंध नेतृत्व नहीं तो एकाक्ष नेतृत्व अवश्य है।'' (एकाक्ष नेतृत्व से अभिप्राय है 'काना' नेतृत्व)।

इस लेखों में उस समय के मन्दिगति राजनीतिक जगत् में अवश्य ही हो-हल्ला मचा होगा। क्योंकि महाराष्ट्र के विख्यात नेता महादेव गोविन्द राणाडे ने उस पत्रिका के मालिकों को ऐसे 'राजद्रोहात्मक' लेखों का प्रकाशन बंद कर देने के लिए कहा था। सम्पादक ने अरविन्द से संयमित होकर लिखने का अनुरोध किया। तब अरविन्द राजनीतिक व्यावहारिक पक्ष को छोड़कर उसके दार्शनिक पक्ष पर लिखना आरंभ कर दिया, परन्तु उन्हें ऐसा प्रतीत हुआ कि यह क्रम वे बहुत दिनों तक जारी नहीं रख सकेंगे।

❑❑❑

# पिता का निधन

अरविन्द दिसम्बर 1892 में लंदन से जहाज द्वारा चलकर 1893 के आरंभ में भारत पहुंचे और 8 फरवरी 1893 को उन्होंने बड़ौदा में नौकरी आरम्भ कर दी। यह दुर्भाग्य की बात है कि अरविन्द के भारत वापस पहुंचने के कुछ ही दिन पूर्व बड़ी विचित्र स्थिति में उसके पिता की मृत्यु हो गयी थी।

डॉक्टर कृष्णधन घोष द्वारा 2 दिसम्बर 1890 को अपने मित्र को लिखे एक पत्र से यह स्पष्ट होता है कि उनको अपने तीनों पुत्रों के भविष्य के विषय में बड़ी-बड़ी आशाएं थी, विशेषतया अरविन्द के भविष्य के विषय में। वे चाहते थे कि अरविन्द भारत सरकार की न्यायपालिका अथवा कार्यपालिका में से किसी एक क्षेत्र में पदार्पण करें, जिसके लिए वे अपने प्रभाव का प्रयोग करते आ रहे थे। हमने ऊपर लिखी है कि उन्होंने सर हेनरी के प्रयत्नों से आरा जिला में उनकी नियुक्ति की व्यवस्था भी कर ली थी। किन्तु जब उन्होंने सुना कि उन्होंने बड़ौदा में नौकरी स्वीकार कर ली है तो उनको अच्छा नहीं लगा।

इससे भी अधिक घातक समाचार उनके लिए उसके बैंकर्स, मैसर्स ग्रीण्डले एण्ड कं. ने दिया। जिसमें उन्होंने लिखा अरविन्द ने लंदन से जिस स्टीमर से प्रस्थान किया है, वह पुर्तगाल के निकट लिसबन में डूब गया है। डॉ. घोष ने यह समाचार पढ़ा और यह सुनिश्चित कर लिया कि अरविन्द समुद्र में डूब गये हैं। यह आघात इतना प्रबल सिद्ध हुआ कि इनसे उनके हृदय पर सीधा प्रहार किया और अरविन्द के नाम की माला जपते हुए उनका 'हार्टफेल' हो गया।

किन्तु वास्तविकता इसके विपरीत थी। अरविन्द उस स्टीमर से चले ही नहीं थे, जिसका उल्लेख उनके बैंकर्स ने किया था। यद्यपि समुद्र में उसको भी अनेक झटके लगे किन्तु अरविन्द सुरक्षित भारत पहुंच गये थे। यह फरवरी 1893 के आरम्भ की बात है, क्योंकि 8 फरवरी को तो उन्होंने नौकरी भी आरम्भ कर दी थी।

भारत की धरती पर पग रखते ही अरविन्द के मन को अथाह शांति प्राप्त हुई।

बड़ौदा में उन्होंने 8 फरवरी 1893 को नौकरी आरम्भ की। उस समय उनकी आयु 21 वर्ष की थी। वहां उन्होंने 13 वर्ष 5 मास तक नौकरी की। जब उन्होंने बड़ौदा की नौकरी छोड़ी, उस समय उनकी आयु 33 वर्ष की थी।

यह एक रहस्य की ही बात है कि अरविन्द के पिता डॉक्टर घोष को अंत तक भी यह विदित नहीं हो सका कि उनके पुत्र अर्थात् अरविन्द ने आई.सी. एस. की परीक्षा उत्तीर्ण ही नहीं की थी। कदाचित उनके हृदय पर इससे भी चोट लगी होगी कि आई.सी.एस. उत्तीर्ण लड़का बड़ौदा राज्य की सेवा में क्यों जा रहा है?

डॉक्टर घोष यही समझते रहे कि उनका पुत्र आई.सी.एस. उत्तीर्ण कर चुका है। उन्होंने योजना बनाई कि जब उनका लड़का भारत वापस आयेगा तो वे उसको लेने के लिए बम्बई जायेंगे। किन्तु उनको अरविन्द के भारत वापस आने का कोई निश्चित समाचार मिला ही नहीं। इसलिए वे अनुमानित तिथियों में बम्बई आये भी किन्तु निराश हो कर वापस लौट गये। तभी एक दिन सायंकाल के समय बम्बई से अपने एजेन्ट का उन्हें तार मिला कि जिस स्टीमर से उनका पुत्र आने वाला था, उसके यात्रियों में तो उसका नाम है ही नहीं।

इस प्रकरण में 'दि कलकत्ता रिव्यू' के जुलाई-दिसम्बर 1954 के अंक में बृजेन्द्रनाथ डे ने 'रिमिनीसेंसेज ऑफ एन इंडियन मैम्बर ऑफ आई.सी.एस.' शीर्षक से एक लेख प्रकाशित किया था। उसमें उन्होंने लिखा-

''हुआ यह कि उस दिन रात्रि का वह डॉक्टर घोष और पुलिस सुपरिटेंडेट मेरे घर पर भोजन के लिए आने वाले थे। भोजन तैयार था, सुपरिटेंडेट तो आया किन्तु डॉक्टर का कहीं अता-पता नहीं था। यद्यपि उनका बंगला मेरे बंगले के बिल्कुल समीप ही था। कुछ समय तक उनके आने की प्रतीक्षा करने के उपरान्त उनको स्मरण कराने के लिए मैंने अपना अर्दली उनके पास भेजा। अर्दली दौड़ा-दौड़ा वापस आया और बोला कि डॉक्टर साहब की तबियत बहुत ज्यादा खराब है। मैं तुरन्त उनके घर पर गया तो मुझे वहां वह तार मिला जो उनके बम्बई के एजेन्ट ने उन्हें भेजा था। मैंने देखा कि वास्तव में डॉक्टर बहुत सख्त बीमार ही नहीं वह अचेत भी हैं। वहां का दूसरा डॉक्टर जी-जान से उनकी चिकित्सा में लगा हुआ था। मुझसे जो हो सकता था वह मैं भी करता रहा। किन्तु सब कुछ प्रयत्न व्यर्थ सिद्ध हुए। डॉक्टर बेचारा उसी प्रकार एक या दो दिन तक घिसटता रहा और अंत में उनके प्राण पखेरू उड़ ही गये। मैंने उनके अंतिम संस्कार की सारी व्यवस्था की।

अरविन्द को बड़ौदा पहुंचने पर ही इस दुर्घटना का ज्ञान हुआ था। यह सारी घटनाएं दिनेन्द्र कुमार राय ने अपनी पुस्तक 'श्री अरविन्दो प्रसंग' में लिखी है।

श्री राय 1898-99 में बड़ौदा में अरविन्द के पास रह कर उन्हें बंगला भाषा से परिचित कराते रहे थे। उनका कहना है कि उन दिनों बड़ौदा में अरविन्द का जीवन बड़ा व्यस्त रहता था। यद्यपि भारत में उनका राजनीतिक जीवन उसके कुछ दिनों बाद आरम्भ हुआ। उन दिनों की उनकी गतिविधियों की राय ने निम्न प्रकार से पांच भागों में विभक्त किया है–

1. राज्य के विभिन्न विभाग में कार्य करना।
2. साहित्यिक गतिविधियां। पढ़ना-पढ़ाना। इसमें कुछ अंश कॉलेज के कार्य से भी सम्बद्ध हैं।
3. राजनीतिक गतिविधियां–इन्दुप्रकाश के लिए लेख लिखना और क्रांतिकारी आंदोलन का प्रारम्भ, इस उद्देश्य से अवकाश के दिनों में बंगाल की यात्रा करना।
4. आध्यात्मिक जीवन।
5. पारिवारिक जीवन।

इस अवधि में जब-जब भी केशवराव जाधव बड़ौदा में होते, अरविन्द डांडिया बाजार में उनके घर पर रहते। यदि वे न भी हों तो उनके भाई माधवराव जाधव वहां होते तो वे उनके पास रह जाते। इसके अतिरिक्त भी वे अनेक बार बड़ौदा के अनेक भागों मे अनेक मकानों में रहते रहे थे।

उनकी नौकरी का प्रथम चरण सर्वे सैटलमेंट डिपार्टमेंट में प्रारम्भ हुआ। वेतन दो सौ रुपया मासिक था। उनसे कहा गया कि वे राज्य के विभिन्न विभागों का परिचय प्राप्त कर लें। जिसमें उनको सामान्य कार्य के अतिरिक्त कार्यप्रणाली को भी सीखना होता था।

❑❑❑

# बड़ौदा का जीवन

बड़ौदा में विभिन्न विभागों में कुछ दिन कार्य करते रहने के उपरान्त उनको सचिवालय में कार्य करना पड़ा। वहां पर उनको प्रशिक्षु अधिकारियों के साथ कार्य करना पड़ा था। जहां तक उनको मिले स्थाई कार्य का प्रश्न है, वह तो बहुत समय बाद बड़ौदा कॉलेज में प्राध्यापक के पद का कार्य था।

प्रारम्भ में बड़ौदा कॉलेज में भी उनको विभिन्न विभागों में कार्य करना पड़ा था। इसमें एक सप्ताह में विभिन्न कक्षाओं को फ्रेंच पढ़ाना भी था। इस प्रकार कॉलेज में उनका कार्य फ्रेंच के प्राध्यापक के रूप में आरम्भ हुआ। इसके साथ-साथ कॉलेज के अन्य कार्य भी उनको मिलते गये। अंत में कॉलेज के प्रिंसिपल ने महाराजा से निवेदन किया कि अरविन्द को अंग्रेजी के प्राध्यापक के रूप में स्थाई कार्य पर नियुक्त किया जाए। धीरे-धीरे अंग्रेजी के प्राध्यापक से वे वाइस प्रिंसिपल के पद पर पहुंच गये। एक बार प्रिंसिपल की अनुपस्थिति में इन्होंने स्थापनापन्न प्रिंसिपल का कार्य भी किया।

जब तक अरविंद को कॉलेज में स्थाई पद पर नियुक्त नहीं किया गया था तब तक समय-समय पर महाराजा द्वारा उनको अपने घर पर भी बुला लिया जाता रहा था। उस समय वे उनसे अपना वैयक्तिक कार्य करवाते थे जिसमें या तो महत्वपूर्ण पत्रों का प्रारूप तैयार करना होता था या फिर किसी विशेष पत्र व्यवहार का, या किन्हीं कागजों का सारांश तैयार करवाया जाता, कभी-कभी उनसे अनुबंधों का प्रारूप भी तैयार करवाया जाता था। यह सब उनके अधिकृत कार्य के अतिरिक्त कार्य था। इतना सबकुछ हाने पर भी यह तथ्य जान लेना आवश्यक है कि अरविन्द ने कभी भी महाराजा के निजी सचिव के रूप में कार्य नहीं किया। केवल एक बार सन् 1903 में महाराजा उनको अपने साथ अपने सचिव के रूप में कश्मीर के प्रवास के समय ले गये थे। परन्तु क्योंकि वहां का अनुभव कोई सुखप्रद नहीं कहा जा सकता, इसलिए इसकी कभी पुनरावृत्ति नहीं हुई।

महाराजा के लिए लेखन का कार्य करने के प्रसंग में अरविन्द ने स्वयं एक स्थान पर 8/12/1938 को लिखा–

''मैंने महाराज के लिए अनेक प्रकार के मैमोरेण्डा लिखे। सामान्यतया वे रूपरेखा-सी बता दिया करते थे, मैं उनके आधार पर लिख दिया करता था। किन्तु मैं स्वयं प्रशासन के कार्य में रुचि नहीं रखता था। मेरी रुचि तो इन सबसे पृथक संस्कृत साहित्य, अन्य प्रकार का साहित्य तथा राष्ट्रीय आंदोलन में हुआ करती थी। मैं जब इंग्लैड से बड़ौदा आया तो मैंने पता करने का यत्न किया कि उस समय कांग्रेस की स्थिति क्या है। जो कुछ उसके विषय में उस समय मुझे ज्ञात हुआ उसने मुझे उसके प्रति घृणा का भाव ही उदित हुआ था।

''उसके कुछ समय बाद मेरा सम्पर्क देशपाण्डे, तिलक, माधवराव आदि से हुआ। देशपाण्डे ने मुझसे आग्रह किया कि मैं 'इन्दुप्रकाश' के लिए कुछ लिखूं। उन लेखों में मैंने कांग्रेस की उसकी नरमी के लिए बहुत आलोचना की। वे लेख बड़े ही क्रांतिकारी थे। उनको पढ़कर तत्कालीन महाराष्ट्र के नेता महादेव गोविन्द राणाडे ने इन्दुप्रकाश के स्वामी को कहा कि वे इस प्रकार के लेखों को प्रकाशित करना बन्द करें अन्यथा किसी भी दिन उनको बन्दी बनाया जा सकता है। यह समाचार मुझे देशपाण्डे ने दिया और कहा कि मुझे अपनी भाषा में थोड़ी नम्रता का प्रयोग करना चाहिए। तब मैंने राजनीति के प्रयोगिक पक्ष को छोड़कर उसके दार्शनिक पक्ष पर लिखना आरम्भ किया। किन्तु मुझे शीघ्र ही इससे निराशा होने लगी।''

इसके बाद अरविन्द में लेखन के लिए सारा उत्साह ही समाप्त हो गया क्योंकि कांग्रेस की नरम नीति से उनको कभी संतोष नहीं हुआ था। झुकाव की नीति के वे सदा विरुद्ध रहे थे।

किन्तु इस लेखमाला ने प्रथम बाद अरविन्द को जन-साधारण में प्रख्यात कर दिया था। पाठकों में उनके लेखों की चर्चा होती थी और माना जाता था कि वे मात्र उग्रवादी नहीं अपितु विचारपूर्ण हैं, विषय पर उनकी पकड़ है, अपने को अभिव्यक्त करने की कला है, भाषा पर पूर्ण अधिकार है, हृदय में बड़ा उत्साह है, कार्य के प्रति निष्ठा और लगन है, ज्वलंत देशभक्ति है और निस्वार्थ चरित्र है। यह सब उनके इन्दुप्रकाश में प्रकाशित लेखमाला से अभिव्यक्त होता था, जिसे आज भी देखा जा सकता है।

बड़ौदा में अरविन्द के मित्रों में माधवराव, खासीराव जाधव, के.जी. देशपाण्डे, फड़के, मंगेश कोलासकर आदि के नाम लिये जा सकते हैं। एक स्थान पर अरविन्द ने उन दिनों के विषय में लिखा है–

''मुझे एक ऐसे संन्यासी का स्मरण होता है, जो उस समय बड़ौदा आया था। उसके नाखून बड़े लम्बे थे। उसका निवास वृक्षों के तले हुआ करता था। एक बार देशपाण्डे और मैं उनसे मिलने के लिए गये। उस समय देशपाण्डे ने उनसे पूछा कि मनुष्य का वास्तविक धर्म अर्थात् कार्य क्या होना चाहिए?

उसने उत्तर दिया–''इसके लिए कोई निर्धारित नियम नहीं है। चोर का यह धर्म है कि वह चोरी करे, क्योंकि वही उसका धर्म है।''

यह सुनकर देशपाण्डे को उस पर बड़ा क्रोध आ गया था। तब मैंने उसे शांत करते हुए कहा, ''यह मात्र एक दृष्टिकोण है, सनातन सत्य नहीं।''

कभी-कभी तो अरविन्द को कुछ इस प्रकार का नीरस कार्य करना पड़ जाता था कि जिससे सामान्य व्यक्ति को तो सिर दर्द हो जाए या ऊंघ आने लगे। विभिन्न प्रकार के रिकॉर्ड को पढ़ना और फिर उसका सारांश प्रस्तुत करना। एक बार तो उनको यूरोप में प्रचलित रेलों की समय-सारिणी को देखकर उसका सार संक्षेप प्रस्तुत करने का कार्य मिल गया।

ऐसा माना जाता है कि भारत वापस लौटने के उपरान्त प्रथम बार अरविन्द को बंगाल जाने का अवसर कदाचित 1894 में प्राप्त हुआ था। उस समय वे वहां पर अपने सभी नातेदारों से मिले।

अरविन्द उस समय जब अपनी माताजी से मिले तो माताजी ने उनको पहचाना ही नहीं। यह स्वाभाविक भी है। एक तो माताजी बहुत वृद्ध हो गई थीं, मानसिक रूप से तो वे आरम्भ से ही अस्वस्थ थीं और फिर अरविन्द को भारत से गए पर्याप्त समय हो गया था। जब वे गए थे तब बालकमात्र थे और जब वापस लौटे तो पूर्णतया तरुणाई थी। जब उनसे कहा गया कि यह अरविन्द है तो उन्होंने कहा–''मेरा अरविन्द तो इतना बड़ा नहीं था, वह तो छोटा-सा था।'' जब उनको कहा गया कि यह वही अरविन्द है जो पढ़ने के लिए इंग्लैड गया था और अब पढ़ लिखकर वापस आ गया है, तो उनको कुछ स्मृति हुई। वे बोली–''मेरे अरविन्द की अंगुली में एक स्थान पर कटने का चिह्न था।'' वास्तव में कांच के टूटे गिलास से बाल्यकाल में उनका हाथ कट गया था और उसका चिह्न उनकी अंगुली पर विद्यमान था। जब उनको वह चिह्न दिखाया गया तब उन्होंने अपने पुत्र को पहचाना।

1894 में एक बार बम्बई से अरविन्द की आधे घंटे के लिए महादेव गोविन्द राणाडे से भेंट-वार्ता हुई थी। इन्दुप्रकाश में अरविन्द के लेखों को पढ़कर उसके सम्पादक स्वामी को चेतावनी देने का कार्य राणाडे ने किया था। किंतु स्वयं राणाडे ऐसे उत्साही, बुद्धिशील नवयुवक से मिलने की प्रबल आकांक्षा रखते थे और जब दोनों की भेंट हुई तो राणाडे ने उनको सुझाव दिया कि वे कांग्रेस की इस प्रकार की आलोचना में लेख लिखने की अपेक्षा अपनी कलम को सुधारवादी लेखों की ओर मोड़ें। जैसे कारागार की दशा में सुधार आदि। इसे वे विधायक कार्य मानते थे। वास्तव में जिस समय अरविन्द स्वयं कारागार में गए तो वहां की दुर्दशा देखकर उनको राणाडे का परामर्श स्मरण हो आया। उसके बाद उन्होंने उस विषय पर भी लिखा।

इन्दुप्रकाश के 16 से 27 अगस्त 1894 के अंकों में अरविन्द ने बंकिमचन्द्र चटर्जी के साहित्य तथा उनकी कार्यविधि पर भी लेख लिखे थे, इससे यह भी सिद्ध होता है कि अरविन्द बंगला भाषा में निष्णात हो गये थे, क्योंकि बंकिम का सारा साहित्य तब तक बंगला भाषा में ही प्रकाशित था किसी अन्य भाषा में नहीं, अंग्रेजी में तो छपा ही नहीं था। इसी प्रकार उन्होंने बंगाल के अंग्रेजी और बंगला के कवि माइकेल मधुसूदन दत्त के साहित्य का भी गहन अध्ययन किया था। मधुसूदन दत्त अंग्रेज और अंग्रेजियत से प्रभावित होकर ईसाई बन गए थे, तब उनके नाम के साथ माइकेल जुड़ गया था।

1895 में बड़ौदा में रहते हुए अरविन्द को बड़ौदा कॉलेज में प्रति सप्ताह 6 घंटे फ्रेंच पढ़ानी होती थी। इसी वर्ष उनका अंग्रेजी कविता संग्रह "सांग्स ऑफ मायरटिल्ला" निजी प्रसार के लिए प्रकाशित हुआ था। स्वयं वे उन दिनों होमर, दांते, महाभारत, कालिदास के काव्य, भवभूति का काव्य पढ़ा करते थे। उन्होंने बम्बई के पुस्तक विक्रेता मैसर्स राधाबाई आत्माराम सगुन और मैसर्स थैकर स्पिंक एण्ड कम्पनी को निर्देश दिया था कि समय-समय पर वे उन्हें अपनी सूचीपत्र भेजते रहा करें। उसको देख करके वे नई पुस्तकों को भेजने का आदेश देते रहते थे। ये पुस्तक रेल पार्सल से आया करती थीं।

उन दिनों उनका दैनिक कार्यक्रम कुछ इस प्रकार रहता था–

प्रातःकाल चाय-पान के उपरान्त वे कविता लिखते और दस बजे तक इसमें व्यस्त रहते। तदन्तर वे स्नानादि करते। 11 बजे भोजन करते। वे निरन्तर सिगार पीते रहते थे। उनका निर्देश था कि खाते समय भी उनके बराबर में सिंगार रखा रहना चाहिए। भोजन करते समय वे पत्र-पत्रिकाओं पर दृष्टिपात करते। वे चावल कम और रोटी अधिक पंसद करते थे। दिन में एक बार वे मांस भोजन अथवा मछली की भोजन अवश्य करते थे।

एक समय फिर ऐसा भी आया जब उन्होंने मांसाहारी भोजन का सर्वथा परित्याग कर दिया। भोजन के स्वाद के विषय में उनका कोई विशेष आग्रह नहीं था। मराठी भोजन में मिर्चें अधिक होना उनको परेशान करती थीं और गुजराती भोजन में घी का अधिक होना। कालान्तर में एक दिन उनको तिलक के यहां भोजन करना पड़ा तो वहां दाल, चावल, पूड़ी, सब्जी खाने को प्राप्त हुआ। उन्हें उस भोजन की सादगी बहुत पसंद आई।

रात्रि देर तक पढ़ते रहने का अभ्यास था। इस कारण वे रात्रि में विलम्ब से सोते थे और फिर प्रातःकाल भी विलम्ब से ही उठते थे।

इस अवधि में वे अपनी माताजी के रख-रखाव और सरोजिनी की शिक्षा के लिए बांकीपुर में खर्चा भेजते रहते थे। उनके दोनों बड़े भाई विनयमोहन और मनोमोहन भी तब तक इंग्लैंड से वापस आ गए थे और जीविका अर्जन भी करने लगे थे, किन्तु वे अपनी माता को इस प्रकार से कोई सहायता नहीं भेजते थे।

यदि कोई अरविन्द से इस विषय में कुछ कहता तो वे उसको संतुष्ट कर देते–"देखों, दादा कूच बिहार राज्य की सेवा में हैं। इसलिए उनको अपना स्तर बनाए रखने के लिए अधिक व्यय करना पड़ता है और मनोमोहन ने विवाह कर लिया है, सो विवाह तो बहुत ही व्ययसाध्य विलासित है ही।"

1898-99 में अरविन्द ने श्री दिनेन्द्र कुमार राय को बोलचाल की बंगला सिखाने के लिए वेतन दे करके शिक्षक के रूप में रख लिया था। उस वर्ष पूजावकाश की समाप्ति के अन्तर में बड़ौदा आए थे। यद्यपि कैम्ब्रिज में पढ़ते हुए भी उन्होंने बंगला सीखना आरम्भ कर दिया था और बड़ौदा में आकर भी उन्होंने अनेक बंगला लेखकों की कृतियों को पढ़ लिया था। तदपि बंगला भाषा का व्याकरण, उसकी लोकोक्तियां एवं मुहावरों के भाव तथा भाषा के प्रगति आदि विषय में वे पूर्णतया जानकारी चाहते थे। वे स्वयं भी बंगला बोलना सीखना चाहते थे। यह सब किसी बंगाली के सान्निध्य में ही हो सकता था। दिनेन्द्र कुमार राय आए तो उन्होंने अरविन्द को बंगला सिखानी आरम्भ की और स्वयं उनसे जर्मनी और फ्रेंच सीखने लगे। उस समय दिनेन्द्र कुमार राय से जो कुछ उन्होंने पढ़ा, वह किसी प्रकार की नियमित पढ़ाई नहीं अपितु एक प्रकार से सबकुछ प्रायोगिक रूप में किया जाता था। चलते-फिरते, उठते-बैठते यह सब पढ़ाई हुआ करती थी। कभी-कभी तो सारे दिन वे बंगला पढ़ते और सीखते रहते थे और कभी-कभी ऐसे अवसर भी आते कि दिनों-दिन तक वे इस ओर ध्यान भी नहीं दे पाते थे।

अरविन्द की मौसेरी बहन बसंती चक्रवर्ती वह प्रथम व्यक्ति थी जिनको अरविन्द ने सर्वप्रथम बंगला में पत्र लिखा था। किंतु जब भारत का विभाजन हुआ और उस समय जो दंगे बंगाल में हुए उनमें उनका वह पत्र नष्ट-भ्रष्ट हो गया, जिसका बसंती को अत्यधिक दु:ख है। कालान्तर में उनको अच्छी बंगला आ गई थी और वे बंगला में प्रवचन करने लगे थे तथा कविता भी रचने लगे थे। किंतु जिस प्रकार अंग्रेजी भाषा पर उनका अधिकार और स्वामित्व था, वैसे वे बंगला में अर्जित नहीं कर पाए।

एक बार दिनेन्द्र कुमार राय ने उनसे जिज्ञासा प्रकट की कि उन्हें इतने प्रभावशाली होने पर भी वे जन-साधारण में क्यों नहीं आते? उन्होंने अरविन्द से पूछा–"आप बड़ौदावासियों के जन-जीवन में सहभागी क्यों नहीं बनते?"

"इसमें न तो प्रसन्नता है और न ही सुख।"

इसके बाद राय को कुछ अधिक कहने को रह नहीं गया था। वे देखते थे कि रेलवे पार्सल से पुस्तकें आ रही हैं। इसके अतिरिक्त उनके पुस्तकालय में जर्मन, ग्रीक, फ्रेंच, लैटिन यहां तक कि रशियन भाषा की भी पुस्तकें विद्यमान थीं। उनको आश्चर्य होता था कि इतने वर्षों तक यूरोप में रहने और यूरोप की

अनेक भाषाओं को पढ़ने के बाद भी अरविन्द में कहीं भी यूरोपीयता का चिह्न दिखाई नहीं देता था। उन पर उसका कोई प्रभाव था ही नहीं।

दिनेन्द्र कुमार राय ने उनको उन दिनों से आर्थिक जीवन के विषय में भी लिखा है कि अरविन्द एक पाई भी किसी व्यर्थ वस्तु पर व्यय नहीं करते थे। सुख, सुविधा के पीछे भागना उनका स्वभाव नहीं था, स्वयं वे अकेले ही रहते थे, किंतु फिर भी जब मास का अंत आता था तो उनकी जेब खाली होती थी। इसलिए उन्होंने अपनी पुस्तक में एक स्थान पर लिखा है–"श्री अरविन्द इस धरती के प्राणी नहीं हैं। उन्हें तो परमात्मा ने उनके किसी पूर्वजन्म के पाप के कारण धरती पर भेजा है।"

उन दिनों जो कविता वे विशेष रूप से लिखते थे, वह 'सावित्री' थी जो कालान्तर में महाकाव्य बन गई।

उस काल में एक बंगाली चित्रकार बड़ौदा आया तो उसने अरविन्द का एक तैल चित्र बनाया था।

1899 में प्रोफेसर लिटिल डेल अवकाश पर गए तो उनके स्थान पर अरविन्द को फ्रेंच के साथ-साथ अंग्रेजी का भी प्रोफेसर नियुक्त कर दिया गया।

बड़ौदा में नौकरी के अपने आरम्भिक वर्षों में अरविन्द अपने अवकाश के दिन बंगाल में जाकर बिताया करते थे। विशेषतया द्वितीय अवकाश सत्र जो कि लगभग पूजा के दिनों के साथ पड़ा करता था, वे अवश्य बंगाल जाया करते थे। उन दिनों वहां अवकाश का प्रथम सत्र होता, 12 अप्रैल से 9 जून और दूसरा सत्र 30 सितम्बर से 31 दिसम्बर।

बंसती ने एक स्थान पर अरविन्द के अवकाश के दिनों उन लोगों के पास जाने के संबंध में कहा है। वे देवघर जाया करते थे। उस समय बहुत बहुत छोटी थी और स्कूल में पढ़ा करती थी। अवकाश मिलने पर वह देवघर में अरविन्द के नाना राजनारायण के परिवार वालों से मिलने के लिए वहां जाया करती थी। वहां आस-पास छोटी-छोटी पहाड़ियां थीं, जिसमें घूमने का अपना आनन्द था और नगर के भीड़ भरे दूषित वातावरण में वहां स्वच्छता, शांति और एकांत की प्राप्ति होती थी। जोकि बड़ी आनन्ददायक थी। सभी बच्चे जोगेन्द्र मामा को बहुत पसन्द करते थे। सभी उनके चारों ओर बैठकर या तो कहानियां सुना करते थे या फिर हंसी-ठट्ठा करते। अरविन्द भी जागेन्द्र मामा को बहुत पसंद करते थे और उन्होंने उनका नाम "इसबगोल मामा" रख दिया था, क्योंकि उनकी दृष्टि से इसबगोल हर मर्ज की रामबाण औषधि थी।

पूजावकाश के दिनों में अरविन्द का अधिक समय देवघर में व्यतीत होता और थोड़े दिनों के लिए वे कलकत्ता अपने मौसी के पास भी रह लेते थे। बंसती देवी कहती हैं–"औरो" ("औरा" अर्थात् अरविन्द) दादा सदा ही दो-तीन भारी-भरकम सूटकेस साथ लिए हुए आते थे और हम समझते थे कि इसमें बड़े

मूल्यवान वस्त्र आदि होंगे तथा सुख-सुविधा के साधन, प्रसाधन, इत्र, फुलेल आदि होता होगा और जब वे उनको खोलते थे तो मैं अपने आश्चर्य को मिटाने के लिए बड़े मनोयोग से उनके बक्सों को खोलते हुए देखा करती थीं।''

''लेकिन यह क्या? दो-चार जोडी़ साधारण वस्त्र और शेष सब पुस्तकें ही पुस्तकें, अन्य कुछ भी नहीं। तो क्या औरो दादा यह सब पढ़ना पसंद करते होंगे? हम सब तो अपने अवकाश के दिनों को वहां आनंद से बिताने के लिए, परस्पर गप्पबाजी करने के लिए जाया करते थे। तो क्या वे अवकाश के दिन भी इन पुस्तकों को पढ़कर बिताऐंगे?

''किन्तु नहीं। ऐसी बात नहीं थी। इन पुस्तकों के कारण वे हमारी गप्प-गोष्ठी में सम्मिलित न होते हों, ऐसी बात नहीं थी। उनकी बातें तो हंसी और मजाक से परिपूर्ण हुआ करती थीं।"

अरविन्द का कहना था कि अपने भाई की भांति उनको कभी यह भान हुआ ही नहीं कि प्रोफेसर होने के नाते उनको गम्भीर बना रहना चाहिए।

''पढ़ाते समय मैंने कभी पाठ्य-पुस्तकों की ओर देखा ही नहीं। इसका यह परिणाम होता था कि मेरे नोट्स उन नोट्स से सर्वथा भिन्न होते थे जो विद्यार्थियों को दिए जाते थे। मैं कभी तो अंग्रेजी का प्राध्यापक होता और कभी फ्रेंच का। मुझे सर्वाधिक आश्चर्यकारक बात यह लगती थी कि विद्यार्थी मेरे कथन का एक-एक शब्द अंकित कर लेना चाहते थे, जिससे कि वे उसे कंठस्थ कर सकें। इंग्लैंड में तो ऐसा नहीं होता था।

''विद्यार्थी मेरे नोट्स तो याद करते ही, वे बम्बई के कुछ प्राध्यापकों के, जिनके विषय में उनको ज्ञान होता कि वे परीक्षक हैं, नोट्स खरीदा करते थे। एक बार मैं सौथे का ''लाइफ ऑफ नेल्सन'' पढ़ा रहा था। मेरा पढ़ाना उस नोट्स के अनुकूल नहीं था जो उनके पास विद्यमान थे। विद्यार्थियों ने यह बात मेरे सम्मुख प्रकट की। मैंने कहा, ''मैंने आपके नोट्स पढ़े नहीं है, फिर भी मेरी दृष्टि में वे सब कूड़ा-करकट है, मैं इसके विस्तार में जाना नहीं चाहूंगा। मैंने पाठ पढ़ा और शेष सब अपने मस्तिष्क पर छोड़ दिया कि वह जो उचित समझे करे। यही कारण है कि मैं कभी स्कॉलर नहीं बन पाया। अपने जीवन के पंद्रह वर्ष तक जब मैं संट पॉल में पढ़ता था उस समय मुझे बड़ा उदीयमान स्कॉलर माना जाता था। किंतु 15 वर्ष की आयु के उपरान्त मेरी यह प्रसिद्धि कम होती गई। मेरे अध्यापक मुझे कहा करते थे कि मैं प्रमादी हो गया हूं और पढ़ाई में प्रतिदिन क्षीण होता जा रहा हूं। उसका कारण वे बताते थे कि मैं उपन्यास और कविताएं पढ़ने लगा हूं, मैं केवल परीक्षा के समय थोड़ी-सी तैयारी करता था किंतु इसके बाद भी यदा-कदा जब मैं लेटिन और ग्रीक भाषा में कविताएं लिखता था तो मेरे प्राध्यापक कहा करते थे कि अपने आलस्य के कारण मैं ईश्वर प्रदत्त अपनी बुद्धि का सदुपयोग नहीं कर रहा हूं।

''और जब मैं किंग्स कॉलेज कैम्ब्रिज में स्कॉलरशिप के लिए प्रस्तुत हुआ तो उस समय प्रोफेसर ऑस्कर ब्राउनिंग ने कहा, इतने उत्तम पत्र मैंने आज तक नहीं देखें।''

सितम्बर 1899 में अरविन्द के नाना श्री राजनारायण बोस का देहांत हो गया। नाना के प्रति सभी दोहियों का विशेष लगाव था। अरविन्द ने उनकी मृत्यु पर एक कविता लिखी थी।

इसी वर्ष जतीन्द्रनाथ बनर्जी, जो कालान्तर में निरालम्ब स्वामी के नाम से प्रख्यात हुए, बड़ौदा में सैनिक प्रशिक्षण प्राप्त करने के लिए आए, जिससे कि वे स्वयं को क्रांतिकारी गतिविधियों के लिए उपयुक्त बना सकें। खासीराव जाधव और माधवराव की सहायता से अरविन्द को उनकी सेना में प्रशिक्षण के लिये प्रवेश दिलाने में सफलता मिल गई। जतीन्द्रनाथ के विषय में बताया गया कि वे संयुक्त प्रांत के निवासी हैं। बंगाल के बताने पर कदाचित् उनको प्रविष्ट कराना संभव न होता। उसके बाद अरविन्द ने उनसे कहा कि वे बंगाल में क्रांति आंदोलन आरम्भ करना चाहते हैं, वे उसमें सम्मिलित हो जाएं। जतीन ने स्वीकार कर लिया।

1900 में प्रिंसिपल टेट ने महाराजा को सुझाव दिया कि वे अरविन्द को कॉलेज में अंग्रेजी के स्थाई प्राध्यापक के पद पर नियुक्त करें। यह प्रस्ताव करते हुए उन्होंने अरविन्द की योग्यता और कार्य-प्रणाली की भूरि-भूरि प्रशंसा की। महाराजा ने प्रस्ताव स्वीकार कर लिया और तब उनका वेतन 360 रुपये कर दिया गया। अरविन्द का स्वभाव था कि वे कक्षा में पढ़ाये जाने से पहले भली प्रकार उसके नोट्स कभी तैयार नहीं करते थे।

जतीन का प्रशिक्षण पूर्ण होने पर उनको कलकत्ता भेज दिया गया और उनसे कहा गया कि वहां जाकर वे अपने विश्वस्तजनों का एक संगठन तैयार करें और आवश्यक सामग्री को भी जुटाने में लग जाएं। जतीन कलकत्ता जाकर पी. मित्तर और विभूति भूषण भट्टाचार्य से मिले और उन्हें अरविन्द का परिचय दिया।

उनके छोटे भाई बारीन ने उसी वर्ष एन्ट्रेंस की परीक्षा उत्तीर्ण की थी, फिर छः मास तक वह ढाका में अपने बड़े भाई मनोमोहन के पास रहा। उसके बाद उसने कृषि विज्ञान के अध्ययन का यत्न किया, किंतु उसकी कहीं से आर्थिक सहायता नहीं मिली। तब उसने पटना में एक चाय की दुकान करनी चाही, किंतु वहां भी उनको जब कोई सहायता नहीं मिली तो वह आरविन्द के साथ रहने के लिए बड़ौदा चला गया।

सन् 1901 में अरविन्द कुछ समय के लिए राज्य रेवेन्यू विभाग में काम करते रहे थे। उस अवधि में भी वे कॉलेज यूनियन और डिबेटिंग क्लब के अध्यक्ष बने रहे थे।

❑❑❑

# विवाह

अप्रैल 1901 में अरविन्द ने विवाह के लिए विज्ञापन प्रकाशित किया। इस विज्ञापन के आधार पर उनके पास अनेक प्रस्ताव आए थे। भूपालचन्द्र बोस के मित्र थे प्रिंसिपल गिरीशचन्द्र बोस, उन्होने भूपालचन्द्र बोस की 14 वर्षीया बंग कन्या मृणालिनी बोस के विषय में अरविन्द के सम्मुख प्रस्ताव रखा। अरविन्द ने उसे स्वीकार कर लिया।

जब विवाह का अवसर आया तो प्रश्न उठा कि क्योंकि अरविन्द समुद्र लांघकर विदेश रह आए हैं, अत: उनका शुद्धिकरण होना चाहिए। अरविन्द ने इसका प्रबल शब्दों में विरोध किया और शुद्धिकरण अस्वीकार कर लिया। यद्यपि उनको विदित था कि अपने युग में उनके पिता श्री कृष्णधन घोष तक को यह शुद्धि संस्कार करवाना पड़ा था। अंत में मात्र इतना प्रस्ताव रखा गया कि यह निमित्त अरविन्द अपना मुंडन ही करा ले। किंतु अरविन्द ने उसे भी अस्वीकार कर दिया। ऐसी स्थिति में कोई भी ब्राह्मण उनके विवाह संस्कार में पुरोहित बनने के लिए तैयार ही नहीं होता था। तब एक ब्राह्मण ऐसा निकल आया जिसने कुछ अधिक धन लेकर यह कार्य सम्पन्न कराने का बीड़ा उठाया।

हटकोला दत्त परिवार का, बैठकखाना रोड पर कलकत्ता में एक मकान था, वहां पर विवाह का निश्चय हुआ। व्योमकेश चक्रवर्ती, लॉर्ड सिनहा, सर और लेडी जगदीशचन्द्र बोस इस विवाह में सम्मिलित हुए थे। विवाह वैदिक रीति से सम्पन्न हुआ। कन्या के चाचा ने कन्यादान किया। उस समय अरविन्द की आयु 29 वर्ष थी और कन्या की आयु 14 वर्ष की।

अरविन्द का विवाह 1901 में कलकत्ता में भूपालचन्द्र बोस की पुत्री मृणालिनी देवी के साथ हुआ था। परिचितों के कथनानुसार सौम्य और रूपवती मृणालिनी देवी विशिष्ट, शालीन और सहनशीलता की प्रतिमा थीं। बड़ौदा में कुछ दिनों और कलकत्ता में उससे भी कम दिनों के अलावा उन्हें पति के साथ-साथ रहने का अवसर नहीं मिला। एक दिन प्रात:काल तथाकथित अलीपुर अभियोग में जब पुलिस अरविन्द को पकड़कर ले गई तो वे इस कारण से यह चोट बर्दाश्त कर गईं कि उन्हें अरविन्द के आदर्शों और कर्त्तव्यों की महानता में

अटूट विश्वास था। आठ वर्ष बाद जब अरविन्द कार्यनिवृत्त होकर पाण्डिचेरी आ गए तब जाकर मृणालिनी देवी को वहां उनके साथ रहने का अवसर तो मिला था, परन्तु वे किसी कारणवश वहां जा नहीं पाई और इंफ्लूएंजा से 1918 में वे चल बसीं।

निम्नलिखित उद्धरण उन्हें बड़ौदा से लिखे गए अरविन्द के 30 अगस्त 1905 के पत्र से लिया गया है–

''तुम्हें शायद अब तक पता चल चुका होगा कि जिस व्यक्ति के भाग्य के साथ तुम्हारा भाग्य जुड़ा हुआ है, वह अत्यन्त विचित्र किस्म का व्यक्ति है। मेरा मानसिक दृष्टिकोण, जीवन का उद्देश्य और कार्यक्षेत्र वैसा नहीं है, जैसा फिलहाल इस देश में आम लोगों का है। वह हर तरह से बिल्कुल भिन्न असाधारण है। शायद तुम जानती होगी कि आम लोग असाधारण विचारों, असाधारण कार्यों और असाधारण उच्चाकांक्षाओं को किस नाम से जानते हैं। वे इन चीजों को पागलपन जैसा मानते हैं, परन्तु यदि पागल आदमी कार्यक्षेत्र में सफल हो जाता है, तब उसे पागल न कहकर महान् और प्रतिभाशाली कहा जाता है। परन्तु कितने लोग अपने प्रयासों में सफल होते हैं। हजारों लोगों में दस असाधारण होते हैं और इन दसों में कोई एक व्यक्ति सफल होता है। मेरे कार्यक्षेत्र में सफलता सम्भावना से परे की चीज है। मैं पूरी तरह इस क्षेत्र में जा भी नहीं पाया हूं, अतः लोग मुझे पागल समझेंगे और एक पागल से विवाह होना किसी नारी का दुर्भाग्य ही है, क्योंकि नारी की सभी आशाएं परिवार के सुख-दुःख में सीमित हो जाती हैं। एक पागल अपनी पत्नी के जीवन में सुख नहीं ला सकता, वह केवल दुःख का ही सृजन करेगा...।

''मेरे अंदर तीन प्रकार के पागलपन हैं। प्रथम, मेरा यह अटल विश्वास है कि ईश्वर ने मुझे जो कुछ गुण, प्रतिभा, उच्च शिक्षा, ज्ञान और धन दिया है, वह सब उसी का है। मुझे उतना ही खर्च करने का अधिकार है, जिनता मेरे परिवार के भरण-पोषण और अन्य आवश्यक कार्य के लिए जरूरी है। जो बच जाए उसे ईश्वर को लौटा दिया जाना चाहिए। यदि मैं वह सब अपने ऊपर व्यक्तिगत स्वार्थ और सुख के लिए खर्च कर दूं तो मैं चोर सिद्ध होऊंगा। हिन्दू शास्त्रों के अनुसार जो व्यक्ति भगवान से धन ग्रहण करता है और उसे लौटाता नहीं, वह चोर हैं। अब तक धन का एक छोटा-सा भाग ईश्वर की सेवा में देता रहा हूं और दस में नौ हिस्से व्यक्तिगत सुख पर खर्च करता रहा हूं। मैंने इसी प्रकार अपना हिसाब चुकाता किया है और सांसारिक सुखों में डूबा रहा हूं। आधा जीवन नष्ट हो चुका है। जानवर भी स्वयं और अपने परिवार का भरण-पोषण करके संतुष्ट रहता है।

''जो धन मैंने सरोजनी या ऊषा को दिया है, उसके लिए मुझे कतई अफसोस नहीं है, क्योंकि दूसरों की सहायता करना धर्म है। अपने पर जो आश्रित

हैं, उनकी रक्षा करना एक महान् धर्म है। परन्तु हिसाब तब तक चुकता नहीं होता, जब तक कोई अपने ही भाई-बहनों को देता रहता है। कठिनाई के इन दिनों में सम्पूर्ण देश हमारे द्वार पर आश्रित की भांति है, इस देश में तीस करोड़ भाई बहन हैं, उनमें से बहुत भूखों मरते हैं, अधिकांश लोग दुखों, तकलीफों से कमजोर हो गये हैं और किसी प्रकार अपना अस्तित्व बनाये हुए हैं। उनकी अवश्य सहायता की जानी चाहिए। तुम क्या सोचती हो? क्या मेरे साथ इस धर्म में हाथ बंटाकर मेरी पत्नी बनी रहोगी? हम आम लोगों की तरह पहनेंगे, खायेगें, आवश्यक वस्तुओं की ही खरीद करेंगे और शेष धन दैवी शक्ति के हाथों सौप देंगे। मैं तो ऐसा ही करूंगा। यदि तुम इस विचार से सहमत हो और त्याग का सिद्धांत स्वीकार करो तो मेरा उद्धेश्य सफल हो सकेगा। तुम्हारी यह शिकायत थी कि तुम्हारे कार्य में कोई प्रगति नहीं हो रही है। मैंने.जिस ओर संकेत किया है वही प्रगति का रास्ता है। क्या तुम यह रास्ता अपनाओगी?

''दूसरे पागलपन ने हाल ही मेरे ऊपर अधिकार जमाया है। वह ऐसा है कि जैसे भी हो, मुझे प्रभु का साक्षात्कार हो जाए। आज का धर्म प्रतिक्षण प्रभु का नाम रटने, प्रत्येक व्यक्ति के सम्मुख प्रार्थना करने और अपनी धार्मिकता लोगों को दिखाने जैसी चीजों से संबन्धित है, जिन्हें मैं पसंद नहीं करता। यदि ईश्वर है तो उसके अस्तित्व को अनुभव करने का, उसका साक्षात्दर्शन प्राप्त करने का कोई पथ भी वहां अवश्य होगा। यह पथ कितना ही कठोर हो उस पर चलने के लिए मैं दृढ़-प्रतिज्ञ हूं। हिन्दू धर्म की मान्यता है कि व्यक्ति की आत्मा और उसके मन में ही वह पथ विद्यमान है। जो नियम उस मार्ग पर चलने के लिए हमें योग्य बनाता है, वह मुझे प्राप्त है। ऐसे सभी नियमों को परखना मैंने आरम्भ कर दिया है और एक मास के भीतर ही मैं यह पहचानने लगा हूं कि हिन्दू धर्म की मान्यताएं झूठी नहीं है। इसने जितने भी संकेत दिए हैं, उनका मुझे अनुभव करना पड़ा है। मैं तुम्हें भी उस मार्ग पर ले चलना चाहूंगा। तुम मेरे साथ चलने में सक्षम नहीं होगी, क्योंकि तुम्हें वैसा ज्ञान नहीं मिला है। परन्तु तुम मेरा अनुसरण करो तो इसमें कोई बाधा नहीं है। कोई व्यक्ति उस मार्ग का अनुसरण करके पूर्णता प्राप्त कर सकता है। परन्तु उस रास्ते में प्रवेश करना व्यक्ति के अपने चुनाव पर निर्भर करता है। कोई भी उसमें तुम्हें प्रवेश के लिए बाध्य नहीं कर सकता। यदि तुम्हारी रुचि हो, तो मैं इस संदर्भ में विस्तार से लिखूंगा।

''तीसरा पागलपन यह है कि जहां दूसरे लोग को एक जड़ वस्तु, कुछ मैदान, जंगल, पहाड़ और नदी मात्र समझते हैं, वहां मैं अपने देश को अपनी माता मानता हूं। मैं उसकी पूजा करता हूं और मां की तरह उसकी भक्ति करता हूं। जब कोई राक्षस मां की छाती पर बैठकर उसंका खून चूस रहा हो तो उस समय उसका पुत्र क्या करेगा? क्या वह चुपचाप अपने खान-पान में लगा रहेगा और

पत्नी बच्चों के साथ मौज मनाता रहेगा या इसके बदले में मां को बचाने के लिए दौड़ पड़ेगा? मैं जानता हूं कि इस पतित जाति को उठा सकने में सामर्थ्य मुझमें हैं। यह कोई शरीरिक सामर्थ्य नहीं और मैं तलवार या बंदूक लेकर भी नहीं लड़ने जा रहा, यह तो ज्ञान की शक्ति है क्षात्र तेज ही शक्ति का एकमात्र तेज नहीं है, ब्रह्म तेज भी है, वह तेज ज्ञान के ऊपर प्रतिष्ठित है। यह मेरे अंदर कोई नई अनुभूति नहीं और न यह ज्ञान हाल में उत्पन्न हुआ है। मैं तो इसके साथ ही उत्पन्न हुआ था, यह मेरी मज्जा में निहित है। ईश्वर ने यह महान् कार्य सम्पन्न करने के लिए मुझे पृथ्वी पर भेजा है। चौदह वर्ष की अवस्था में यह बीज उगना आरम्भ हो गया था और अट्ठारह वर्ष की अवस्था तक वह दृढ़ता से जड़े जमाकर अटल हो गया।'

अरविन्द ने विवाह से पूर्व इस विषय में अपनी भावी पत्नी एवं उनके पिता को कुछ नहीं बताया और न ही उस विज्ञापन में ऐसा कोई संकेत था जो उन्होंने अपने विवाह के लिए दिया था।

❑❑❑

# क्रांतिकारी जीवन

कदाचित् सन् 1901 में कभी एक मराठा महापुरुष श्री मण्डावले ने अरविन्द को क्रांतिकारी दल के सदस्य के रूप में प्रतिज्ञा करवाई। उन दिनों 'प्रतिज्ञा' लेना बहुत ही महत्वपूर्ण माना जाता था।

अरविन्द जब कभी भी देवघर जाते थे तो अपने छोटे भाई बारीन को क्रांति का पाठ पढ़ाया करते थे और अब जब वह बड़ौदा आ ही गया था तो वे समझते थे कि यह अवसर है जब उसको यह पाठ कण्ठस्थ कराया जाए। उन्होंने उसे क्रांति कार्य के लिए तैयार करना आरम्भ कर दिया।

बड़ौदा में रहते हुए बारीन ने जहां आध्यात्म की कुछ पुस्तकों का अध्ययन किया, वहीं उसने प्लेनचिट का भी अभ्यास करना आरम्भ कर दिया। मेज पर खट-खट के रूप में आत्माओं के उत्तर प्राप्त होने लगे थे। सायंकाल के समय अरविन्द भी इस मजलिस में सम्मिलित हो जाया करते थे। किन्तु इसमें कुछ सफलता नहीं मिली।

उन दिनों महाराष्ट्र में राजपूत राजकुमार ठाकुर रामसिंह के नेतृत्व में एक गुप्त संस्था कार्यरत थी। इसकी बम्बई शाखा की व्यवस्था पांच व्यक्तियों की एक परिषद् देखा करती थी। अरविन्द ने किसी प्रकार इस संस्था से सम्पर्क स्थापित किया और फिर इसमें सम्मिलित हो गए। इससे पूर्व वे बंगाल में अपनी क्रांतिकारी गतिविधियां आरम्भ कर चुके थे।

सन् 1902 में देवघर में भी सत्येन बोस के नेतृत्व में एक संस्था की स्थापना कर दी गई थी।

उस युग में क्रांतिकारी आंदोलन इतना प्रख्यात हो गया था कि अनेक सरकारी कर्मचारी भी इससे प्रभावित होकर इसमें सम्मिलित होने लगे थे। यहां तक कि जोगेन्द्रनाथ मुखर्जी जो कि मजिस्ट्रेट थे, उन्होंने भी इस आंदोलन में सक्रिय भाग लेना आरम्भ कर दिया था।

सिस्टर निवेदिता सन् 1902 में बड़ौदा पधारी थीं। उन्होंने स्वयं को स्वामी विवेकानन्द के राजनीतिक विचारों से प्रभावित बताया था। भारत की स्वतंत्रता

के लिए उनके मन में तीव्र उत्कण्ठा थी। अपनी राजनीतक गतिविधियों के कारण ही उनको रामकृष्ण मिशन से अपने संबंधों को तोड़ना पड़ा था।

अरविन्द का कहना है कि सिस्टर निवेदता से उनके संबंधी राजनीतिक ही रहे थे। उन्हें स्मरण नहीं कि कभी उन दोनों में अध्यात्म के विषय पर कोई चर्चा हुई हो, हां कभी-कभी यह होता था कि जिस समय अरविन्द उनके समीप हों और कोई अन्य व्यक्ति भी वहां पर उपस्थित हो, उस अवसर पर यदि सिस्टर निवेदता ने उस व्यक्ति से किसी प्रकार की अध्यात्म की कोई बात की हो और वह बात अरविन्द के कान में पड़ गई हो। बस, इतना उनका आध्यात्मिक पक्ष रहा था।

सिस्टर निवेदता के विषय में सन् 1946 में एक स्थान पर उन्होंने लिखा था–

सिस्टर निवेदिता जब बड़ौदा में भाषण करने के लिए आई थीं तो मैं उनसे मिला था। उनको राज्य की ओर से आमंत्रित किया गया था, अतः उनको लेने के लिए स्टेशन पर गया था और वहां से उनको लेकर उस स्थान पर गया जहां उनके निवास की व्यवस्था की गई थी। महाराज से भेंटवार्ता के अवसर पर भी मैं उनके साथ गया था। उन्होंने मेरे विषय में सुन रखा था कि मैं शक्ति और संगठन में विश्वास करता हूं और काली का भक्त हूं। जिसका अभिप्राय वे बताती थीं कि उन्होंने मेरे विषय में यही सुन रखा था कि मैं क्रांतिकारी हूं। मैंने उनकी पुस्तक "काली दि मदर" पढ़ी थी, उसके माध्यम से मैं उनको जानता था। इन दिनों के सम्पर्क से हम दोनों में मित्रता हो गई।

उसके बाद मेरा निवेदिता से कोई सम्पर्क नहीं रहा। किंतु जब मैं बंगाल में स्थिर होकर नेशनल कॉलेज का प्रिंसिपल तथा 'वंदेमातरम्" का मुख्य सम्पादकीय लेखक बना तो फिर मेरा उनसे सम्पर्क हुआ। वह भी एक-दो बार कांग्रेस के अधिवेशनों में। उस समय तक मैं उग्रवादी और कालान्तर में राष्ट्रवादी संगठन के नेता के रूप में प्रसिद्ध हो गया था। हम दोनों का कार्य क्रांतिकारी था। वह अपने कार्य में व्यस्त थीं और मैं अपने कार्य में। बाद में कभी-कभी मैं उनसे मिलने के लिए बागबाजार में उसके स्थान पर जाने लगा था।

"इन भेटों के अवसर पर उन्होंने मुझे बताया कि भारत सरकार मुझको देश निष्कासन का दण्ड देने वाली है, इसलिये या तो मुझे भूम्यान्तर्गत होकर कार्य करना चाहिए, या फिर ब्रिटिश भारत को छोड़कर बाहर जाकर कार्य करना चाहिए, जिससे कि कार्य में बाधा न पड़े। उस समय स्वयं उसके लिए कोई खतरे की बात नहीं समझी जाती थी। उसके राजनीतिक विचार कुछ भी क्यों न रहे हों। किन्तु गोरी चमड़ी होने के कारण अंग्रेज सरकार में उनकी पहुंच थी।

अरविन्द ने उनसे कहा कि वे "उनके सुझाव पर कार्य करने की कोई आवश्यकता नहीं समझते। उन्होंने निश्चय किया कि वे "कर्मयोगिन्" में एक खुला पत्र लिखेंगे, जिससे सरकार की भ्रांति मिट जायेगी। वैसा ही किया गया और जब वे पुन: निवेदता से मिले तो उन्होंने बताया कि आपका कार्य सफल रहा और सरकार ने उसके निष्कासन के विचार को स्थगित कर दिया।"

महाराजा से अपनी भेंटवार्ता में सिस्टर निवेदता ने महाराजा को कहा कि वे न केवल क्रांतिकारी आन्दोलन को सहायता दें, अपितु स्वयं भी इसके एक अंग बनें। महाराजा ने किसी प्रकार का आश्वासन नहीं दिया और कहा कि वे अपना उत्तर अरविन्द के माध्यम से भेज देंगे, जो कि उन्होंने कभी भेजा ही नहीं। उस समय महाराजा का ऐसा कहना केवल उस प्रश्न को टाल देना था। किन्तु महाराजा को यह जानकर बड़ा आश्चर्य हुआ कि अरविन्द क्रांतिकारी आंदोलन में बढ़-चढ़कर भाग ले रहे हैं।

कदाचित यही वह समय था जब कलकत्ता में जतीन की सहायता के लिये अरविन्द ने बारीन को कलकत्ता भेज दिया था। कलकत्ता में 106, सरकुलर रोड पर कार्य आरम्भ किया गया। जतीन, बारीन और अविनाश वहां के कार्यकर्त्ता थे। जतीन सुशिक्षित वर्ग–वकील, अध्यापक, डॉक्टर आदि के बीच कार्य करता था। बारीन और अविनाश कॉलेज के विद्यार्थियों में जाकर प्रचार कार्य करते थे। जहां कहीं भी उनको खुला मैदान मिला उन्हीं स्थानों पर युवकों को लाठी चलाना, युद्ध करना यहां तक कि घुड़सवारी भी सिखाया करते थे। छ: मास तक साथ-साथ कार्य करने के उपरान्त ये तीनों अलग-अलग हो गये। बारीन और अविनाश तो मदनमित्तर लेन चले गये और जतीन सीताराम घोष स्ट्रीट चला गया।

अप्रैल 1903 में महाराजा बड़ौदा अरविन्द को अपने साथ कश्मीर ले गये थे। जिसके कारण कॉलेज में विद्यार्थियों की पढ़ाई में व्यवधान पड़ा था और प्रिंसिपल ने अरविन्द से स्पष्टीकरण भी मांगा था।

"रोलेट कमेटी" की रिपोर्ट में "भवानी मंदिर' पुस्तिका का उल्लेख आया है। इसके लेखक अरविन्द ही थे। इसमें सुदूर वन में अथवा पर्वत शिखर पर एक स्थान की कल्पना की गई थी, जहां "भारत माता' का मंदिर स्थापित किया जाए और देश के कोने-कोने से युवक आकर वहां पर भारत माता की मुक्ति के मार्ग पर प्रशिक्षण प्राप्त करें। जो लोग इस प्रकार पूर्णतया इसमें लिप्त नहीं हो सकते थे, उनके लिए कहा गया कि वे अपने-अपने प्रकार से इन संन्यासियों की सहायता करें। यह माना जाता है कि इस योजना का मूल स्वर्गीय बंकिम चन्द्र चटर्जी के प्रसिद्ध उपन्यास "आनन्द मठ" से लिया गया होगा।

जतीन और बारीन में मतभेद उत्पन्न हो गया, उसे दूर करने के लिए अरविन्द ने कलकत्ता जाकर उसमें समझौता कराने का विचार किया और फिर वे 22/2/1903 से 21/3/1903 तक एक मास का अवकाश लेकर कलकत्ता चले गये। ऐसा प्रतीत होता है कि बड़ौदा में जतीन द्वारा सैनिक प्रशिक्षण लेने के उपरान्त उसमें अनुशासन की भावना प्रबल हो गई हो और वह सभी से अनुशासित रहने की अपेक्षा रखता हो। बारीन की कठिनाई यह थी कि वह शिखरस्थ नेताओं के अतिरिक्त अन्य किसी को नेता स्वीकार ही नहीं करना चाहता था।

कट्टर अनुशासनप्रिय होने के कारण जतीन अपने दल में कम पसंद किया जाने लगा था। इस बार जब अरविन्द कलकत्ता गये तो एक सरकारी कर्मचारी किन्तु क्रांतिकारियों के प्रति सहानुभूति रखने वाले जोगेन्द्र विद्याभूषण के घर पर जाकर ठहरे। अरविन्द ने दोनों पक्षों के विचार सुने और अंत में निर्णय लिया कि जतीन को निरन्तर कार्य करते रहना चाहिए। नेतृत्व के लिए उन्होंने पांच व्यक्तियों की एक परिषद का गठन कर दिया। उसमें पी. मित्तर और सिस्टर निवेदिता का भी नाम था।

उस समय तो काम चल गया किन्तु फिर भी परस्पर के मतभेद दूर नहीं हुए। समय-समय पर वे प्रकट होते रहे। अरविन्द ने इस ओर ध्यान ही नहीं दिया। कार्य बढ़ता गया और बारीन का पत्र 'युगान्तर'' युवा वर्ग में बड़ा पढ़ा जाने लगा। किन्तु जिस परिषद की स्थापना अरविन्द अपने कलकत्ता प्रवास के समय कर आये थे, वह थोड़े दिन ही चलकर समाप्त हो गई। तब तक वहां अनेक दल बन गये थे, उसमें परस्पर समन्वय बनाये रखना उस परिषद के लिए कठिन हो गया था।

जिन दिनों अरविन्द कलकत्ता गए थे उन्हीं दिनों बंगला के विभाजन की बात जोरों पर थी। अरविंद ने अपने सहयोगियों को बताया कि कार्य करने का यह बहुत अच्छा अवसर है, इस आंदोलन के लिए इस समय हमें अनेक कार्यकर्त्ता मिल जायेंगे। उस समय अरविन्द ने एक पत्रक भी लिखा। जिसका शीर्षक था–''कोई समझौता नहीं।'' उसको छपवाना बड़ा कठिन हुआ। कोई प्रेस छापने को तैयार नहीं था। बड़ी कठिनाई से अविनाश ने यह कार्य करवाया था। उस पत्रक को बांटा गया।

कलकत्ता से लौटने के बाद जब अरविन्द महाराज बड़ौदा के साथ कश्मीर गये तो वहां ''शंकराचार्य शिखर'' पर जाकर उन्हें विचित्र अनुभूति हुई जो उनके अन्तस् में गहरी पैठ गई।

❑❑❑

# भवानी मंदिर

लार्ड कर्जन ने जब बंग-भंग किया तो उस समय समस्त देश की क्रांति की लहर-सी दौड़ पड़ी थी। भारत भर में जो प्रदर्शन हुआ, उसके विषय में लंदन स्थित "द टाइम्स" पत्र के संवाददाता वेलेन्टाइन चिरोल ने लिखा है कि, "भारत में ऐसे लोकप्रिय प्रदर्शन कभी नहीं हुआ।"

उस समय तक समस्त देश में अरविन्द की प्रेरणा से गुप्त संगठनों का जाल बिछ चुका था और हजारों लाखों युवक उसके सदस्य बन चुके थे। आने वाली पीढ़ी को इन संगठनों और इनके क्रियाकलापों के विषय में कुछ ज्ञान होने का अवसर बहुत कम था, क्योंकि अत्यन्त गोपनीय ढंग से इनका संचालन होता था।

अरविन्द का विचार था कि केवल गोपनीय संगठन ही इस देश को स्वतंत्र कराने के लिए पर्याप्त नहीं है। इसके लिए वे जनमत को जागृत करना नितान्त आवश्यक मानते थे। जनता का साथ यदि न हो तो कोई भी आंदोलन सफल नहीं हो सकता, यह उनकी सुपुष्ट धारणा थी, क्योंकि उन दिनों वे स्वयं बड़ौदा की राजकीय सेवा में होने के कारण खुले तौर पर सार्वजनिक क्षेत्र में कार्य करने में समर्थ नहीं थे, इस कारण भी उनको गोपनीय संगठनों का सहारा लेना पड़ता था।

उन्हीं दिनों लॉर्ड कर्जन ने बंग-भंग कर दिया। इससे अरविन्द मर्माहत हुए। उनके मन में एक विचार कौंधा और "भवानी मंदिर" का आकार उनके मानस पटल पर स्पष्ट होता गया। उन्होंने भवानी मंदिर का प्रारूप तैयार किया। उनके अपने छोटे भाई बारीन और उनके एक सहयोगी जतीन उनके सहायक थे। जतीन को तो उनके कहने पर बड़ौदा की सशस्त्र सेना में भी प्रशिक्षण दिया जा रहा था। सर्वप्रथम अरविन्द ने उनके सम्मुख अपनी योजना प्रस्तुत की। तदनन्तर उन्होंने बैरिस्टर पी. मित्र आदि अन्यान्य जनों को उस प्रारूप को दिखाया।

अरविन्द ने "भवानी मंदिर" के लिए एक अपील भी तैयार की। उस अपील पर किसी के हस्ताक्षर नहीं थे। अपने हस्ताक्षर कर नहीं सकते थे और

अन्य कोई ऐसा प्रभावी व्यक्ति उस समय था नहीं कि जिसके नाम पर लोग सहायता के लिए आगे आएं। अपील भी विचित्र थी–पहाड़ियों के मध्य मां भवानी के लिए एक मंदिर की स्थापना करनी है। मां के सभी पुत्रों को इस अपील के माध्यम से आह्वान किया जा रहा है कि वे इस पवित्र कार्य में सहायता करें।''

अपील की मुख्य बात तो यही थी, किन्तु इतने से बात बनती नहीं थी। अतः योजना का विस्तार भी जब तक लोगों तक न पहुंचे, कोई क्यों मंदिर के लिए पैसे दे। अतः शक्ति का आह्वान करते हुए उसमें कहा गया–

''विश्व की अविरत कान्तियों में क्योंकि शाश्वतता का पहिया पूरी शक्ति से अपनी प्रक्रिया में घूमता रहता है, अतः शाश्वतता प्रस्त्रवित होने वाली और उस पहिए को सक्रिय बनाने वाली असीम कर्मशक्ति अपने भिन्न पक्षों और अपरिमित रूपों में मनुष्य की दृष्टि में प्रकट होती है। हर पल एक युग की रचना करता है। कभी तो वह प्रेम और कभी वह दया हो जाता है। यह कर्मशक्ति भवानी है। वह दुर्गा, काली, राधा, लक्ष्मी, हमारी मां है और हम सबका सृजन करती है।

''वर्तमान काल में मां का अवतरण शक्ति की माता के रूप में हुआ है। वह शुद्ध शक्ति है। सम्पूर्ण विश्व शक्ति के रूप में मां से विकसित हो रहा है। हम अपनी आंखें उठाएं और उन्हें चतुर्दिक विश्व पर टिका दें, ताकि हम जिधर भी दृष्टि डालते हैं हमारे सामने प्रेरणाओं का अपरिमित शौर्य, भीषण तीव्र और अजेय शक्तियां, ऊर्जा की विशाल, भयंकर, अदम्य, आकृतियां व शक्ति के स्तम्भ आते हैं। सभी कुछ विशाल और सबल हो रहा है। युद्ध की शक्ति, धन की शक्ति और विज्ञान की शक्ति दस गुनी अधिक शक्तिशाली और भीमकाय सौ गुनी अधिक भयंकर, तीव्र और अपनी सक्रियता में व्यस्त तथा संसाधनों, आयुधों, उपकरणों के विषय में हजारों गुनी अधिक उर्वरता से भरपूर है, जैसाकि इतिहास में इससे पूर्व कभी नहीं हुआ। मां सर्वत्र सक्रिय हैं, उनके शक्तिशाली और रचनात्मक हाथों से पैदा होकर राक्षसों, असुरों, देवताओं के असंख्य रूप विश्व में रंगमंच पर आगे आ रहे हैं। हमने पश्चिम के महान् साम्राज्यों का धीमा परन्तु सबल उत्थान देखा है, हमने जापान देश के जीवन में अप्रतिरोध्य त्वरित और अदम्य साहस उत्साह देखा है। इसमें कुछ अपनी शक्ति से प्रच्छन्न म्लेच्छ शक्तियां हैं तमस् और रजस् से काली और रक्तवर्ण, अन्य आर्य शक्तियां हैं–त्याग और सम्पूर्ण आत्मोत्सर्ग से स्नात्। परन्तु वे सभी अपने नए रूप में मां ही है, पुनर्गठन और सब निर्माण करती हुई। पुरातन में अपनी आत्मा ढाल रही है, जीवन में नवीनता का संचार कर रही है। भारत में हम शक्ति के अभाव में हर कार्य में विफल रहते हैं।

परन्तु भारत में श्वास की गति धीमी है, उत्प्रेरणा की गति शिथिल है। पुरातन मां, अर्थात् भारत, वास्तव में व्यथा और आंसुओं के साथ पुनर्जन्म के लिए छटपटा रही है। परन्तु उसकी छटपटाहट व्यर्थ है। क्या है, जो उसे कष्ट दे रहा है। वह, जो अन्ततः इतनी विशाल है, वह शक्तिशाली भी हो सकती है? अवश्य ही यहां भी कुछ गंभीर खामियां हैं, हमारे अंदर जीवन्तता का कुछ अभाव है और दोष की जग़ह अंगुली रख पाना कठिन नहीं है। हमारे पास अन्य चीजें हैं, परन्तु शक्ति और ऊर्जा का अभाव है। हमने ''शक्ति'' का परित्याग कर दिया है इसलिए शक्ति द्वारा हम भी परित्यक्त है। मां हमारे दिमाग, हमारी बाहों में हैं, हमारे दिलों में वे विद्यमान नहीं है।

''हमारे पास ज्ञान था, परन्तु शक्ति के अभाव में वह एक मृत वस्तु थी। हमारे पास भक्ति थी, परन्तु सच्ची भक्ति तो शक्ति की उद्दीप्त लौ थी, ईंधन थी। यदि ईंधन कम है तो अग्नि कितनी देर तर प्रज्वलित रह सकती है।

हममें से अधिकांश लोग काले और विकट दानव ''तमस्'' से पराजित होकर आजकल कह रहे हैं कि यह असंभव है, भारत का अपकर्ष हो गया है, वह रक्त और जीवन से हीन हो गया है, पुनः स्वास्थ्य लाभ कर पाने में वह अक्षम है और हमारी जाति का उन्मूलन हो गया है। यह कथन निरर्थक और मूर्खतापूर्ण है। कोई व्यक्ति और राष्ट्र कमजोर नहीं हो सकता जब तक कि इसका चुनाव ही न करे। कोई व्यक्ति या राष्ट्र नष्ट नहीं हो सकता जब तक कि वह ज़ान-बूझकर समाप्त होने की इच्छा ही न करे।

''राष्ट्र क्या है? हमारी मातृभूमि क्या है? यह पृथ्वी का कोई खंड नहीं है, न ही भाषण की कला और न ही मस्तिष्क की कल्पना। यह एक महती शक्ति है।

''तब आइए, मां के आह्वान को ध्यानपूर्वक सुनें। वह हमारे हृदयों में बैठी हुई स्वयं को अभिव्यक्त करने और अपनी पूजा की प्रतीक्षा कर रही है, वे इसलिए निष्क्रिय हैं कि हमारे भीतर की स्वामी तमस् से छिपा हुआ है, वे अपनी निष्क्रियता के कारण परेशान हैं, क्योंकि उनके पुत्र सहायता के लिए उनकी पुकार नहीं लगाते। आप यदि मां की प्रेरणा अनुभव करें तो अपनी आत्मा के ऊपर से गहरा पर्दा उठा फेंके, अकर्मण्यता की चारदीवारी तोड़ फेंके, प्रत्येक अपने शरीर, बुद्धि, वाचा, अपने धन, अपनी प्रार्थना, पूजा तथा अपनी क्षमता के अनुसार जितनी प्रेरणा अनुभव करें, उससे उनकी सहायता करें। आप पीछे न मुड़े, क्योंकि जिनका आह्वान किया गया है उन्होंने यदि उसे सुना नहीं है तो अपने अवतरण के समय मां उन पर रुष्ट हो सकती हैं परन्तु जिन्होंने मां के आह्वान पर सहायता की है, उनके प्रति मां का चेहरा सौंदर्य और दया से भरकर कांतिमान हो उठेगा।

इस प्रकार वे भारतवासियों के हृदय में भारत को मां के रूप में प्रतिष्ठित कर रहे थे। भवानी मंदिर का उद्देश्य जनता को यह स्मरण दिलाना था कि हमारी मातृभूमि अपने पुत्रों की आश्चर्यजनक जड़ता के बोझ से हांफ रही है। परन्तु इसका अभिप्राय यह नहीं कि प्राचीनकाल जैसी ज्योतिर्मय आत्माएं, इस पवित्र भूमि में उत्पन्न ही नहीं हुई है। उनका अस्तित्व सदा था, भले ही देश उनसे लाभ उठा पाने की स्थिति में रहा हो या न रहा हो।

भवानी मंदिर योजना में अरविन्द ने उन स्थितियों को स्पष्ट किया है जिन्हें पूरा करना जनता के लिए अत्यावश्यक है ताकि ''मां'' देश में स्वयं को प्रकट कर सकें। ''विपुला'' में वे ऐसी मां के रूप प्रस्तुत करते हैं, जिनकी आवाज और आदर्श मातृत्व की प्रतीक ध्वनि कही जा सकती है, अर्थात् वही करती हैं जो मां अपने बच्चों से अपेक्षा रखती है। दुर्गा-स्तोत्र में उन्होंने उस मंत्र का उल्लेख किया है, जिसमें पुत्र मां का दया पाने के लिए प्रार्थना कर सके। आकांक्षा की भावना में गुंजायमान यह स्त्रोत्र मां की रक्षा की अवश्यम्भावी पथ-प्रदर्शित करता है, क्योंकि यह सम्पूर्ण समर्पण का भी एक गीत है। वे कहते हैं–

''मां दुर्गे! सिंह पर आरूढ़, हाथ में त्रिशूल, आयुधों से सुसज्जित सौंदर्य की प्रतिमूर्ति, विजय दिलाने वाली मां, भारत तुम्हारी प्रतीक्षा में है, वह तुम्हारा कृपालु रूप देखने के लिए उत्सुक है। ओ मां! सुनो, पृथ्वी के अवतरण करो, इस भारत भूमि में स्वयं को प्रकट करो।

''मां दुर्गे! तुम शक्ति, प्रेम और ज्ञान प्रदान करने वाली हो, तुम्हारी स्वयं की शक्ति में आश्चर्यजनक कौशल है, मां! तुम सुन्दर और शक्तिमान हो। जीवनयुद्ध, भारत के युद्ध में हम तुम्हारे नियुक्त सैनिक हैं। मां! हमारे मन-मस्तिष्क में सूर्य की शक्ति भर दो। हमारी बुद्धि और आत्मा को देवता का चरित्र और ज्ञान प्रदान करो।''

''भवानी मंदिर'' की यह परिकल्पना उन दिनों बहुत चर्चित रही, तदपि अंग्रेज सरकार इस विषय में अंधकार में रही।

❑❑❑

# योगाभ्यास

अरविन्द की रुचि गुह्य विद्या में थी। परन्तु 1904 तक उन्होंने सजग ढंग से योगाभ्यास शुरू नहीं किया था। इन विषयों में अभीप्सा न होने पर भी समय-समय पर उन्हें आश्चर्यजनक ढंग से आध्यात्मिक अनुभूति होती थी। उदाहरण के लिए एक शहर जाते समय अचानक उनकी सवारी दुर्घटनाग्रस्त होने का दुर्योग दिखा। जैसे ही उन्हें उस स्थिति का आभास हुआ उन्होंने अपने मन में संकट दूर करने की सोची, वहां एक दिव्य ज्योति प्रकट हुई, जिसने स्थिति पर काबू पा लिया और सवारी को सुरक्षित मार्ग पर ला खड़ा कर दिया।

अरविन्द ने अपने कुछ शिष्यों के साथ संध्या समय होने वाले विचार-विमर्श के दौरान एक-दूसरे अनुभव का उल्लेख किया है-

''उस समय मेरे यूरोपीय मनोभाव में देवताओं पर कोई विश्वास नहीं था। मैं कर्नाली (चांदोड़ के निकट एक स्थान) गया हुआ था, वहां एक काली मंदिर है, जिसकी मूर्ति देखते ही मुझे वहां साक्षात् देवी का आभास हुआ और पहली बार मैंने दिव्य सत्ता की सन्निधि पर विश्वास किया।''

1904 में ही वे गम्भीरतापूर्वक योगाभ्यास शुरू कर पाए। उन्होंने प्राणायाम से शुरू किया और अत्यन्त अल्पावधि में इस तरह के आसानों का यथासंभव अभ्यास कर लिया। इस विषय पर एक स्थान पर उन्होंने लिखा-

''उस समय मैं कविता लिखा करता था। प्राय: मैं प्रतिदिन पांच से आठ या दस पंक्तियां, इस तरह एक मास में लगभग 200 पंक्तियां लिखा करता था। अब प्राणायाम के बाद मैं आधे घंटे में ही लगभग 200 पंक्तियां लिखने लगा। पहले मेरी स्मृति बहुत कमजोर थी, परन्तु अंत:प्रेरणा का अवतरण होने के बाद मैं उसी क्रम में उन पंक्तियों को स्मरण कर लेता और किसी भी समय आसानी से उनको लिख सकता था। मानसिक क्रिया-कलापों की शक्ति बढ़ने के साथ ही मुझे अपने मस्तिष्क के चारों तरफ एक तरह की विद्युत ऊर्जा का आभास होने लगा।''

परन्तु उन्होंने ऐसे अभ्यासों की सीमाएं भी महसूस कीं। 1932 में लिखे गए एक पत्र में उन्होंने बताया है-

''चार वर्षों तक प्राणायाम और अपने अन्य अभ्यासों के बाद केवल इतना ही परिणाम निकाला–स्वास्थ्य वृद्धि, ऊर्जा प्रवाह, मनोभौतिक क्रिया, काव्य रचना शक्ति की धाराप्रवाह, सूक्ष्म वीक्षण शक्ति, प्रायः जागृतावस्था में (ज्योतिर्मय रूप और आकृतियां आदि) किंतु इसके बाद एक ठहराव आ गया।''

उनका कतिपय यौगियों से सम्पर्क हुआ था, परन्तु उनके योगाभ्यास में उन योगियों की कोई पहल नहीं थी। महाराष्ट्र के योगी लेले ही उनकी इस संदर्भ में कुछ ठोस सहायता कर पाए। अरविन्द ने स्वीकार भी किया है–

''मैं लेले का बहुत ऋणी हूं कि उन्होंने मुझे यह पथ-प्रदर्शित किया। वे कहते थे–''ध्यानमग्न होकर बैठो, परन्तु सोचो मत, केवल अपने मस्तिष्क की ओर देखो। तुम पाओगे कि मस्तिष्क में विचार आ रहे हैं, इससे पहले कि वे विचार आ जाएं, तुम उन्हें अपने मस्तिष्क से तब तक बहिष्कृत करते रहो, जब तक कि तुम्हारा मस्तिष्क पूर्णरूप से निस्तब्धता की आयत करने के योग्य न हो जाए।''

''इससे पूर्व मैंने कभी ये नहीं सुना था कि मस्तिष्क में विचार प्रत्यक्षतया बाहर से आते हैं, परंतु सत्य या संभावना पर संदेह करने का विचार भी मेरे अंदर कभी नहीं हुआ था। मैं केवल बैठकर ध्यान करने लगा। क्षणभर में ही मेरे मस्तिष्क में किसी ऊंचे पर्वत पर निर्वात वायु की जैसी स्थिति की निस्तब्धता छा जाती है और तब मैं अपने मस्तिष्क में बाहर से एक के बाद एक विचारों का आगमन प्रत्यक्ष रूप से देखता, उनके प्रवेश करने से पहले ही मैं उन्हें फेंक देता और मस्तिष्क पर नियंत्रण कर लेता। तीन दिन में मैं पूर्णतया स्वतंत्र हो गया। उसी क्षण से यथार्थ में मेरी मानसिक सत्ता बन गई, एक मुक्त बुद्धि एक विश्वमन, जो विचारों के कारखाने में किसी श्रमिक की भांति व्यक्तिगत विचार के संकीर्ण दायरे में सीमित नहीं थी, अपितु सत्ता के सैकड़ों क्षेत्रों में ज्ञान अर्जित करने वाली एक ज्ञान की ग्रहणवर्ती और एक विशाल दृष्टि और विचार के साम्राज्य में वांछित वस्तु की स्वतंत्रता चयनकर्त्री थी।''

फिर बहुत दिनों तक लेले की सहायता की आवश्यकता नहीं रहीं। इस प्रकार अपनी निजी खोज और लक्ष्य के प्रति जन्मजात निष्ठा से अरविन्द ने चेतना के महाव्योम में प्रवेश किया और अनुभूतियों के स्तरों को पार कर जैसे निर्वाण और नीरव ब्रह्म की अवस्थाओं में होकर वे साक्षात्कार के सर्वथा अनधिकृत क्षेत्रों में जा निकले, जिनकी पूरी शोध और सिद्धि उन्होंने अपनी पांडिचेरि प्रवास में प्राप्त की।

1937 में अपने एक शिष्य के नाम लिखे पत्र में अरविन्द ने निर्वाण के विषय पर लिखा–''जहां तक मेरा प्रश्न है, मैंने अनचाहे ही निर्वाण के क्षेत्र में प्रवेश किया, यदि यों कहूं कि निर्वाण ही बिना मेरी इच्छा के संयोगवश मेरे भीतर प्रविष्ट हुआ... वह भी मेरे योगी-जीवन के आरम्भ के बहुत बाद में नहीं।''

❑❑❑

# साहित्य सृष्टि

अरविन्द के जीवन की इस अवधि में उनकी साहित्यिक रचनाशीलता विभिन्न अन्त:प्रेरणाओं से युक्त थी। उन्होंने भारत में आकर महान् संस्कृत ग्रंथों तथा सहज ही आत्मसात् की हुई अन्य भाषाओं के साहित्य का ध्यानपूर्वक अध्ययन किया। भारतीय साहित्य के हृदय में उनकी पैठ के परिणामस्वरूप उनकी कविता में एक नई जीवान्तता की शुरुआत हुई। यह उपलब्धि बड़ौदा में उनकी महानतम काव्य-कृतियों में तथा अन्तदर्शन की सर्वोच्च अभिव्यक्ति ''सावित्री'' के लेखन में द्रष्टव्य है, जिसकी रचना उन्होंने पांडिचेरि में बहुत बाद में की। इसकी रचना 1950 में उनके निधन के कुछ समय पहले ही पूरी हुई थी। परन्तु उनकी प्रारंभिक पाण्डुलिपि उपलब्ध नहीं है।

उन्होंने चंडीदास और ज्ञानदास जैसे प्राचीन बंगला कवियों की अनेक पद रचनाओं का अंग्रेजी में अनुवाद किया। साधारण अर्थ में ये कविताएं अनुवाद नहीं बल्कि विशिष्ट रूपान्तरण हैं। मौलिक कविता के प्रवाह तथा भाव की मधुरता को उन्होंने आश्चर्यजनक ढंग से सजीव बनाए रखा है, जो अनुवाद में शायद ही देखने को मिले।

उन्होंने संस्कृत की तीन उल्लेखनीय कृतियों का अनुवाद भी किया, जो इस प्रकार हैं—कालिदास का मेघदूत और विक्रमोवर्शीयम् तथा भर्तृहरि का नीति शतक। दुर्भाग्यवश मेघदूत की पाण्डुलिपि इस अवधि की मौलिक कविताओं तथा अनेक अन्य अनुवादों की पाण्डुलिपियों के साथ लुप्त हो गई, परन्तु विक्रमोवर्शीयम् (दि हिरो एण्ड दि निम्फ) की पाण्डुलिपि भाग्यवश बची रह गई।

बड़ौदा प्रवास के दौरान लिखी गई उनकी कविताओं में ''उर्वशी'' भी है, जो कालिदास की एक पुनर्रचना से प्रेरित है, जो ऋग्वेद की शाश्वत सुन्दरी "भौतिक भुजाओं की देवी पर विजय" की कहानी पर आधारित थी। इस काव्य में उर्वशी और पुरुरवा का कथानक है और यह कविता वहां समाप्त होती है जहां पुरुरवा और उर्वशी अंतिम रूप से एक हो जाते हैं। यह प्रेम की उदात्त विजय थी, परन्तु पृथ्वी और नश्वरता का इसमें कोई स्थान नहीं था।

बड़ौदा में लिखी गई अरविन्द की एक अन्य लम्बी कविता ''लव एण्ड डेथ'' में नायक, नायिका दोनों ही पृथ्वी के पात्र हैं और यहां प्रेम की विजय विशेष रूप से महत्वपूर्ण है। ''लव एण्ड डेथ'' का अंत वहां होता है जहां हरित विश्व अपने उष्ण प्रकाश के साथ 'रु रु' और प्रियंवदा के चारों ओर उच्छ्वास ले रहा होता है।

कविता के प्रति लोगों के रुख में समय के साथ जो परिवर्तन आता है, उससे कवि का परिचित होना यहां उल्लेखनीय है। ''लव एण्ड डेथ'' के प्रकाशन का प्रयास करने वाले इंग्लैंड निवासी अपने एक शिष्य का उत्साह कम करते हुए अरविन्द ने 1934 में एक पत्र लिखा–

''मुझे ऐसी आशंका है कि ''लव एण्ड डेथ'' की सफलता को लेकर तुम किसी भ्रम में हो। ''लव एण्ड डेथ'' की रचना उस समय से संबंधित है, जब मेरेडिथ और फिलिप्स लेखन आरम्भ कर रहे थे और ईट्स तथा ए. ई. का लेखन परिपक्व नहीं बल्कि शैशवावस्था में था। उस समय से अब तक हवा बदल चुकी है और ईट्स तथा ए.ई. अतीत की बालुका भूमि पर निस्सहाय-से पड़े हैं। दूसरी तरफ ''लव एण्ड डेथ'' का शिल्प और उसकी विशेषताएं युद्धोत्तर लेखकों तथा साहित्यिक आलोचकों के लिए अभिशाप जैसी चीजें हैं। मुझे संदेह है कि यदि इसकी उपेक्षा न भी की गई और ऐसी संभावना ही अधिक है, तो भी इसे उस साहित्यिक मानदण्ड का क्षीण और विलम्बित अनुकरण माना जाएगा, जो बहुत पहले पैदा हुआ और दफना दिया गया। मैं स्वयं इस अर्थ में इस रचना को नहीं लेता, परन्तु इसकी सफलता के लिए मेरे नहीं बल्कि आधुनिक बुद्धिजीवी के विचारों का ही महत्त्व है। यदि लेखन के समय इसका प्रकाशन हो जाता तो सफलता मिल सकती थी, परन्तु अब यह मैं अवश्य जानता हूं कि इंग्लैंड में ऐसे अनेक लोग हैं, जिनके हाथों पड़ने के बाद वे इसे उत्साह से पढ़ेंगे, परन्तु मैं ऐसा सोच नहीं पाता कि यह रचना उन हाथों तक पहुंचेगी भी या नहीं।''

अपनी कृतियों के विषय में अरविन्द ने समय-समय पर अनेक प्रकार के स्पष्टीकरण दिए हैं।

❑❑❑

# ज्योतिषी का भविष्यवाणी

28 सितम्बर 1904 को अरविन्द को कॉलेज का वाइस-प्रिंसिपल नियुक्त किया गया। उस समय उनका वेतन 550 रु. हो गया था। अपने विद्यार्थियों में उनकी अच्छी ख्याति थी और कॉलेज के प्रधानाचार्य भी उनको बहुत पंसद करते थे। उप-प्रधानाचार्य के रूप में उनकी स्थायी नियुक्ति किये जाने के बाद भी महाराजा का प्रावधान फिर भी रखा ही था कि समय-समय पर अरविन्द को महाराजा का कार्य भी करना होगा।

इस वर्ष महाराजा ने उनसे जो विशेष कार्य करवाया, वह था बहुत पूर्वकाल से चले आ रहे बापट-विवाद का सार संक्षेप में प्रस्तुत करना। इस कार्य के लिए अरविन्द को अवकाश के दिनों में उटी में बुलाया गया था।

अरविन्द थाना में कार्यरत आई.सी.एस. अधिकारी चारुचन्द्र दत्त से मिले और उनके सम्मुख भवानी मंदिर योजना को विस्तार से रखा और वे क्रांतिकारी पार्टी में सम्मिलित हो गए। इसी अवधि में अरविन्द राष्ट्रमत के सम्पादक हरिभाऊ मोदक, वसई के प्रख्यात वकील काका साहिब पाटिल तथा दो अन्य व्यक्तियों से भी मिले और उनके सम्मुख भवानी मंदिर योजना को स्पष्ट किया। उन लोगों का विचार था कि इस सारे कार्य में इसके आध्यात्मिक पक्ष को छोड़ दिया जाए और राजनीतिक पक्ष पर विशेष ध्यान देकर धन संग्रह किया जाए तथा बम और पिस्तौलों की व्यवस्था की जाए।

अरविन्द ने योगाभ्यास पर अधिक ध्यान आरम्भ कर दिया था। उन्होंने चांदोड़ के ब्रह्मानन्द स्वामी के शिष्य इंजीनियर देवधर से प्राणायाम के विषय में विस्तार से विचार-विमर्श किया। उनका यह विचार था कि बिना प्राणायाम के योगाभ्यास करना संभव नहीं है। कालांतर में इस प्राणायाम के प्रयोग और उसके फलदायक परिणाम के विषय में अरविन्द ने विस्तार से बताया था। उनका यह कहना था कि चार वर्ष के निरन्तर अभ्यास से जहां उनके शारीरिक स्वास्थ में सुधार हुआ था वहां उनकी आंतरिक ऊर्जा में भी वृद्धि हुई थी।

बड़ौदा में ही कार्य करते हुए, जबकि अरविन्द ने राजनीति में प्रवेश भी नहीं किया था कि एक बार नारायण ज्योतिषी से उनका साक्षात्कार हो गया।

नारायण ज्योतिषी ने उस समय भविष्यवाणी की थी कि राजनीति में भाग लेने के कारण उनको तीन बार जेलयात्रा करनी होगी और फिर उनकी मुक्ति भी जो जाएगी। उन्होंने यह भी कहा था कि गोरे शत्रु से भिड़ने के कारण उनको संकट का सामना भी करना पड़ेगा। यह सब नारायण ज्योतिषी ने बिना किसी जन्मपत्री अथवा हाथ देखे ही बताया था। उस समय तक तो अरविन्द ने राजनीति में प्रविष्ट होने की बात सोची भी नहीं थी।

एक बार बारीन विन्ध्य के अंचलों में भवानी मंदिर के लिए स्थान खोजने गया था कि वहीं बीमार पड़ गया। वह बड़ौदा आया और वहां उनकी चिकित्सा होने लगी, किंतु लाभ नहीं हो रहा था। तभी एक संन्यासी वहां आए और जब उनको बारीन के अस्वस्थ होने के विषय में बताया तो उन्होंने पानी से भरा एक गिलास मंगवाया और उस गिलास के ऊपर मंत्रोच्चारण करते हुए काटा-सा लगाया और वह पानी बारीन को पीने के लिए दे दिया। कुछ समय बाद बारीन का ज्वर शांत हो गया। उस समय अरविन्द ने योग का प्रत्यक्ष चमत्कार और उसकी उपयोगिता का अनुभव किया।

1904-05 के दिनों में अरविन्द जब भी अवकाश बिताने कलकत्ता आते तो वहां ग्रे स्ट्रीट में रहते। बारीन उनके साथ ही रहता था, देवव्रत आता-जाता रहता था। यही स्थिति जाति की भी थी। जो क्रांतिकारी दल में भर्ती किए जाते थे, वे इन तीनों से ही मिलते थे। अरविन्द से सीधा किसी का सम्पर्क नहीं होता था। अरविन्द पृष्ठभूमि में ही रहना पसंद करते थे। इन्हीं वर्षों में खुलना, रंगपुर, मिदनापुर, ढाका आदि (ये सब स्थान और नगर अब बंगलादेश के अंग हैं।) में भी क्रांतिकारी केन्द्र खोले गए। किन्तु वे सुनियोजित और सुव्यवस्थित नहीं थे।

सन् 1905 में अप्रैल से सितम्बर तक अरविन्द कॉलेज के प्रधानाचार्य से अवकाश पर जाने पर स्थानापन्न प्रधानाचार्य नियुक्त किए गए। उन्हीं दिनों बड़ौदा में बंगाल के विभाजन के विरोध में एक जनसभा का आयोजन किया गया। अरविन्द उस सभा में उपस्थित तो हुए किंतु वहां उन्होंने कोई व्याख्यान नहीं दिया। क्योंकि उस समय वे बड़ौदा राज्य की सेवा में थे, अत: उस स्थिति में भाषण उपयुक्त नहीं था।

इस अवधि में वे एक बार पुन: थाना जाकर चारुचन्द्र दत्त से मिले तो वहां उनका परिचय राजा सुबोध मलिक से भी हो गया। मलिक, दत्त के नातेदार थे। दोनों में गहन मित्रता हो गई, क्योंकि दोनों के विचारों की बहुत समानता थी। कालान्तर में अरविन्द के राजनीतिक कार्य में सुबोध मलिक ने बहुत सहायता की थी।

1904-1910 के कालखण्ड के विषय में एक स्थान पर अरविन्द ने लिखा है कि तिलक, माधोराव देशमुख और जोशी जो बाद में कांग्रेस में मोडरेट

के नाम से जाने जाने लगे थे, हम सब मिलकर यह योजना बना रहे थे कि कांग्रेस को छोड़कर हमें तीव्र गति से कार्य करना चाहिए। इसी निमित्त जतीन बनर्जी को बंगाल से बुलाकर बड़ौदा की सेना में नियुक्त करवाया गया था। हमारा विचार था कि कांग्रेस में से ''मोडरेट्स'' को भागकर उस पर अपना अधिकार जमाया जाए। पर ज्योंही अरविन्द को विदित हुआ कि बंगाल में नेशनल कॉलेज की स्थापना हो गई है, तो उन्होंने यही उपयुक्त समझा और बड़ौदा की नौकरी छोड़कर वहां चले गए। वहां उन्हें प्रिंसिपल बना दिया गया।

वहां उनका सम्पर्क बी.सी. पाल से हुआ। वे उन दिनों ''वन्दे मातरम्'' का सम्पादन कर रहे थे। किंतु पत्र की आर्थिक दशा बहुत बिगड़ी हुई थी। जब बी.सी. पाल प्रचारार्थ बाहर जाने लगे तो उन्होंने अरविन्द को पत्र को सम्भालने के लिए कहा। उन्होंने सुबोध मलिक तथा अपने कुछ मित्रों को पत्र की आर्थिक दशा सुधारने के लिए कहा और स्वयं उसके सम्पादन में जुट गए। उसी समय किसी को शरारत सूझी और उन्होंने मिलकर पत्र में से बी.सी. पाल का नाम उड़ाकर अरविन्द का नाम जोड़ दिया। अरविन्द ने उस सम्पादक को बुलाकर डांटा-फटकारा, किन्तु गलती तो की जा चुकी थी।

कुछ दिनों बाद श्यामसुन्दर आदि भी इससे जुड़ गए और शीघ्र ही वह अखिल भारतीय पत्रों में गिना जाने लगा। उन्हीं दिनों एक दिन अरविन्द ने बंगाल के नेताओं से कहा कि हमें कांग्रेस में से मोडरेट्स को भगाकर उस पर अधिकार करना चाहिए और तिलक को अपना नेता मानकर उनका अनुकरण करना चाहिए। उनको भी विचार पसंद आया। किंतु तिलक की ख्याति उस समय उत्तर भारत में उतनी नहीं थी।

स्वदेशी आंदोलन से पूर्व स्थिति कुछ और थी तथा उसके बाद बहुत बदल गई। उससे पूर्व अंग्रेज अधिकारी को देखकर ही लोग कांपने लगते थे किन्तु आंदोलन के बाद यह स्थिति नहीं रही थी। अरविन्द ने जब राजनीति में प्रवेश किया तो उन्होंने बंगाल में अनेक जिलों का दौरा किया। क्रांति आंदोलन के विषय में अरविन्द का कहना था–

''बारीन ने अपनी पुस्तक में वास्तविकता का वर्णन नहीं किया है। वास्तव में न तो मैं आंदोलन का संस्थापक था और न ही नेता। पी. मित्तर और कुमारी घोषाल ने इसे आरंभ किया था और जब मैं बंगाल गया तो मुझे इसके विषय में ज्ञान हुआ। मैं सदा उनके सम्पर्क में रहा। मेरा विचार तो समस्त भारत में सशस्त्र क्रांति का था। उस समय वे जो करते थे वह मुझे नितांत बचकाना लगता था। किसी मजिस्ट्रेट को मार देना अथवा इसी प्रकार के अन्य कार्य होते थे। बाद में उसमें डकैती और आंतकवाद सम्मिलित हो गया। यह भी मेरे आदर्शों के

विपरीत था। मैं तो गुरिल्ला युद्ध को पसंद करता था, किन्तु उस स्थिति में वह संभव नहीं था।''

सरकार ने 20 जुलाई 1905 को पार्टीशन एक्ट पारित कर दिया। यह समस्त भारत में और विशेषतया बंगाल में आंदोलन के लिए पर्याप्त था। सितम्बर से नवम्बर तक कॉलेज से अवकाश के दिनों में अरविन्द ने स्वदेशी आंदोलन में बढ़-चढ़कर भाग लिया।

उन दिनों वे योग साधना भी नियमित रूप से करने लगे थे।

खाशीराव के भाई माधवराव को बम आदि का प्रशिक्षण लेने के लिए यूरोप भेजा गया। अरविन्द उनको आर्थिक सहायता करते रहे। स्वदेशी आंदोलन में भी वे आर्थिक सहायता करते रहे थे। 1906 में यद्यपि वे बड़ौदा में कार्यरत थे तदपि उस वर्ष का अधिकांश समय उन्होंने बंगाल में ही बिताया था। उसी वर्ष अप्रैल में अधिकांश समय उन्होंने बंगाल में ही बिताया था। उसी वर्ष अप्रैल में बारीसाल सम्मेलन आयोजित किया गया था। अरविन्द ने उसमें भाग लिया था। सरकार ने इस सम्मेलन की अवैधानिक घोषित कर भाग लेने वालों को तितर-बितर होने से आदेश दिया। अरविन्द के नातेदार कृष्णकुमार मित्तर ने पण्डाल छोड़ने से इन्कार कर दिया। सरकार की इस कार्यवाही के विरुद्ध एक जुलूस निकाला गया। अरविन्द, विपिनचन्द्र पाल आदि इस जुलूस में आगे-आगे थे, पुलिस ने इसको तितर-बितर करने के लिए लाठी चार्ज किया। इस लाठीचार्ज में मनोरंजन गुहा के पुत्र चितरंजन के सिर पर काफी चोट आई।

उस समय सड़कों पर अथवा किसी भी सार्वजनिक स्थान पर ''वन्देमातरम्'' का घोष करना अपराध माना जाता था। इसके विरोध में नवयुवकों को निर्देश दिया गया कि वे यदा-कदा सड़कों पर जाते हुए ''वन्देमारतम्'' का घोष अवश्य किया करें। किसी पुलिस वाले को जब कोई युवक देखता तो पहले किसी मकान के बराण्डे में चला जाता और फिर वहां से ''वन्देमातरम्'' का घोष करता क्योंकि बराण्डा सड़क नहीं कहा जा सकता था, सरकार ने सड़क पर ''वन्देमातरम्'' की घोष वर्जित किया हुआ था। उस सम्मेलन के बाद अरविन्द और विपिनचन्द्र पाल से बंगाल का दौरा करके स्थिति का आकलन किया।

❑❑❑

# कलकत्ता की पुकार

कलकत्ता में ''पांतिर मठ'' में 9 नवम्बर 1905 को एक विशाल रैली का आयोजन किया गया था। अनेक देशभक्तों ने उस विशाल रैली में भाग लिया था। उस अवसर पर प्रेरणा से भरपूर, अनन्य देशभक्त और धनीमानी सुबोध मलिक ने वहां पर घोषणा की कि उन्होंने भारत में ब्रिटिश सरकार के नियंत्रण से मुक्त कर राष्ट्रीय विद्यालय की स्थापना के लिए अपने एक लाख रुपये अलग निकाल कर रख दिए हैं।

यह सुनना था कि वहां विद्यमान सभी लोगों ने हर्ष ध्वनि से इसका स्वागत किया और मलिक का ''राजा'' कहकर सम्मान किया। उस दिन से ही ''राजा'' की यह उपाधि सुबोध मलिक के साथ निरन्तर प्रयुक्त होती रही थी। उस युग में यह अपने प्रकार की एक ही घटना मानी जाती है।

अपनी घोषणा के अवसर पर ही सुबोध मलिक ने एक सुझाव यह भी दिया था कि उन दिनों बड़ौदा राजकीय सेवा में संलग्न अरविन्द से अनुरोध किया जाए कि वे कलकत्ता आकर प्रस्तावित विद्यालय की रूपरेखा तैयार करें।

जब अरविन्द के पास यह औपचारिक अनुरोध भेजा गया तो उन्होंने इसे स्वीकार कर लिया और 1906 में उन्होंने बड़ौदा कॉलेज से त्यागपत्र दे दिया। उन दिनों वे वहां उप-प्रधानाचार्य के पद पर नियुक्त थे। इस प्रकार कलकत्ता के ''नेशनल कॉलेज'' के माध्यम से वे राजनीति के खुले मंच पर समासीन हो गये।

अरविन्द ने अगस्त 1906 में कलकत्ता नेशनल कॉलेज के प्रधानाचार्य का पद संभाला था। परन्तु ''वन्देमातरम्'' और उदीयमान राष्ट्रीय दल को उनकी इतनी अधिक आवश्यकता थी कि उनके लिए शिक्षा के क्षेत्र में अधिक दिन तक बने रहना बड़ा असंभव-सा हो गया था।

''वन्देमातरम्'' उन दिनों भारतीय क्रांति का अग्रदूत बन गया था। स्टेट्समैन के तत्कालीन सम्पादक रेड क्लिफ के शब्दों में ''बुद्धिमत्तापूर्ण तथा मर्मवेधी अंग्रेजी में लिखे गये ऐसे अग्रलेख तथा विशिष्ट लेख भारतीय पत्रकारिता में इससे पूर्व सामने नहीं आये थे। उस समय इसका सर्वाधिक प्रभावशाली स्वर राष्ट्रवादी उग्रवाद था।''

उन दिनों कलकत्ता में अधिकांशतया आयोजित होने वाली विशाल जनसभाओं तथा वन्देमातरम् के पृष्ठों के द्वारा अरविन्द ने ब्रिटिश शासन का बने रहना असंभव कर देने के लिए एक ठोस योजना प्रस्तुत की। मोटे तौर पर यदि कहें तो इस योजना में विदेशी उद्योगों और राष्ट्रीय शिक्षा का विकास, सभी राजकीय संस्थाओं के असहकार और उनका पूरी तरह बहिष्कार और जीवन्त स्वयंसेवकों की एक सेना का गठन सम्मिलित था। आगे आने वाले चार दशकों में आजादी के लिए राष्ट्रीय संघर्ष का इतिहास यह स्पष्ट करता है कि उद्देश्य पूरा होने तक ये चीजें संघर्ष की पृष्ठभूमि में आधारभूत विचार का काम कर रही थीं, भले ही उनका रूप कैसा भी क्यों न रहा हो अरविन्द द्वारा देश को मां के रूप में देखने पर बल देने का तथा बेलाग रूप से यह घोषणा करने का कि भारतीय राष्ट्रीय जागरण का उद्देश्य पूर्ण स्वतंत्रता प्राप्त करना है, युवा भारत के मन पर बड़ा रोमांचक प्रभाव पड़ा। इस विषय में उन्होंने 14 जुलाई 1907 के वन्देमातरम् में लिखा–

''अपने उद्योगों और सामाजिक संस्थाओं का पूरी प्रकार से उद्धार किए बिना लोकतांत्रिक पद्धति पर आधारित राजनीतिक विकास के लिए भारतीयों की तैयारी को असंभव मानना, आंग्ल भारतीयों का यह पाखण्ड है और इसे अधिक हास्यास्पद विचार सोच पाना कठिन है। एक ज्ञानदम्भी कहता है–''यूरोप के उन्नत देशों का अनुकरण करो'' की बात सोचने से पहले अपने देशवासियों को भोजन और कपड़ा दो। दूसरा कहता है– ''राजनीतिक लोकतंत्र की स्थापना का प्रयास करने से पहले अपने समाज का लोकतंत्रीकरण करो।'' आंग्ल भारतीयों का यह भ्रमपूर्ण तर्क, जिसमें पूर्वापर सम्बन्ध का पूरा अभाव है, खीझ भरा मनोरंजन करते हुए यह मानता है कि लोकप्रिय सरकार वाले सभी देशों के पास धन और साथ ही, उनमें सामाजिक समानता भी है और क्या लोकतंत्र की अभीप्सा के पहले भारत में ये चीजें नहीं होनी चाहिए। इसका सबसे दुर्भाग्यपूर्ण पक्ष यह है कि हमारे बहुत से देशवासी देश के सामाजिक, औद्योगिक और राजनीतिक विकास के अनुक्रम के अंधविश्वास से मोहग्रस्त हो गये हैं... भारत निर्धनता से पंगु हो गया है, प्लेग से ग्रस्त है अकाल की समस्या उसे दबोचे हुए है, भारत विवादजनक आस्थाओं और प्रतिद्वन्द्वी जातियों की युद्धभूमि है, अपनी तुच्छ जातियों और आत्महनन करने वाले अंधविश्वासों से अपने ही विरुद्ध विभाजित है–आदि कहते हुए वे लोग चिल्लाते हैं कि देश को इस असहनीय स्थिति से, मृतस्तर से ऊपर उठाये बिना राजनीतिक सुधार की बातें करना क्या अपधर्म नहीं है।

''साधारणतया राष्ट्रवाद राष्ट्र के भीतर ईश्वरीय एकता पाने की भावविह्वल प्रेरणा है, यह एकता जिसमें अवयवों की भांति व्यक्ति, समूह वास्तविक और आधारभूत रूप में एक और समान होते हैं, भले ही राजनीतिक, सामाजिक या

आर्थिक पक्षों के संदर्भ में उनका कार्य भिन्न और स्पष्टतया असमान ही क्यों न हो। जिस ढंग का राष्ट्रवाद भारत विश्व के समझ प्रस्तुत करेगा, उसमें मनुष्य-मनुष्य में, जाति-जाति में तथा वर्ग-वर्ग में मूलभूत समानता होगी और उसमें सारी सत्ता भिन्न भले ही हो परन्तु वे सामन्जस्यपूर्ण राष्ट्र के रूप में अनुभूत विराटपुरुष के अखण्ड और समान अंग होंगे। हमारे धर्म की महत्वपूर्ण शिक्षा और भारतीय राष्ट्रवाद का कार्य यह है कि प्रत्येक देशवासी तक अपने देश के धर्म और दर्शन का आदर्श पहुंचा दें। हम तानाशाही के विरुद्ध इसलिए हैं कि यह मौलिक समानता को राजनीति में नकारते हैं हम जाति व्यवस्था कि आधुनिक विरूपण पर आपत्ति करते हैं क्योंकि यह समाज में उस मौलिक समानता को अस्वीकृत करता है। जब हम राष्ट्र को राजनीतिक रूप से लोकतांत्रिक एकता में पुनर्गठित करने पर बल देते हैं तो हम स्वीकार करते हैं कि सामाजिक तौर पर भी पुनर्गठन का वही सिद्धांत निश्चित रूप से अक्षुण्ण रखना चाहिए। फिर भी, जैसा कि हमारे विरोधी सोचते हैं, यदि हम इस सिद्धांत की क्रियाशीलता राजनीति तक ही सीमित रखने के इच्छुक हैं, तो हमारे प्रयास विफल हो जायेंगे। क्योंकि राजनीति में अनुभूत सिद्धांत को निश्चित तौर पर समाज में भी अक्षुण्ण रहना चाहिए। किसी प्रकार का जातीय या आनुवंशिक एकाधिकार एक राष्ट्रवादी के भविष्य की योजना या उसके उस दिन के स्वप्न का अंश नहीं बन सकता, जिसके आगमन के लिए वह संघर्ष और प्रयास कर रहा है।

''सही प्रकार की राष्ट्रीय एकता, देश के लिए आत्मत्याग की एकता है। जबकि हमारी मातृभूमि की स्वाधीनता और महानता ही हमारी विचारणा की सर्वोपरि वस्तु होती है। इसके सक्षम अन्य सभी चीजें गौण रहती है। फिलहाल भारत में तीन प्रकार के विरोधी आदर्श हैं, एक दल ब्रितानी प्रभुत्व को अन्य सभी विचारों के ऊपर रखता है, दूसरा दल इस प्रभुत्व को संशोधित रूप में स्वीकार करता है, तीसरा दल चाहता है कि भारत को यदि संभव हो, तो इंग्लैंड से सम्बद्ध रखकर स्वतंत्र और स्वायत्त राष्ट्र बनाया जाए। परन्तु इंग्लैंड पर निर्भर रहकर नहीं। जब तक राष्ट्र बनाया जाए। परन्तु इंग्लैंड पर निर्भर रहकर नहीं। जब तक राष्ट्र का बहुमत इन विरोधी विचारों में से किसी एक को स्वीकार नहीं करता तब तक एकता का दिखावा करना निरर्थक है। ऐसा करना पहले संभव था, क्योंकि संशोधित ब्रिटिश प्रभुत्व का आदर्श था। परन्तु अब चूंकि राष्ट्रीय चेतना के भीतर नई आशाएं और दृढ़ निश्चय प्रवेश कर रहे हैं, अत: इन्हें तब तक के लिए नष्ट कर दिया जाए, जब तक कि पराधीनता में मौन स्वीकृति की झूठी एकता के स्थान पर पुनरुज्जीवित राष्ट्र को सच्ची एकता नहीं आ जाती।''

''वन्देमातरम्'' इसी प्रकार के लेखों से परिपूर्ण होता था।

❑❑❑

# बड़ौदा से कलकत्ता

उस वर्ष जून में बड़ौदा जाने पर अरविन्द चांदोड भी गये। इससे पहले भी वे वहां दो-तीन बार जा चुके थे। चाण्दोड़ के निकट करनाली में उन्होंने स्वामी ब्रह्मानन्द से भेंट की थी। उन्हीं दिनों अरविन्द वहां नर्मदा के तट पर स्थित काली मंदिर भी गये। इससे पहले भी वे जाते रहते थे किन्तु इस बार उन्हें ऐसा लगा कि काली की प्रतिमा में कुछ ऐसा है जो ''कुछ'' विचार करने के लिए आकर्षित करता है। उसी वर्ष 12/3/1906 को कलकत्ता में ''युगान्तर'' का डिक्लेरेशन फाइल किया गया था।

अगस्त 1906 में कलकत्ता में नेशनल कॉलेज की स्थापना हो जाने पर अरविन्द कलकत्ता आ गये और उन्होंने उसके प्रधानाचार्य का पद संभाल लिया।

6 अगस्त 1906 को विपिनचन्द्र पाल के सम्पादकत्व में ''वन्देमारतम्'' का डिक्लेरशन फाइलन किया गया। सितम्बर में अरविन्द ने वन्देमातरम् में बंकिम के आनन्द मठ पर अपने विचार व्यक्त किए। विपिनचन्द्र पाल इसके सम्पादक बने रहे, यद्यपि संपादक का सारा कार्य अरविन्द के कन्धों पर था। विपिनचन्द्र पाल अधिक समय प्रवास पर ही रहते थे। कालान्तर में हेमेन्द्र प्रसाद घोष और श्यामसुन्दर भी इसके सम्पादकीय विभाग से जुड़ गये। किन्तु स्थिति सामान्य नहीं रहीं। अरविन्द अस्वस्थ हुए तो वन्देमातरम् में भी उथल-पुथल हुई, विवश होकर विपिनचन्द्र पाल ने उसे छोड़ दिया।

अरविन्द स्वास्थ्य लाभ करने के लिए कलकत्ता स देवघर चले गये थे। जब 26 दिसम्बर 1906 को कलकत्ता में दादा भाई नौरोजी की अध्यक्षता में कांग्रेस अधिवेशन की घोषणा हुई तो वे कलकत्ता वापस आ गये। पहली बार कांग्रेस के मंच से ''स्वतंत्रता हमारा उद्देश्य है।'' इस प्रकार का प्रस्ताव पारित किया गया। तिलक, लाजपतराय, खापर्डे आदि इस अधिवेशन में विद्यमान थे। यह अरविन्द का ही प्रयत्न था कि अधिवेशन में ''स्वतंत्रता'' के उद्देश्य वाला प्रस्ताव पारित किया जा सका था। स्वराज के साथ-साथ उसमें स्वदेशी, विदेशी

का बहिष्कार और राष्ट्रीय शिक्षा के विषय भी जोड़ दिए गए थे। सर फिरोजशाह मेहता, गोपाल कृष्ण गोखले और सुरेन्द्रनाथ बनर्जी आदि इस प्रस्ताव के पक्ष में नहीं थे। आरम्भ में अध्यक्ष दादा भाई नौरोजी स्वयं डांवाडोल स्थिति में थे। किन्तु जब उन्होंने देखा कि बंगाल ही नहीं अपितु अन्य भी अनेक प्रांतों से इसकी मांग हो रही है तो उन्होंने इस प्रस्ताव का पक्ष लिया और इसे पारित करवाने में सहायक हुए। संभावना तो यह हो गयी कि इस विषय पर कदाचित कांग्रेस का विभाजन हो जाए, किन्तु नेशनलस्टि पार्टी के नेताओं तथा दादा भाई नौरोजी के प्रयत्नों से यह विभाजन टल गया। तदपि 1907 में सूरत के अधिवेशन के अवसर पर यह विभाजन हो गया।

15/7/1907 को कलकत्ता में ''सन्ध्या'' नामक पत्र को डिक्लेरेशन फाइल किया गया। स्वामी विवेकानन्द के भाई भूपेन्द्रनाथ दत्त ने सन्ध्या में एक लेख लिखा, सरकार ने 24/7/1907 को उनको राजद्रोह के आरोप में दण्डित किया, भूपेन्द्रनाथ दत्त उसका विरोध करना चाहते थे किन्तु अरविन्द ने उन्हें यह कह कर रोक दिया कि हम विदेशी न्यायालय को मान्यता ही क्यों दे? उसी दिन वन्देमातरम् के विरुद्ध भी अभियोग दायर किया गया। उसमें अरविन्द और विपनचन्द्र को अभियुक्त बनाया गया। 30 तारीख को वन्देमातरम् कार्यालय की तलाशी ली गई। अगस्त में संध्या पर पुनः एक अन्य अभियोग लगाया। 23 सितम्बर को वन्देमातरम् के मुद्रक अपूर्व घोष को 3 मास का कारावास का दण्ड दिया गया। अरविन्द को दोष-मुक्त घोषित किया गया।

जब यह मुकद्दमा चल रहा था तो यह निश्चित-सा था कि अरविन्द को भी दण्डित किया जायेगा। इसलिए रवीन्द्रनाथ ठाकुर ने इस विषय पर अरविन्द पर कविता लिख डाली थी। किन्तु जब वे दोषमुक्त हो गये तो ठाकुर उनको बधाई देने आये और कहा, ''आपने हमको धोखा दे दिया है।'' अरविन्द बोलो, ''घबराने की आवश्यकता नहीं है। शीघ्र ही वह दिन फिर आयेगा। आपको अधिक प्रतीक्षा नहीं करनी होंगी।''

बंगाल का गवर्नर एंड्रयू फ्रेजर एक बार रेलगाड़ी से यात्रा कर रहा था, खरगपुर से बारह मील दूर नारायणगढ़ के आसपास उस पर बम फेंका गया। यह घटना 5 दिसम्बर 1907 को घटित हुई।

15/12/1907 को बीडर स्क्वेयर में एक सार्वजनिक सभा आयोजित की गई। अरविन्द ने उसमें भाषण दिया और यहां एक प्रस्ताव पारित करके सूरत कांग्रेस के अधिवेशन के विचारार्थ भेज दिया गया। सूरत जाते हुए अरविन्द मार्ग में 22/12/1907 को नागपुर में रुके वहां वे अपने पुराने मित्रों से मिले और एक सार्वजनिक सभा को भी संबोधित किया।

26/12/1907 को सूरत मे कांग्रेस का वार्षिक अधिवेश होने वाला था। इससे एक सप्ताह पूर्व से ही गरम और नरम दल के सदस्य वहां पहुंचकर अपने-अपने पक्ष में सहयोग समेटने के लिए कार्य करने लगे थे।

इसी प्रकरण में बंगाल के नेता सुरेन्द्रनाथ बनर्जी, जो स्वयं नरम दल के व्यक्ति थे, उन्होंने समस्त बंगाली प्रतिनिधियों की एक बैठक आयोजित की और प्रयत्न किया कि बंगाल से सब मिलकर नरम दल के प्रस्ताव का समर्थन करें। उन्होंने उस बैठक में अपना प्रस्ताव रखा तो सत्येन बोस ने प्रस्ताव को उनके हाथ से लिया और फाड़कर टुकड़े-टुकड़े कर दिये। इस प्रकार वह बैठक यों ही समाप्त हो गई।

गोखले और मेहता को संदेह हो गया कि उनके पक्ष में बहुमत हो पाना संभव नहीं है। इसलिए उन्होंने स्वागत समिति पर निर्भर रहने के लिए उनके सदस्यों को अपने पक्ष में करने का यत्न किया। विवाद का मुद्दा 1909 में कलकत्ता में पारित स्वराज्य प्रस्ताव था। नेशनलिस्ट पार्टी के लोग चाहते थे कि उसको ही यहां पर आगे बढ़ाया जाए। किन्तु नरम दल वाले ऐसा नहीं चाहते थे। स्वागत समिति के माध्यम से जब इस प्रस्ताव को रखने में गरम दल वाले असफल रहे तो उन्होंने निश्चय किया कि इसको सीधे खुले अधिवेशन में प्रस्तुत करेंगे।

दोनों दलों को अपनी-अपनी शक्ति परीक्षण का अवसर मिला। यह शक्ति परीक्षण अब पहले कांग्रेस अध्यक्ष पद पर केन्द्रित हो गया। सुरेन्द्रनाथ ने इसके लिए डॉ. रासबिहारी बोस का नाम प्रस्तावित किया तो बालगंगाधर तिलक ने लाला लाजपतराय का नाम प्रस्तावित कर दिया। दूसरी ओर यह प्रयत्न किया गया कि तिलक सभा को संबोधित न कर पायें। बस फिर क्या था, घमासान आरम्भ हो गया। एक-दूसरे पर कुर्सियां उछलने लगीं। अंत में पुलिस को हस्तक्षेप करना पड़ा।

इस अधिवेशन में एक प्रकार से नरम दलियों को ही सफलता मिली, तदपि, यह निश्चित हो गया कि देश में अब स्वराज्य की मांग को रोक पाना न तो कांग्रेस के नरम दल वालों के वश में है और न ही अंग्रेज सरकार के वश में है।

जुलाई 1907 में वन्देमातरम् और इसके सम्पादक के रूप में अरविन्द पर राजद्रोह के आरोप में अभियोग चलाने की बात पर हम ऊपर लिख आये हैं। इस अभियोग से समस्त भारतवर्ष में उत्तेजना फैल गई। उस समय रवीन्द्रनाथ ठाकुर ने अरविन्द पर अपनी प्रसिद्ध कविता लिखी ''ओ अरविन्द! रवीन्द्र तुम्हारा अभिनन्दन करता है।''

अभियोग में यह प्रमाणित नहीं हो सका कि अरविन्द उक्त पत्रिका के सम्पादक थे। उन्हें दोषमुक्त कर दिया गया। किन्तु उसके बाद सरकार उनको सीखचों में बंद करने के अन्य तरीकों पर विचार कर रही थी। उसी समय सूरत अधिवेशन हुआ, जहां राष्ट्रवादियों तथा उदारतावादियों में नाटकीय ढंग से झड़पें हुई और उदारतावादियों ने "स्वदेशी" और "पूर्ण बहिष्कार" आंदोलन को पूर्ण समर्थन देने के प्रस्तावों को पारित करने से इंकार कर दिया। अधिवेशन स्थगित कर दिया गया और राष्ट्रवादियों की अलग बैठक हुई, इसका संकेत भी हम ऊपर कर आये हैं।

उस समय भारत आये ब्रिटिश पत्रकार हेनरी नेविन्सन ने लिखा था–

श्री अरविन्द ने चुपचाप गम्भीर मुद्रा में बिना कुछ बोले अपना स्थान ग्रहण किया और सुदूर देखती आंखों से जैसे कोई भविष्य में देख रहा हो, अटल बैठे रहे। श्री तिलक स्पष्टता के साथ छोटे-छोटे वाक्यों में बिना भावावेश या वाग्मिता प्रदर्शित किये तब तक भाषण करते रहे जब तक कि तारे न उग आए और किसी ने लालटेन जलाकर उनकी बगल में नहीं रख दी।

सूरत अधिवेशन ने यह स्पष्ट कर दिया कि भारतीय राजनीति एक नये क्षेत्र में प्रवेश कर रही है। विदेशी सत्ता से अनुनय-विनय का तरीका तेजी से समाप्त प्रायः हो रहा था। श्री तिलक और अरविन्द के प्रति जो लोकप्रिय समर्थन, विशेषतया भारतीय युवकों का श्री अरविन्द के प्रति महत्वपूर्ण होता जा रहा था। उसके प्रति शीघ्र ही अलीपुर मामले की सुनवाई के दौरान अभियोग पक्ष के वकील श्री नार्टन ने बड़े अवसाद के साथ अभियोग लगाया। श्री अरविन्द जहां भी गये उन्हें एक राजा का सम्मान प्राप्त हुआ।

वन्देमातरम् के माध्यम से स्वराज के आदर्श पर अब जो बल दिया जा रहा था, यह अत्यन्त साहसिक था। वह था–

"केवल एक चीज के बारे में हम विश्वस्त हैं, जिसे हम रक्षा कवच के रूप में पहनते हैं और जो इस देश में आ रही अव्यवस्थाओं की लहरों से हमें बचा ले जायेगी। यह है एक परम उद्देश्य में निश्चित और अटल विश्वास, जो एक बार फिर से भारत को मृत अवस्था से ऊपर उठा रहा है, यह भारत के प्राचीन जीवन और गौरव के पुनरुद्धार के लिए संघर्ष करने का निश्चित और अटल उद्देश्य है "स्वराज" रक्षा कवच है, "स्वराज" पथप्रदर्शक है, "स्वराज" दिशा निर्देश ध्रुवतारा है। महान् सामाजिक क्रांति आवश्यक है, तो इसलिए स्वराज का आदर्श ऐसे राष्ट्र से निष्पादित नहीं हो सकता जो प्राचीन और अपरिवर्ती आत्मा को बिल्कुल अभिव्यक्त नहीं करने वाले रूपों में आबद्ध हों। उसे अपने चीथड़ों को बदलना पड़ेगा ताकि उसके सौन्दर्य के पुनः अलंकृत किया जा

सके। उसे अपना शारीरिक रूप बदलना पड़ेगा ताकि उसकी आत्मा को नई अभिव्यक्ति मिल सके।''

कुछ समय से सरकार ने राष्ट्रवादियों के विरुद्ध पुलिस के दमन के रूप में एक क्रूर रवैया अपनाया था। ''वन्देमातरम्'' का केवल नारा देना ही नृशंस लाठी चार्ज किए जाने के लिए काफी था। उसके परिणाम का पूर्वानुमान करके श्री अरविन्द ने शासकों को बताया कि इस प्रकार राष्ट्रवादी उत्थान को दवा पाने का स्वप्न देखना कितनी बचकानी बात है। परन्तु सरकार आंतक फैलाने के लिए दृढ़ प्रतिज्ञ थी और शीघ्र ही आंतकवाद के रूप में अपरिहार्य प्रतिरोध के दौर सामने आया।

राष्ट्रवाद के विरोधी अधिकारियों का खात्मा करने तथा गवर्नर की ट्रेन पटरी से उतारने जैसे छुट-पुट प्रयासों का चरमउत्कर्ष संभवतया उस मजिस्ट्रेट किंग्सफोर्ड की सवारी पर बम फेंकने के रूप में हुआ, जो स्वदेशी आंदोलन के स्वयंसेवकों को अमानवीय दण्ड देने के लिए कुख्यात था। इन घटनाओं की विफल जांच के दौरान पुलिस को कलकत्ता में मानिकताला बाग में क्रांतिकारियों के एक केन्द्र का पता चला। उसकी रिपोर्ट में बताया गया है कि वहां रहने वाले सभी व्यक्ति सम्मानीय परिवारों से सम्बद्ध शिक्षित युवक थे।

एक दिन तड़के छापा मारने पर ये युवक मेरा नेता बारीन के साथ घेर लिए गये और साथ-साथ अरविन्द को भी अपने निवास स्थान पर बन्दी बना लिया गया।

इस अभियोग की सुनवाई एक वर्ष तक चलती रही, इसकी कहानी अलीपुर षड्यंत्र से संबंधित मामले की तरह प्रसिद्ध है। सुनवाई के अधिकारी न्यायाधीश श्री बेचक्राफ्ट थे जो कैम्ब्रिज में अरविन्द के सहपाठी रह चुके थे और प्रतिभा में अरविन्द के बाद उन्हीं का स्थान था।

इस अभियोग के दौरान बड़ी नाटकीय घटनायें होती रहीं। अभियोग की सुनवाई में दो सहायक अधिकारियों को गोली मार दी गई। जिस सरकारी गवाह के वक्तव्य से स्पष्टतया सुनवाई में सहायता प्राप्त होती, उसकी दिन दहाड़े जेल के भीतर उन दोनों युवा क्रांतिकारियों ने हत्या कर दी, जो यह भली प्रकार जानते थे कि उन्हें फांसी दे दी जायेगी।

सुनवाई के दौरान उत्तेजना और शोरगुल का वातावरण था, परन्तु अरविन्द सुदूर स्थिति एक तारे की भांति निर्लिप्त रहे। जैसा कि डॉ. के.आर. श्रीनिवासन ने बताया है, यह उनके लिए ''आश्रमवास'' था। एक अकेली कोठरी में बंद होकर भी उन्हें आश्चर्यजनक आध्यात्मिक अनुभूतियां होती थीं।

❑❑❑

# लेले से योग-दीक्षा

जिन दिनों सूरत कांग्रेस के लिये अरविन्द सूरत में थे, उन दिनों उनकी भेंट एक महाराष्ट्रियन योग, जो स्वयं भी भारत की स्वतंत्रता में गहन रुचि रखते थे, से हो गई। अरविन्द अनुभव कर रहे थे कि राजनीति में कार्य करने के कारण उनकी साधना में व्यवधान पड़ने लगा है और वह अनियमित होने लगी है। इसलिए उन्होंने बारीन से कहा कि कोई ऐसा व्यक्ति खोजो जो उनको उनकी साधना में कुछ सहायता कर सके।

जिन दिनों वे बड़ौदा में थे, उन दिनों विष्णु भास्कर लेले का कोई शिष्य भी वहां बड़ौदा में विद्यमान था। बारीन को उसके वहां होने के विषय में विदित हुआ तो उसने उससे सम्पर्क किया और पता चला कि लेले उन दिनों ग्वालियर में हैं। फलतः लेले को ग्वालियर में तार दिया गया कि वे बड़ौदा पधारें। जब तक अरविन्द सुरत में कांग्रेस के विभाजन कार्य से निवृत्त होकर बड़ौदा पहुंचे तब तक लेले वहां पहुंच चुके थे।

अरविन्द का कहना है कि जब तक वे लेले से नहीं मिले थे तब तक वे नहीं जानते थे कि ईश्वर क्या होता है। हां, उससे दो-तीन वर्ष पूर्व से अवश्य वे साधना करने लगे थे क्योंकि देशपांडे उन दिनों हठ योग की कुछ क्रियायें किया करते थे, उन्हीं से अरविन्द को प्रेरणा मिली थी। अरविन्द को विश्वास हो गया कि योग का जो संसार मुझसे देश की स्वतंत्रता आंदोलन को छोड़ने के लिए कहता, वह मेरा संसार नहीं है। मुझे तो अपने देश की स्वतंत्र कराना है। किन्तु जब उनको विदित हुआ कि तपस्या के माध्यम से मनुष्य को वह शक्ति प्राप्त होती है जिसके आधार पर वह जो चाहे कर सकता है फिर उनको रुझान योग की ओर होने लगा।

अरविन्द ने योग साधना आरम्भ की और उन्हें आशातीत परिणाम प्राप्त होने लगे। उन्हीं दिनों उनका एक नागा बाबा से साक्षात्कार हुआ। जिसने उन्हें गुरुमंत्र के रूप में 'काली स्तोत्र' दिया। किन्तु उससे उनकी संतुष्टि नहीं हुई। उन्हीं दिनों स्वामी ब्रह्मनन्द का निधन हो गया तो अरविन्द गंगानाथ से मिलने के लिए गए।

केशवानन्द भी उन दिनों वहीं थे। यह वह समय था जब अरविन्द ने मांस भक्षण त्याग दिया था। उससे उनको संतोष हुआ। यह वही समय था जब वे कराली के काली मंदिर में भी गए थे और जहां प्रथम बार उनको ईश्वर के अस्तित्व में विश्वास हुआ था।

लेले से अरविन्द की प्रथम बातचीत खासीराव जाधव के घर पर केवल आधा घण्टे के लिए हुई। उन दिनों अरविन्द ने बड़ौदा में रहकर तीन राजनीति व्याख्यान भी दिए थे।

उन्हीं दिनों अरविन्द की भेंट छोटेलाल पुरानी से हुई और उन्होंने पुरानी को क्रांतिकारी आंदोलन की रूपरेखा बताते हुए निर्देश दिया कि वे बारीन से मिलें। इस प्रकार गुजरात में क्रांति आंदोलन का बीजारोपण हुआ।

लेले ने अरविन्द से कहा कि यदि वे अपनी सारी राजनीतिक गतिविधियां छोड़कर योग साधना करें तो वे उनको ठोस परिणाम दिखा सकते हैं। इसके लिए उनको लेले के साथ कुछ दिना रहना होगा। अरविन्द ने यह स्वीकार कर लिया।

जब क्रांतिकारी आंदोलन की कहाड़ी खौल रही थी, उस समय सहसा अरविन्द उस क्षेत्र से विलुप्त हो गए। उनके मित्रों को विदित था कि अरविन्द कहां है, किन्तु किसी ने उनके कार्य में बाधा डालना उचित नहीं समझा। इस प्रकार लेले के साथ सरदार मजुमदार के बाड़े में अरविन्द तीन दिन तक रहे। लेले ने अरविन्द से कहा कि वे अपने मस्तिष्क को समस्त विचारों से विमुक्त करें। अरविन्द ने वैसा ही किया। उस अवसर पर अरविन्द को विचित्र अनुभूति हुई थी। यहां से उन्होंने प्राणायाम के महत्त्व को समझा और उसका निरन्तर अभ्यास करते रहे।

सूरत के कलकत्ता वापस आने पर उपेन्द्रनाथ बनर्जी के माध्यम से अरविन्द की अमरेन्द्रनाथ चाटर्जी से भेंट हुई। कालान्तर में चटर्जी प्रसिद्ध क्रांतिकारी नेता हुए। अरविन्द से भेंट होने से पूर्व भी अमरेंद्र ने स्वतंत्रता के लिए आंदोलन करने वालों की हर प्रकार से सहायता की थी। अरविन्द ने तो उन्हें सर्वस्व त्यागने की प्रेरणा दी। अमरेंद्र को दीक्षा देते हुए अरविन्द ने कहा था, ''मां काली के नाम पर अपना सबकुछ ईश्वर को समर्पित कर दो और भारत माता की सेवा में जुट जाओ। यही तुमको मेरी दीक्षा है।''

अमरेंद्र का कहना है, ''उस दीक्षा ने मेरे जीवन की दिशा ही बदल दी। सब प्रकार का भय भाग गया।''

इसके बाद अमरेन्द्र को पार्टी के संचालन के लिए धन संग्रह का कार्य सौंपा गया।

फरवरी 1908 में लेले एक बार कलकत्ता आये तो अरविन्द से मिले और उनसे उनकी योग साधना के विषय में पूछते रहे। लेले को लगा कि अरविन्द की साधना शिथिल पड़ गई है। वे उनको कुछ निर्देश देना चाहते थे, किंतु अरविन्द ने उनका अपमान न करते हुए सारी बातें सुनी तो किन्तु उन पर आचरण नहीं किया। अरविन्द का विचार था कि उन दिनों वे जो कुछ भी कर रहे हैं, अथवा लिख रहे हैं वह सब उनकी साधना के परिणाम स्वरूप ही है, अतः अब वे उस मार्ग को बदलना उपयुक्त नहीं समझते थे।

उसी वर्ष झलकाती में एक सम्मेलन हुआ। उसमें अरविन्द ने बड़ा ही प्रेरणादायक व्याख्यान दिया। उनका कहना था कि स्वराज का अभिप्राय है हमारे जीवन-कार्य की सम्पन्नता। झलकाती सम्मेलन में दिया गया उनका भाषणा उनकी अन्तःप्रेरणा का द्योतक माना गया। उसके बाद उत्तरपाड़ा में उन्होंने व्याख्यान दिया था, उसे तो किसी पूर्ण योगी का ही व्याख्यान माना जाता है। ''उत्तरपाड़ा व्याख्यान'' के नाम से उसकी शतशः प्रतियां उनके समथकों में निरन्तर बांटी जाती रहीं और आज भी बांटी जाती है।

सन् 1908 में फरवरी से लेकर मई तक अरविन्द ने अनेक नगरों में भाषण दिए। 30 अप्रैल को जिलाधिकारी किंग्सफोर्ड को मारने के उद्देश्य से फेंका गया बम श्रीमती किग्सफोर्ड और कुमारी केनेडी को लगा। दोनों परलोक सिधारीं। 1 माई 1908 को अनेक क्रांतिकारी बन्दी बना लिए गए।

❑❑❑

# बन्दी जीवन

4 मई 1908 को अरविन्द के घर की तलाशी ली गई और उसके उपरान्त उनको भी बंदी बना लिया गया। विभिन्न स्थानों से 'सीक्रेट सोसायटी' के अनेक सदस्य–बारीन, उल्लासकर दत्त, इन्द्र भूषण, उपेन्द्रनाथ बनर्जी आदि-आदि भी बंदी बना लिए गए।

5 मई को प्रफुल्ल चाकी को भी बंदी बना लिया गया। किन्तु उन्होंने स्वयं को गोली मारकर आत्महत्या कर ली, जिससे कि उनके माध्यम से पार्टी की गुप्त व्यवस्थाओं का पर्दाफाश न हो सके। अन्य घटनाएं इस प्रकार हुई–

8 मई को बनारस में सुबोध मलिक के मकान की तलाशी ली गई।

10 मई को खुलना में सुधीर सरकार को बंदी बना लिया गया।

11 मई को सुधीर का वक्तव्य रिकार्ड किया गया।

17 मई को बारले के सम्मुख अभियोग प्रस्तुत किया गया।

18 मई से अभियोग आरम्भ हो गया।

अरविन्द के बचाव के लिए उनकी बहन सरोजिनी ने आर्थिक सहायता की अपील जारी की।

जिस जज की अदालत में इन सबका अभियोग चल रहा था, वहां अदालत के कमरे में सभी अभियुक्तों को एक ऐसे पिंजरे में रखा जाता था, मानो कि कहीं उनमें से कोई बाहर निकलकर जज पर आक्रमण न कर दे। इतना भय समाया हुआ था अंग्रेज सरकार और उसके अधिकारियों के मन में। फेरर नाम का एक व्यक्ति जो कभी अरविन्द का सहपाठी था, न्यायालय में विद्यमान था। वह उन्हें मिलने के लिए ही आया था। उन दिनों वह सुमात्रा या सिंगापुर में बैरिस्टर था। अरबिंद को इस प्रकार पिंजड़े में बंद देखकर वह छटपटा रहा था कि किस प्रकार उन्हें वहां से मुक्त किया जाए। तदपि वह इसमें सफलता नहीं पा सका।

31 अगस्त 1908 को कन्हाईलाल दत्त ने अस्पताल में नरेन्द्रनाथ गोस्वामी का वधकर दिया। इस घटना के उपरान्त सभी बंदियों को अलग-अलग कोठरियों में रखा जाने लगा।

14 सितम्बर 1908 को कन्हाईलाल दत्त ने कारागार में ही फांसी लगा ली।

10 अक्टूबर 1908 को अलीपुर केसर को सेशन के सुपुर्द कर दिया गया। इस अभियोग में अभियुक्तों के दो दल थे। एक दल में 33 अभियुक्त थे और दूसरे में 9। इस अभियोग में 4 हजार कागजात प्रस्तुत किए गए थे। कुल मिलाकर 222 साक्षियों की साक्षी प्रस्तुत की गई। सेशन कोर्ट में उनमें से 208 को पुन: बुलाया गया। यह अभियोग 13 अप्रैल 1909 तक चला।

13-14 अप्रैल को न्यायाधीशों ने अपना निर्णय लिखा और 5 मई 1909 को वह निर्णय घोषित कर दिया गया।

जब अरविन्द पर अलीपुर अभियोग चल रहा था। उसी अवधि में उन्होंने नेशनल कॉलेज के प्रधानाचार्य पद से त्यागपत्र भेज दिया था। जिससे कि कॉलेज परिषद को कोई कठिनाई न हो और अपना कार्य सुचारु रूप से कर सके।

इस प्रकार अरविन्द 4 मई 1908 से 5 मई 1909 तक अभियुक्त के रूप में बंदी रहे जब तक अभियोग सेशन को सौंपा गया तो उस समय सभी बंदियों को फिर से एक हॉल में एकत्रित रखा गया। जब उनको सुनवाई के लिए न्यायालय में ले जाया जाता तो अरविन्द इस सबसे तटस्थ से रहते थे। उनको यह ध्यान ही नहीं रहता था कि न्यायालय में क्या हो रहा है।

श्री सी.आर. दास अरविन्द की ओर से वकालत कर रहे थे। किन्तु अरविन्द स्वयं भी अपनी आत्मिक शक्ति से इस कार्य में प्रवृत्त थे। इस अवधि में शनै: शनै: उनकी जीवन शैली एवं दर्शन में परिवर्तन आना आरम्भ हो गया था। उन्होंने निश्चय कर लिया था कि वे अपना सम्पूर्ण जीवन अब आध्यात्मिक प्रवृत्तियों की ओर उन्मुख करेंगे। ऊपर जिस 'अपनी आत्मिक शक्ति' का उल्लेख किया गया है, उसका अभिप्राय अरविन्द द्वारा तब तक साधना से प्राप्त शक्ति से है। भक्तों की दृष्टि में उनका उत्थान तब से ही प्रारम्भ हो गया था।

अभियुक्तों में से बहुत कम लोग थे जिनको अरविन्द जानते हों। वहां दिन भर बातचीत, गाना-बजाना चलता रहता था। इस सबके मध्य अरविन्द अपनी साधना में लीन रहते थे। उनके बंदी साथियों में से धीरे-धीरे कुछ को यह विदित हो गया था कि अरविन्द योग साधना करने लगे हैं, किन्तु वे किस प्रकार का साधना और किस विधि से करते हैं, इसके विषय में कोई नहीं जानता था।

जब उनको दण्डित कर अलीपुर कारागार में भेजा गया तो कभी उनको साथ-साथ रखा गया और कभी अलग-अलग। इस अवधि में इस भीड़-भाड़ में साधना किस प्रकार की जा सकती है, अरविन्द इसका अभ्यास करते रहे थे। अरविन्द ने 1904 से ही योग साधना आरम्भ कर दी थी। वे साधक हैं, यह तो उनके आसपास के लोग जानते थे, किन्तु उनकी साधना के प्रकार के विषय में किसी को कुछ ज्ञान नहीं था। यह तो जब अरविन्द कारामुक्त हुए और उत्तरपाड़ा में उन्होंने अपना भाषण दिया, उस समय उन्होंने साधना के विषय में विस्तार से बताया था।

एक बार हवालात का वर्णन करते हुए अरविन्द ने बताया कि उन दिनों

उनको क्रोध अधिक आने लगा था। जबकि वे कहते थे कि क्रोध को तो वे पहले जानते तक नहीं थे। तदपि उन्होंने अपने क्रोध को किसी पर व्यक्त नहीं किया था। केवल उनकी दृष्टि बताती थी कि उनको उस समय क्रोध आ रहा है। जब उनको कोठरियों में भेजा जाता तो उस समय कुछ क्षणों के लिए द्वार पर प्रतीक्षा में खड़े थे कि एक स्कोच बार्डर उधर से निकला और उसने चलते-चलते अरविन्द को धक्का-सा दिया। अरविन्द के आसपास खड़े युवकों को क्रोध आ गया। स्वयं अरविन्द ने उसको कुछ कहा नहीं, बस एक प्रकार से उसे इस प्रकार देखा कि वह घबरा गया और जाकर जेलर को बुला लाया।

जब जेलर आया तो उस बार्डर ने कहा कि अरविन्द उसकी ओर घृणा की दृष्टि से देखा रहे थे। जेलर ने घटना के विषय में अरविन्द से पुछा तो उन्होंने बता दिया कि जीवन में पहली बार उनको इस प्रकार का अपमान सहना पड़ा था। जेलर देख रहा था कि अरविन्द के आसपास जितने भी बंदी खेड़े हैं, सबकी आंखों से अंगारे बरस रहे हैं। उसने स्थिति को समझा और उसे संभाल भी लिया। जाते-जाते उसने कहा, ''हमें इतना कुछ तो सहन करना ही पड़ता है।'' उनका यहं कथन दोनों पक्षों पर लागू होता था। बार्डर पर भी और बंदियों पर भी।

अरविन्द की आंखों ही कुछ ऐसी थीं कि लगता था कि वे अंगारे उगल रही है। एक बार बंगाल के गर्वनर सर एडवर्ड बेकर अलीपुर जेल में बंदियों से मिलने आया। उसने चारुदत्त से कहा, ''क्या तुमने अरविन्द घोष की आंखें देखी हैं? उनकी आंखों से ऐसा लगता है मानों किसी उन्मत्त व्यक्ति की आंखें हों।'' उस समय चारुदत्त ने बड़ी कठिनाई से उसको समझाया कि अरविन्द उन्मत्त व्यक्ति नहीं अपितु वह तो ''कर्मयोगी'' हैं।

अपनी योग साधना के विषय में अरविन्द ने एक स्थान पर कहा था कि उन्होंने सन् 1904 में बिना किसी गुरु के मार्गदर्शन के योग साधना आरम्भ कर दी थी। सन् 1908 में उन्हें एक मराठा योगी से इस विषय में कुछ सहायता मिली थी। उस समय उनको अपनी साधना का आधार मिल गया था। तब से लेकर जब तक श्री मां भारत आईं तब तक उन्होंने किसी से भी आध्यात्मिक सहायता प्राप्त नहीं की। इस प्रकार उनकी साधना किसी पुस्तक अथवा व्यक्ति के निर्देशक में नहीं अपितु स्वयं स्फूर्त रही। कारागार में रहते हुए उनके पास गीता और उपनिषद् थे, तो उन्होंने गीता के आधार पर योग का और उपनिषदों के आधार पर ध्यान का अभ्यास किया। ये ही केवल वे पुस्तकें थीं जिनसे उनको निर्देशन प्राप्त हुआ था। कालान्तर में बहुत बाद में जब पांडिचेरि पहुंचने पर उन्होंने वेदों का अध्ययन किया तो उससे उन्हें लगा कि अतीत में जो साधना वे करते रहे थे वह उचित दिशा में था। जब कभी भी उनके मन में किसी प्रकार का कोई संदेह होता था तो वे गीता से उसका समाधान प्राप्त करते थे।

अरविन्द चित्रकारिता के विषय में कुछ भी नहीं जानते थे। ऐसे ही एक दिन अलीपुर कारागार में वे ध्यान में बैठे थे कि अचानक उन्हें दीवार पर कुछ

चित्र उभरते से दिखाई दिए और उनका भीतर का चित्रकार जाग उठा। वे कहते हैं कि उन्हें कूंची पकड़ना तक नहीं आता था। रेखायें खींचना तो दूर की बात है। किन्तु उस दिन यह संभव हो गया। अरविन्द की मान्यता है कि योग में सबकुछ संभव है।

इसी प्रकार उत्थापन के विषय में भी उनका अनुभव रहा है। उनका कहना है कि एक बार वे गहन साधना में लीन थे। उनके मन में विचार आया कि क्या कोई व्यक्ति धरती से ऊपर भी उठ सकता है। क्या इस प्रकार की सिद्धि प्राप्त हो सकती है। इन्हीं विचारों में वे एक दिन साधना कर रहे थे कि स्वयं कुछ मिनटों बाद उन्होंने अनुभव किया कि वे तो धरती से ऊपर उठ गये हैं। वे दीवार के सहारे थे। तब उन्होंने अनुभव किया कि उनके शरीर का थोड़ा-सा अंश धरती के साथ है, शेष सारा शरीर दीवार के साथ ऊपर उठ गया है। इस प्रकार की अनेक बातें उस अवधि में होती रही, किंतु वे सब मिटती गई, कोई भी घटना पुनः घटित नहीं हुई।

अरविन्द का यह कहना है कि अपनी ध्यानावस्था में वे स्वामी विवेकानन्द की आवाज भी कभी सुना करते थे। उनका कहना है कि लगभग एक पखवाड़े जेल की उस कोठरी में निरन्तर विवेकानन्द को स्वयं से बोलते हुए पाते थे। किन्तु तब उनके कथन का वर्तमान स्थिति से कोई संबंध नहीं होता था। उनकी ध्वनि कुछ क्षणों के लिए मात्र आध्यात्मिक विषयों पर ही सुनाई देती थी। उस विषय पर जब उनका कथन समाप्त हुआ तो उनके बाद फिर वह आवाज उन्हें नहीं सुनाई दी।

6 फरवरी 1909 को अरविन्द को अलीपुर बम काण्ड के षड्यंत्र के अभियोग से मुक्त घोषित कर दिया गया।

10 फरवरी 1909 को पब्लिक प्रॉसीक्यूटर आशुतोष विश्वास का वध कर दिया गया।

कारागार से मुक्त होने के उपरान्त अरविन्द कृष्णकुमार मित्तर के परिवार के साथ रहे। वे स्वयं उस समय आगरा कारागार में थे। उनकी बुआ बहुत ही वृद्ध और दुर्बल थीं। डॉक्टरों ने उनको परामर्श दिया था कि वे नित्य गंगा स्नान किया करें। अकेले जाना उनके लिए संभव नहीं था, उनके साथ किसी का जाना आवश्यक था। अरविन्द लिख रहे होते कि वे आती और कहतीं ''औरो! मैं स्नान के लिए जा रही हूं, तुम मेरे साथ चलो।''

अरविन्द तुरंत लिखना छोड़कर उनके साथ हो लेते।

कृष्ण कुमार की पुत्री बसंती चक्रवर्ती का कहना है कि उन्होंने ऐसे अवसर पर कभी भी अरविन्द को क्रोध करते नहीं देखा। इसी प्रकार अनेक बार मित्तर की बुआ उन्हें बाधित करती रहतीं किन्तु अरविन्द के मुख पर कभी एक रेखा भी नहीं उभरी।

❑❑❑

# उत्तरपाड़ा वक्तृता

30 मई 1909। उत्तरपाड़ा ने सनातन धर्म सभा की ओर से एक सार्वजनिक सभा का आयोजन किया गया था। उसमें अरविन्द को व्याख्यान देना था। अमरेन्द्रनाथ चटर्जी को अरविन्द को लाने के लिए कलकत्ता भेजा गया। अमरेन्द्र उन्हें लेने के लिए 'संजीवनी' कार्यालय गये। उन्होंने देखा कि अरविन्द वहां शांत बैठे थे, मानो ध्यानावस्थित हों। इसलिए उन्होंने भी उनसे कोई बात नहीं की। अरविन्द उनके आने का उद्देश्य समझ गये थे। उठे और उनके साथ चल दिए। वे लोग रेलगाड़ी से उत्तरपाड़ा गये। उस गाड़ी से अनेक श्रोता भी जा रहे थे।

गाड़ी 3 बजे उत्तरपाड़ा पहुंची। सभा का समय साढ़े पांच बजे का था। उत्तरपाड़ा के एक जमींदार राजा प्यारेमोहन अपने पुत्र मिछरी बाबू के साथ अरविन्द के स्वागत के लिए स्टेशन पर आये हुए थे।

सुरेन्द्रनाथ चट्टोपाध्याय के घर पर चाय-पान करने तथा थोड़ा आराम करने के उपरान्त एक साधारण-सा जुलूस निकाला गया। गंगा के पश्चिमी किनारे पर स्थित पुस्तकालय के प्रांगण में सभा का आयोजन किया गया था, अरविन्द ही एकमात्र उस सभा को संबोधित करने लगे थे। उस स्थान पर दस सहस्र से भी अधिक लोग एकत्रित थे। अरविन्द की आवाज बहुत ऊंची नहीं थी। तदपि उनको सुनने के लिए लोग इतने उत्सुक थे कि इल्लागुल्ला करने की अपेक्षा उन्होंने इतनी शांति बनाये रखी कि यदि सुई भी गिर जाए तो उनकी आवाज सुनाई दे। उन दिनों ध्वनि विस्तारक यन्त्रों का प्रचलन नहीं हुआ था।

उस शांत और निस्तब्ध वातावरण में उन्होंने व्याख्यान दिया। वहां उनका जो स्वागत-सत्कार हुआ, वह अवर्णनीय था। उनको मालाओं से लाद दिया गया। अधिकांश मालायें चमेली के फूलों की ही थीं। मिछरी बाबू ने उनके लिए एक विशेष माला तैयार की थी। वह अरविन्द के पैरों तक पहुंचती थी।

जब व्याख्यान पूर्ण हुआ तो अरविन्द ने उन मालाओं को वहीं मेज पर छोड़ दिया और वे वहां से चल दिए। मिछरी बाबू ने जो बड़ी लम्बी-सी माला बनाई थी, वह किसी ने वहां से उठा ली। अन्य मालाएं भी लोग उठा-उठाकर ले गये। मिछरी बाबू को जब पता चला तो उन्हें बड़ा क्रोध आया। अमर ने उसको समझाने का यत्न किया कि ऐसे अवसर पर इस प्रकार की बात तो साधारण

घटना है। लोग उसे आशीर्वाद रूप में ग्रहण करते है, इसलिए उनको क्रोधित नहीं होना चाहिए।

अगले दिन प्रात:काल मिछरी बाबू को वह माला वापस मिल गई। किन्तु तब तक स्थिति बदल गई थी। उन्होंने माला वापस लाने वाले से कहा, "आप जाकर परमात्मा से क्षमा मांगिये। मैंने तो आपको पहले ही क्षमा कर दिया था।"

अलीपुर बमकाण्ड के अभियोग से मुक्त होने के उपरान्त जब अरविन्द जेल से बाहर आये तो उन्होंने स्वयं को अकेला पाया। उस समय या तो सभी राष्ट्रीय नेता कारागारों में थे, या कुछ ने स्वयं को भूम्यान्तर्गत कर लिया था। अंग्रेजी राज के प्रति लोगों में घृणा का भाव कम नहीं हुआ था। अपितु अब और भी अधिक बढ़ गया था, किन्तु इस समय कोई ऐसा नेता नहीं था जो कि मार्गदर्शन कर सके।

अरविन्द ने निश्चय किया कि वह एकाकी ही अपना संघर्ष जारी रखेंगे। प्रति सप्ताह एक सभा हुआ करती थी। उसमें जहां पहले किसी समय हजारों की संख्या में लोग एकत्रित होते थे, अब कुछ सौ लोग ही उसमें सम्मिलित होते थे। उसमें भी कोई विशेष उत्साह या उमंग नहीं रह गई थी। कॉलेज स्क्वेयर की उस सभा की उन दिनों अध्यक्षता सामान्यतया अरविन्द को ही करनी पड़ती थी और जो श्रोता होते थे, वे भी नियमित नहीं अपितु राह चलते लोग वहां पर खड़े होकर सुनने लगते और फिर अपनी राह चले जाते।

कारागार से मुक्त होने के बाद अरविन्द ने बंगला और अंग्रेजी में 'धर्म' और 'कर्मयोगिन' नाम के दो पत्र निकालने आरंभ कर दिए थे। उस समय इनको चलाने के लिए 'वन्देमातरम्' की भांति आर्थिक संकट का सामना नहीं करना पड़ा था। वे सरलता से और अत्यधिक प्रसार संख्या में चलते रहे थे।

कारागार में होने वाली आध्यात्मिक अनुभूतियों के विषय में अरविन्द ने अपनी उत्तरपाड़ा वक्तृता में कुछ इस प्रकार से उल्लेख किया था–

"जिस जेल में मुझे अन्य लोगों से अलग कर दिया गया था, उसे मैं इस प्रकार देखा करता था कि मैं इसकी ऊंची दीवारों में कैद नहीं था, मुझे तो चारों ओर वासुदेव ने घेर लिया था। अपनी कोठरी के सामने पेड़ की डालियों के नीचे मैं चहलकदमी करता, परन्तु यह पेड़ नहीं था, मैं जानता था कि ये वासुदेव हैं, ये श्रीकृष्ण है, जिन्हें मैं वहां खडे हुए और मुझे अपनी छाया के आबद्ध किये हुए देखता था......मैं देखता और वह मजिस्ट्रेट नहीं था, यह तो वासुदेव थे, यह नारायण थे, जो वहां बैठे थे, यह मेरे सखा और प्रेमी थे, जो वहां बैठकर मुस्करा रहे थे।"

अपने इस अनुभव को विषय बनाकर अरविन्द ने सन् 1939 में एक कविता लिखी थी–"आखिर मैं जान गया" 'आमंत्रण' नाम की अपनी कविता उन्होंने कारगार में ही लिखी थी। एक अन्य कविता 'कौन' भी उन्होंने तब लिखी थी।

❑❑❑

# सक्रिय राजनीति में

सितम्बर 1909 में अरविन्द ने हुगली जिला राजनीतिक कांफ्रेंस का आयोजन किया था। उन दिनों कलकत्ता हुगली जिले का ही अंग था। उस समय की राजनीतिक स्थिति 1907 की सूरत की स्थिति जैसी ही थी। नरम दलियों की स्वागत समिति गठित की गयी। उन्होंने ब्रिटिश सरकार द्वारा किए गये सुरों की प्रशंसा में प्रस्ताव बनाये। नेशनलिस्ट पार्टी का कार्य अकेले अरविन्द ने अपने हाथों में लिया और बंगाल नेशनलिस्ट एसोसियेशन की स्थापना की। उन्होंने प्रवेश नियमों में परिवर्तन कर उसके द्वार खुले छोड़ दिये।

इस प्रकार जब अरविन्द ने देखा कि अब उनकी संख्या पर्याप्त हो गई है तो उन्होंने स्वागत समिति द्वारा रखे गये प्रस्तावों में संशोधन प्रस्तुत कर दिये और वे पारित हो गये। इस प्रकार नरम दलियों की पराजय हुई और उन्होंने निश्चय किया कि वे कांग्रेस को छोड़ देंगे। किन्तु अरविन्द ने समझ से काम लिया और अपने साथियों को समझाया कि इस समय मिलकर काम करने की आवश्यकता है, इसलिए नरम दलियों के साथ नरम व्यवहार करना ही उपयुक्त है।

अरविन्द ने अपने साथियों को कह दिया था कि जब नरम दल के लोग अपना प्रस्ताव रख रहे हों तब वे या तो शान्त रहें, या फिर पण्डाल छोड़कर बाहर चले जायें। किन्तु जब नरम दल वाले बोलने लगे तो पण्डाल में हंगामा होने लगा। तब अरविन्द को मंच पर आकर कहना पड़ा कि या तो वे चुपचाप सुनें या फिर पण्डाल छोड़कर चले जाएं। गरम दल वाले पण्डाल छोड़कर चले गये।

नरम दलवालों की मुख्य शिकायत यह थी कि लोग अब उन जैसे अनुभवी नेताओं का सुनना ही नहीं चाहते। अपितु वे अरविन्द जैसे नौजवान नेताओं की बात मानते हैं।

बंगाल प्रान्तीय कांग्रेस कमेटी में उन दिनों नरम दलियों का ही वर्चस्व था। किसी गरम दलवाले को वे उसमें घुसने नहीं देते थे। जब बनारस में कांग्रेस के अधिवेशन की बात सम्मुख आई तो नरम दलियों को असुविधा होने लगी।

सुरेन्द्रनाथ बनर्जी चाहते थे कि उनको बंगाल का बेताज बादशाह माना जाए। इसलिए बनारस कांग्रेस में अपनी आवाज बुलन्द करने के विचार से उन्होंने पहले बंगाल के कांग्रेसियों को एक करने का यत्न किया और एक गुप्त बैठक का आयोजन किया, उसमें उन्होंने अरविन्द को भी बुलाया। तदपि नरमदली चाहते थे कि अरविन्द उनकी मांगों का स्वीकार करें तो वे लोग गरम दल के साथ होने के लिये तैयार हैं। अरविन्द ने इसे अस्वीकार कर दिया। अरविन्द चाहते थे कि कांग्रेस के संविधान में तदनुरूप परिवर्तन होने के उपरान्त की कोई समझौतां हो सकता है। अतः वार्त्ता विफल रही।

उस स्थिति में अरविन्द ने अपने प्रकार से ही कार्यरत रहने का निश्चय किया। उस समय उनके मस्तिष्क में 'होम रूल आंदोलन' की बात आई। जिसे कालान्तर में श्रीमती एनी वेसेन्ट ने कार्यरूप दिया था। किन्तु अरविन्द के मस्तिष्क मे तो यही था कि ब्रिटिश शासन के अंतर्गत भारत की स्वतंत्रता का कोई अर्थ नहीं होता, इसलिए उन्होंने इस विचार को ही मन से निकाल दिया था।

कुछ काल बाद अंग्रेज सरकार ने कुछ सुधारों की ओर संकेत किया तो अरविन्द ने अनुभव किया कि कदाचित सरकार कुछ झुकने लगी है। उन्होंने उस अवसर पर नारा दिया ''हमारे नियंत्रण के बिना कोई सहयोग नहीं।'' उन्होंने अपने साथियों को कहा कि जिन-जिन विषयों पर हमें स्वायत्तता दी जाती है हमें उन्हें स्वीकार कर कार्य करना चाहिए, अन्यथा नहीं।

यह चर्चा भी यों ही आई-गई हो गई। सरकार ने कुछ किया नहीं, तब अरविन्द ने अनुभव किया कि इस प्रकार कुछ होने वाला नहीं है। उन्होंने ''धर्म' और ''कर्मयोगिन्'' का प्रकाशन प्रारम्भ किया। दोनों पत्रों में ''अपने देशवासियों के नाम खुला पत्र'' शीर्ष से एक लेख लिखा। उसमें उन्होंने उन सब बातों की ओर संकेत किया जो कि, यदि उनको बंदी बना लिया गया तो, देशवासियों अथवा उनके दलवालों को क्या करना चाहिए। क्योंकि उस समय यह चर्चा जोरों पर थी कि कदाचित अरविन्द को पुनः बंदी बना लिया जाए।

25 दिसम्बर 1909 को ''कर्मयोगिन्'' में उन्होंने यह खुला पत्र प्रकाशित किया था।

अरविन्द जब तक बंगाल में आकर नेशनल कॉलेज के प्रधानाचार्य नहीं बन गये, तब तक उनका सिस्टर निवेदिता से कभी कोई सम्पर्क नहीं हुआ था। नेशनल कॉलेज के प्रिंसिपल और 'वन्देमातरम्' के सम्पादकीय लेखों के कारण अरविन्द को बंगाल के नेता के रूप में प्रसिद्धि प्राप्त होने लगी थी। कभी-कभी कांग्रेस के अधिवेशनों में सिस्टर निवेदिता से भेंट हो जाती। दोनों ही अपने-अपने कार्य में व्यस्त थे। कालान्तर वे अरविद से मिलने के लिए बागबाजार जाना

आरम्भ किया। उन दिनों निवेदिता ने उनसे कहा कि वे गुप्त स्थान पर चले जाएं, क्योंकि कदाचित उनको बंदी बनाने का विचार किया जा रहा है। उन्होंने देश के बाहर जाकर काम करने का परामर्श भी दिया। विदेशी महिला होने के नाते उनके सरकारी क्षेत्र में अच्छे संबंध थे, इसलिए उनको कोई भय नहीं था और इसके साथ ही उनको कभी-कभी उन लोगों से मिलने पर गुप्त वार्ताओं का ज्ञान भी हो जाता था। उसी के आधार पर उन्होंने अरविन्द से गुप्त रहने की बात कही थी।

अरविन्द ने कहा कि वे उनका परामर्श स्वीकार करने की अपेक्षा ''कर्मयोगिन'' में एक खुला पत्र प्रकाशित करेंगे, सम्भवतया उनके परिपेक्ष्य में सरकार उनकी बंदी बनाने का विचार त्याग दे।

उसी के आधार पर 25/12/1909 को उक्त पत्र प्रकाशित किया गया था। यही उनकी पृष्ठभूमि थी। पत्र प्रकाशित होने के उपरान्त जब अरविन्द उनसे मिले तो सिस्टर निवेदिता ने कहा कि उनका उपाय काम कर गया है और सरकार ने उनके देश निष्कासन को अपने मन से निकाल दिया है।

❑❑❑

# अंतर्दृष्टि

अलीपुर के अभियोग वर्ष तक चलता रहा। एक वर्ष तक अरविन्द कारागार में बंद रहे और फिर दोषमुक्त कर रिहा कर दिए गए थे। उस अवधि में उन्हें जो अनुभव हुए थे, उसका उल्लेख हम यथास्थान कर आये हैं। अरविन्द जब कारागार से मुक्त होकर बाहर आये तो बंगाल में सरकारी दमन और अत्याचारों के कारण क्रांतिकारी उत्साह की लहर मंद पड़ गई थी। परंतु विस्तृत भारतीय परिदृश्य में दो चीजें उपलब्ध हो गई थी। अब स्वतंत्रता लोगों के लिए स्वप्न की वस्तु नहीं रह गई थी। अब प्रश्न 'क्या' नहीं अपितु 'कब' और 'कैसे' का था। ब्रिटिश शासन को जो पहला धक्का लगा, उससे वास्तविकता का बेहतर मूल्यांकन संभव हो सका। वास्तविकता के विषय में उनके सचेत होने के पहले ही कदम-ब-कदम पैर जमाने की प्रक्रिया आरंभ हो चुकी थी।

'वन्देमातरम्' बंद हो चुका था। अरविन्द ने अंग्रेजी में 'कर्मयोगिनी' और बंगला में 'धर्म' नामक दो साप्ताहिक आरंभ किए। ये दोनों पत्र पूर्णतया राजनीति न होकर मनुष्य के गहनतर अन्तर्बोध को प्रभावित करने वाले थे।

कुछ समय के लिए उन दिनों अपेक्षाकृत शांति का वातावरण छा गया था किन्तु सरकार को अनिश्चित काल के लिए अरविन्द को स्वतंत्र छोड़े रखना भयावह था। वायसराय लार्ड मिन्टो, जो अरविन्द के राज्य से निर्वासित कर प्रसन्नता का अनुभव करते, उन्होंने गृह सचिव लॉड मोर्ले को लिखा, "वह सम्पूर्ण भारत में सबसे खतरनाक व्यक्ति है।" परंतु लॉर्ड मोर्ले अरविन्द को निर्वासित करने के प्रस्ताव पर सहज ही सहमत नहीं हो पाया। तदपि राजकीय स्तर पर अरविन्द को निर्वासित करने की बहस जोरों पर चल रही थी। अरविन्द को भी इसका ज्ञान था।

इसी स्थिति में सन् 1910 की एक संध्या काल में ध्यान के अवसर पर उन्हें चन्द्रनगर कलकत्ता जाने का आदेश मिला। चन्द्रनगर कलकत्ता के निकट ही फ्रान्सिसियों के अधिकार क्षेत्र का एक भाग था। अरविन्द ने इस विषय पर अधिक सोच-विचार नहीं किया। 'आदेश' प्राप्त होते ही वे चन्द्रनगर जाने के

लिए तत्पर हो गये और तदनुसार दूसरे दिन प्रातःकाल वे चन्द्रनगर जा पहुंचे।

उनकी अनुपस्थिति में कुछ दिनों तक 'कर्मयोगिन्' का संचालन भगिनी निवेदिता और धर्म का संचालन नलिनीकान्त गुप्त ने किया।

यह एक प्रकार से सक्रिय राजनीति से उनका संन्यास का प्रारंभ था। ऐसी मान्यता प्रचलित है कि अपनी अन्तर्दृष्टि में अरविन्द ने स्पष्ट रूप से देखा कि भारत ने धीरे-धीरे स्वतंत्रता प्राप्त कर ली है और सत्य ही उनके 75वें जन्मदिवस के अवसर पर 15 अगस्त 1947 को भारत स्वतन्त्र हो गया।

अरविन्द ने कलकत्ता एवं उसके साथ ही सक्रिय राजनीति छोड़ी सन् 1910 में किंतु भारत स्वतंत्र हुआ उसके 37 वर्ष बाद सन् 1947 में। वह भी खण्डित रूप में तथा अरविन्द के संगठन और साथी जो प्रयत्न कर रहे थे उसके आधार पर नहीं। अपितु जिस गोखले एंड कंपनी का वे 1906 और 1907 में सर्वात्मना बहिष्कार कर चुके थे, जिन्हें वे राष्ट्रवादी मानने को तैयार नहीं हुए, उनके शिष्यों के दुष्प्रयत्न का परिणाम भारत की वह खण्डित स्वतंत्रता थीं।

क्या अरविन्द ने अपनी अंतर्दृष्टि से यही देखा था? क्या इसी प्रकार की स्वतंत्रता के लिए अरविन्द और उसके साथी तथा अन्यान्य भारतवासी उस समय अपने प्राणों की आहुति देने के लिए कटिबद्ध थे।

यह ऐसा 'लाख टके का प्रश्न है'' जिसका उत्तर न कभी अरविन्द ने दिया और न उनके किसी भक्त या शिष्य ने उनसे इस विषय में कोई स्पष्टीकरण चाहा।

फरवरी 1910 से आरम्भ कर 24 नवम्बर 1926 तक अरविन्द सक्रिय राजनीति से विलग रह कर अपनी योग साधना करते रहे और एक दिन, अर्थात् 24 नवम्बर 1926 को सहसा श्री मां की घोषणा के अनुसार अरविन्द को सिद्धि प्राप्त हो गई। जिसकी उन्हें प्रतीक्षा थी, वह प्राप्त हो गया था।

भारत की स्वतंत्रता के लिए अरविन्द इंग्लैंड से भारत आने से लेकर अलीपुर षड्यंत्रकाण्ड तक छटपटाते रहे, वह अभी कोसों दूर थी। सन् 1926 में उस दिशा में कोई भी पग आगे नहीं बढ़ पाया था। 1910 में जो स्थिति भारतवासियों की थी, 1926 में भी वही थी, अंतर केवल इतना ही था कि उग्रराष्ट्रवादी आंदोलनकर्त्ताओं को तथाकथित उदारवादियों अर्थात गोखले-गांधीवादियों ने इतना पीछे धकेल दिया था कि वे एक प्रकार से अंधकारमय गर्त में जा गिरे थे।

अपने जिन मनोभावों को हमने ऊपर व्यक्त किया है, उसी अरविन्द के मनोभाव उस समय के समाज में भी प्रचार पा रहे थे। किंतु अरविन्द का शिष्यवर्ग उस एक वर्ष की अवधि में ही उनके कृत्यों के आश्वस्त हो गया था

और अरविन्द के कलकत्ता छोड़ने के एक वर्ष के भीतर ही अरविन्द का जीवनचरित्र प्रकाशित कर दिया।

तद्नुसार कुछ लोग यह सोचते थे कि प्रशासन द्वारा उत्पन्न की जा रही परेशानियों से बचने के लिए हताश अरविन्द फ्रांन्सिसियों के क्षेत्र में पलायन कर गये थे। हमारी दृष्टि से इस वास्तविकता में किसी को संदेह नहीं होना चाहिए। क्योंकि अलीपुर कारागार में अरविन्द ने जो यातनाएं सही थी, उनके कारण उनका सक्रिय राजनीति से यह पलायन था। राजनीति छोड़ने के अपने स्पष्टीकरण में अरविन्द ने कहा–''कृष्ण ने भारत की स्वतंत्रता का दायित्व स्वयं पर ले लिया है।''

अरविन्द के सौभाग्य से, जैसा कि संसार में होता आया है और भारत में जो अत्यधिक प्रमाण से प्रचलित है, उनका प्रभावमण्डल विस्तृत होता गया। अरविन्द का क्रांतिकारी रूप सर्वथा विलुप्त हो गया और वे योगिराज कहे जाने लगे। यहां तक कि उनके पाण्डिचेरी पलायन कर जाने के बाद रवीन्द्रनाथ ठाकुर और चितरंजनदास आदि भी उनसे मिलने के लिए पाण्डिचेरी की यात्रा पर गये थे। तदनन्तर रवीन्द्रनाथ ठाकुर ने उनके विषय में लिखा–

''पहली बार ही उन्हें देखकर मुझे अनुभव हुआ था कि वे आत्मा की खोज कर रहे थे और इसे उन्होंने प्राप्त कर लिया है। अनुभूति की इस दीर्घ प्रक्रिया में उन्होंने अपने भीतर प्रेरणा की एक मौन शक्ति संगठित कर ली है। उनका मुखमण्डल एक प्रकार से देदीप्यमान हो रहा था और उनकी प्रशांत उपस्थित ने मेरे सामने यह स्पष्ट कर दिया है कि उनकी आत्मा किसी तितिक्षावादी सिद्धांत तक अशक्त नहीं हो गयी है, जो जीवन पर चोट पहुंचाने में आनन्द अनुभव करते हैं। मैंने अनुभव किया कि उनके मुखमण्डल से समचितता के विषय में प्राचीन ऋषियों के वे उद्गार प्रकट हो रहे हैं, जिनसे मानव आत्मा को 'सर्व' के भीतर प्रवेश करने की स्वतंत्रता प्राप्त होती है। मैंने उनसे कहा, 'आपके पास शब्द हैं' और हम उसे स्वीकार करने की प्रतीक्षा में हैं। आपकी वाणी के द्वारा ही भारत विश्व को 'ध्यानपूर्वक मुझे सुनो'.... संदेश देगा।

''वर्षों पूर्व जब मैंने अरविन्द को उनकी पराक्रमी यौवन में प्रारम्भ में देखा तो मैं गा पड़ा था–''ओ अरविन्द! रवीन्द्र का नमन स्वीकार करो।'' आज मैंने उन्हें प्रज्ञा का मौन वैभव के गहन परिवेश में देखा और चुपचाप मैं फिर से गा पड़ा–

''अरविन्द! रवीन्द्र का नमन स्वीकार करो।''

❑❑❑

# चन्द्रनगर प्रस्थान

नवम्बर 1909 से फरवरी 1910 तक अरविन्द कृष्णकुमार मित्तर के मकान पर रहते रहे और उन दिनों वे नित्य प्रातः, सांयकाल 4 बजे 'कर्मयोगिन्' और 'धर्म' के कार्यालय में जाया करते थे। वहां कोई विशेष कार्य तो था नहीं। 4-5 लोग बैठकर स्वतंत्र लेखन का अभ्यास किया करते थे। ठंड आरंभ हो गई थी। अरविन्द शाल ओढ़कर कार्यालय जाते थे। वे वहां विद्यमान सदस्यों से वार्त्तालाप करते थे और स्वतंत्र रूप से लिखने का यत्न भी करते थे। कभी-कभी उनको लौटने में इतना विलंब हो जाता है कि तब तक ट्रामगाड़ी चलना बंद हो जाती थी, इसलिए अरविन्द को उनके घर तक जाने के लिए घोड़ागाड़ी करनी पड़ती थी।

अरविन्द चंद्रनगर किस प्रकार गये, इस विषय में उन्होंने एक स्थान पर लिखा–

''एक दिन वे लोग कर्मयोगिन् के कार्यालय में बैठे थे कि वहां तलाशी का वारंट आ गया। रामचंद्र मजुमदार आदि पुलिस के दो-दो हाथ करने की योजना बना रहे थे कि तभी अरविन्द के अंतर से एक ध्वनि सुनाई दी। जो कह रही थी, 'नहीं, यो नहीं, यो नहीं। तुम चंद्रनगर चले जाओ।' कारागार से मुक्त होने के बाद अरविन्द को इस प्रकार की ध्वनियां समय-समय पर सुनाई दिया करती थीं। वे उन दिनों बिना उन ध्वनियों पर विचार किये तदनुसार करने लगे थे। यही पाण्डिचेरी जाने के विषय में भी हुआ था। उस समय भी इसी प्रकार की कोई आवाज अन्तर मन से निकली थी।

उस समय कर्मयोगिन् कार्यालय में रामचन्द्र मजुमदार, सुरेश चक्रवर्ती, वीरेन घोष, विजय नाग विद्यमान थे। अन्तरात्मा की पुकार सुनने के उपरांत अरविन्द ने उन पर तुरन्त कार्य करने का निश्चय किया। बस, फिर क्या था, अपने साथियों को लेकर 10 मिनट के भीतर गंगा के तट पर पहुंच गये। कर्मयोगिन के कार्यालय से वे रात्रि में 8 बजे चले थे। अरविन्द और रामचन्द्र मजुमदार आगे-आगे चल रहे थे। उनसे पचास पग पीछे वीरेन था, उससे पचास पग पीछे सुरेश था। इधर-उधर करते हुए वे गंगा तक पहुंच गये थे। इसलिए किया गया ताकि गुप्तचर विभाग के लोग उनके जाते देख न सकें।

गंगा पर पहुंचने के उपरांत उन्होंने एक नाव वाले को पुकारा और उससे चंद्रनगर चलने के लिए कहा। अरविन्द के साथ-साथ वीरेन और सुरेश बोट में बैठ गये।

उनके वहां से चले जाने के बाद उनके जाने के विषय में विभिन्न समाचार पत्रों में विभिन्न प्रकार की कहानियां प्रकाशित होती रही। बाद में अरविन्द ने वास्तविक कहानी बताई।

अरविन्द का कहना था कि उनको गोनेन महाराज ने नहीं, अपितु कर्मयोगिन के कार्यालय में कार्य करने वाले रामचन्द्र मजुमदार ने बताया कि कार्यालय की तलाशी ली जाने वाली है। रामचन्द्र मजुमदार के पिता को किसी ने सावधान कर दिया कि एक-दो दिन में कर्मयोगिन पर छापा पड़ेगा और अरविन्द को बंदी बना लिया जायेगा। इस विषय में भी अनेक कहानियां गढ़ी गई, जिसमें एक यह थी कि अरविन्द ने, सी.आई.डी. अधिकारी समसुल आलम की हाईकोर्ट में जो हत्या की गई थी, उस हत्या में सहायता की थी और उसके लिए उन पर अभियोग चलाया जाने वाला था। यह भी कहा जाता रहा कि सिस्टर निवेदिता को यह सब विदित था और उसके साथ मिलकर अरविन्द ने योजना बनाई थी, उसके आधार पर ही वे चंद्रनगर गये थे। जबकि वास्तव में अरविन्द ने इस प्रकार की न तो कोई बात किसी के मुख से सुनी थी और न ही किसी से इस विषय पर वार्त्तालाप हुआ था। जब तक अरविन्द चंद्रनगर पहुंच नहीं गए, उससे पूर्व अथवा तब तक भी सिस्टर निवेदिता को उनके कलकत्ता से जाने की कोई सूचना भी नहीं थी। न ही इस बात में कोई सच्चाई है कि सिस्टर निवेदिता और गोगेन महाराज  अरविन्द को घाट पर विदाई देने के लिए आये थे।

वास्तव में सिस्टर निवेदिता को सूचित करने का समय ही नहीं था। क्योंकि अरविन्द को सहसा ऊपर से एक प्रकार से आदेश-सा हुआ और उन्होंने कलकत्ता छोड़कर चंद्रनगर जाने का निश्चय किया। तब वे दस मिनट के भीतर घाट पर पहुंच गये थे। जो नाव किराये पर ली गई थी वह सामान्य उन्हीं नावों में से थी जिनका प्रयोग जनसामान्य किया करता था।

इससे पूर्व किसी दिन अरविन्द ने सिस्टर निवेदिता के पास कोई व्यक्ति भेजकर उनसे निवेदन किया था कि उनकी अनुपस्थिति में वे कर्मयोगिन् के सम्पादन का कार्य-भार संभालें और उन्होंने स्वीकार कर लिया तथा जब तक कर्मयोगिन् चला तब तक वे उनके सम्पादन का कार्यभार संभाले रहीं। अरविन्द अपनी साधना में लीन हो गये। उन्होंने उसके बाद कोई लेख आदि कर्मयोगिन् में भेजे ही नहीं।

चंद्रनगर में मोतीलाल रॉय ने अरविन्द के निवास की व्यवस्था की थी। वह स्थान गुप्त रखा गया। अरविन्द उस समय चंद्रनगर में कहां रह रहे थे, इस विषय में कुछ गिनती के लोग ही जानते थे।

वास्तव में चंद्रनगर में नाव के किनारे लगने पर सुरेश और वीरेन उतरकर चारुचन्द्र राय के पास गये और कहा कि वे अरविन्द के निवास का कुछ प्रबंध करें। चारुचंद्र घबरा गया और सोच भी न सका कि ऐसी अवस्था में क्या किया जा सकता है। सुरेश और वीरेन निराशा में घाट पर जाने लगे कि उसी समय शिशिर घोष उनको मोतीलाल रॉय के पास ले गया। मोतीलाल ने तुरंत उनके निवास की व्यवस्था कर दी।

सुरेश और वीरेन दूसरे ही दिन कलकत्ता वापस पहुंच गए। इससे किसी को कोई संदेह के लिए स्थान नहीं रहा और किसी को कुछ पता नहीं चल पाया कि अरविन्द कहां गये हैं।

चंद्रनगर में अरविन्द लगभग डेढ़ मास तक रहे होंगे। इस अवधि में उन्होंने मोतीलाल को भी साधना में प्रवृत्त कर लिया था। इस प्रकार देखा जाए वहीं से उस प्रवर्तक संघ का बीजारोपण हो गया, जिसकी स्थापना बहुत बाद में हुई थी। 1910 से 1920 तक अरविन्द का प्रवर्तक संघ से संबंध रहा था।

इस अवधि में कुछ लोगों का विचार अरविन्द को चंद्रनगर से फ्रांस भेजने का हो रहा था। वे इसकी व्यवस्था कर रहे थे कि तभी अरविन्द ने उनसे कहा, कि वे जब अपने अगले कार्य के विषय में विचार कर रहे थे, तो उनको आदेश हुआ कि वे पांडिचेरि जायें।

चंद्रनगर में अरविन्द की साधना बड़ी गहन होती जा रही थी। उनको देवी, देवताओं के दर्शन होने लगे थे। कालान्तर में जब वे पांडिचेरि चले गये तब उनको विदित हुआ कि चंद्रनगर में वे जिन देवियों की प्रतिमायें अपने ध्यान में देखा करते थे, वे ईला, भारती, मही और सरस्वती की प्रतिमाएं थीं। चंद्रनगर में रहते हुए अरविन्द का मोतीलाल और दो अन्य व्यक्ति, जो उनकी व्यवस्था करते थे, के अतिरिक्त अन्य किसी से संबंध नहीं था।

अरविन्द जब चंद्रनगर चले गये तो उनके कलकत्ता कार्यालय में नित्य प्रति धमकी भरे पत्र आने लगे। वे सारे पत्र अरविन्द के पास पहुंचा दिए जाते थे। अरविन्द ने उनके उत्तर में लिखा था कि न तो वे किसी के डर के मारे कहीं छिपे बैठे हैं और न ही कोई ऐसी बात है कि उनके वारंट हों, वे छिप गये हों। यदि वारंट निकलने जैसी कोई बात होगी तो वे निकल कर समाने आ जायेंगे।

अंत में वारंट की बात आई तो तुरंत उनके वारंट निकलने की बात भी फैलने लगी। बाद में पता चला कि वह वास्तविक वारंट नहीं था, अपितु किसी ने कृत्रिम वारंट बनाकर उनके बाहर मैदान में लाने का षड्यंत्र किया था। अन्यथा उनके विरुद्ध वारंट जारी करने के लिए कोई मामला था ही नहीं।

उस वारंट की बात सुनकर भी जब अरविन्द प्रकाश में नहीं आए तो लोगों ने तरह-तरह की बातें करनी आरंभ कर दीं। कुछ लोगों ने तो यहां तक कहना आरंभ कर दिया कि अरविन्द ने राजनीति छोड़ दी है, क्यों? या तो वह सोचते

होंगे कि अब वे इस विषय में कुछ करने में समर्थ नहीं है, या फिर वे सरकार से डर गये होंगे।

इस विषय में स्वयं अरविन्द का कहना है कि उन्होंने इस डर के कारण राजनीति नहीं छोड़ी कि वे उस विषय में अब कुछ कर ही नहीं सकते, या फिर सरकार के अत्याचारों से वे भयभीत हो गए हैं। उनके मन में कभी इस प्रकार का विचार भी नहीं आया था। उन्होंने तो राजनीति इस कारण छोड़ी थी कि जिससे उनकी योग साधना में कोई बाधा न पड़े। क्योंकि इस विषय में उनको स्पष्ट आदेश प्राप्त हो चुका था कि अब वे योग साधना की ओर ही अपना जीवन प्रवृत्त करें।

उनका कहना है कि यद्यपि मैंने राजनीति से संबंध विच्छेद कर लिया था। किंतु संबंध विच्छेद करने से पूर्व उनको इतना विश्वास हो गया था कि जो कार्य उन्होंने आरंभ किया है, वह भविष्य में अवाध गति से चलता रहेगा और इसमें कोई संदेह नहीं है कि जिस दिशा की ओर उन्होंने अपने कार्य को गति दी थी, उस दिशा को एक दिन वह अवश्य प्राप्त कर लेगा। यह सब उनकी व्यक्तिगत उपस्थिति अथवा परोक्ष निर्देश के बिना भी चलता रहेगा। राजनीति से पृथक होने में उनको न तो किसी प्रकार का भय था और न संकोच और न ही वे उनको अनुपयोगी मानकर उससे पृथक् हुए थे।

इस विषय में 'श्री अरविन्दो ऑन हिमसेल्फ' पुस्तक में विस्तार से लिखा गया है।

कुछ लोगों की यह धारणा बन गयी थी कि ब्रिटिश सरकार ने अरविन्द के ब्रिटिश भारत में प्रवेश पर प्रतिबंध लगा दिया था, इसलिए वे भारत का क्षेत्र छोड़कर फ्रेंच शासित प्रदेश में चले गये थे। यह भी सत्य नहीं है। उन पर इस प्रकार का कोई प्रतिबंध नहीं लगाया गया था। उसके विपरीत लॉर्ड कारमाइकल ने उनको निमंत्रण भेजा था कि वे भारत में कही भी, जैसे कि दार्जिलिंग, आदि रमणीय स्थानों पर आकर निवास करें और उसके साथ दर्शनशास्त्र पर विचार-विमर्श में सहायक बनें। किंतु अरविन्द ने यह स्वीकार नहीं किया।

मार्च 1910 के अंतिम दिनों में मोतीलाल ने कलकत्ता में सुकुमार मित्तर को संदेश भेजा कि अरविन्द पांडिचेरि के लिए प्रस्थान करना चाहते हैं।

इसी प्रकारमार्च के अंत में कलकत्ता में सुरेश चक्रवर्ती ने निर्देश दिया कि वे पाण्डिचेरी जाकर अरविन्द के निवास के योग्य कोई स्थान देखें। तदनुसार मोनी अर्थात् सुरेश चक्रवर्ती को पांडिचेरि से प्रकाशित होने वाले राष्ट्रीय साप्ताहिक 'इंडिया' से संबंधित श्रीनिवासाचारी, जो कि क्रांतिकारी दल से भी संबंधित थे, के नाम एक परिचय-पत्र दिया गया। उस समय श्रीनिवासाचारी के साथ सुब्रह्मण्य भारती भी कार्य कर रहे थे और कृष्णमाचारी उनके भागीदार थे। वह साप्ताहिक पत्र राष्ट्रीय और क्रांतिकारी विचारों का पोषक था।

मोनी हावड़ा स्टेशन पर गाड़ी में चढ़ा। उसने द्वितीय श्रेणी का टिकट लिया था। उसको विदा करने के लिए श्रीमति मृणालिनी देवी के चचेरे भाई सौरीन बोस, सुकुमार मित्र आदि प्लेटफार्म पर विद्यमान थे। टिकट के साथ-साथ उन्होंने मोनी को 30 रुपये भी दिए। मोनी ने ऐसा परिधान धारण किया हुआ था जिससे उसको कोई भी एंग्लोइंडियन समझ सकता था।

इस प्रकार मोनी 31 मार्च 1910 को पांडिचेरि पहुंच गया।

इस सब में अरविन्द की आत्मा की पुकार ही कारण थी। ऐसा माना जाता है कि मार्च के अंतिम दिनों में कभी उनको भीतर से पुकार आई कि उन्हें चन्द्रनगर से पांडिचेरि चला जाना चाहिए। वहीं उनकी तपस्या और साधना का केन्द्र बनेगा। उसी स्थान पर उनको अपने प्रकार की अपनी ही साधना में लीन होना चाहिए। यह तपस्या उस प्रकार की नहीं थी जो कि उस समय में साधु-संतों में प्रचलित थी अथवा आज भी प्रचलित है।

अरविन्द को स्पष्ट आदेश था कि वे पांडिचेरि जाएं और वहां पर अपनी ही प्रकार की साधना करें।

❑❑❑

# पांडिचेरि की ओर

पांडिचेरि के निवास के विषय में जब कभी किसी ने उनसे पूछा कि उन्होंने अपनी तपस्या के लिए पांडिचेरि को ही क्यों चुना? तो इसके उत्तर में वे कहा करते थे कि यह स्थान उन्होंने चुना नहीं अपितु उन्हें इस विषय में ऊपर से आदेश हुआ था।

अरविन्द ने पांडिचेरि जाने के विषय में किसने क्या व्यवस्था की और किस प्रकार यह निश्चय हुआ तथा क्या व्यवस्था की गई, इस विषय पर नागेन्द्रकुमार गुहा राय ने कभी एक वक्तव्य दिया था, सुकुमार मित्तर ने भी उनकी पुष्टि की थी। उनका सारांश इस प्रकार था–

अरविन्द ने मोतीलाल को कहा कि उनका यहां से जाने का प्रबंध किया जाए। मोतीलाल ने उत्तरपाड़ा में अमर चटर्जी को एक पत्र लिखा जिसमें उन्होंने अरविन्द के चंद्रनगर से जाने की बात कही। उन्होंने लिखा कि वे 31 मार्च को एक नौका द्वारा यहां से चलेंगे, इसलिए उनको चाहिए कि वे डुमुर तिलाघाट पर उस नौका को बदलने की व्यवस्था करे। वहां से उनको फैरी में बिठाकर 'डुप्ले' स्टीमर पर चढ़ाये। उसके बाद के अन्य प्रबंध सुकुमार मित्तर करेंगे। उन्होंने यह भी प्रबंध किया था कि कलकत्ता के घाट पर सुकुमार मित्तर उपस्थित रहें।

इस प्रकार मोतीलाल ने एक अन्य पत्र कलकत्ता में सुकुमार को लिखा उसमें भी उन्होंने अरविन्द के चंद्रनगर से पांडिचेरि जाने तथा इस यात्रा की उचित व्यवस्था करने की बात लिखी और यह भी लिखा कि यह सब प्रबंध गुप्त रीति से हो, किसी को इस विषय में जानकारी नहीं होनी चाहिए। उनको कहा गया कि वे अरविन्द को कलकत्ता के घाट पर भेंट करें। उनके पास 'डुप्ले' स्टीमर का टिकट होना चाहिए। जिससे कि वे पांडिचेरि की यात्रा कर सकें। उसके साथ एक सहायक भी जायेगा, उसका टिकट भी लेना होगी।

अरविन्द ने चंद्रनगरं से पांडिचेरि प्रस्थान की सूचना किसी को कानोंकान भी नहीं होनी चाहिए, इसके लिए बहुत सावधानी बरतने की व्यवस्था की गई

थी और सब संबंधित व्यक्तियों को तदनुसार सूचित किया गया था। उन दिनों का कैसा तनावपूर्ण और भयावह वातावरण था, इसकी कल्पना वर्तमान पीढ़ी कदाचित ही कर सके। उन दिनों सुकुमार मित्तर के मान पर गुप्तचर विभाग की गिद्ध-दृष्टि रहती थी। जब से अरविन्द वहां रहने लगे थे तब से यह दृष्टि और कड़ी होने लगी थी। ऐसी स्थिति में जो काम सुकुमार मित्तर को सौंपा गया था, वह बड़ा ही कठिन था।

सुकुमार मित्तर को ज्योंही मोतीलाल का पत्र मिला, उसने नोआखाली के एक राष्ट्रीय आंदोलन के कार्यकर्त्ता नगेन्द्र को अपने पास संजीवनी के कार्यालय में बुलाया और उनको दो ट्रंक देते हुए कहा कि वह उनके अपने मैस में जहां वह रहता है, ले जाएं। नगेन्द्र ने हंसी में पूछा, ''क्या इनमें बम रखे हैं?''

सुकुमार ने उनको कहा कि इन बक्सों में क्या है, इसकी वह चिंता न करें, उसका काम तो केवल उन बक्सों को अपने पास रखना है। नगेन्द्र उनको अपने साथ ले गया। अगले दिन सुकुमार ने फिर नगेन्द्र का बुला कर उसे कुछ पैसे दिए और कहा कि वह 'डुप्ले' स्टीमर से कोलम्बो के लिए दो सेकंड क्लास के टिकट खरीद कर रखे। कोलम्बो के टिकट इसलिए खरीदे गये कि जिससे पुलिस को किसी प्रकार का संदेह न हो। सुकुमार ने, 'संजीवनी' के ग्राहकों में से दो नाम चुने, जिससे कि यदि नामों की छानबीन होने लगे तो यह विदित हो जाए कि नाम वास्तविक है, जाली नहीं। उसमें उन नामों से टिकट खरीदने के लिए कहा। यदि पुलिस को किसी प्रकार का संदेह हो भी गया तो जांच-पड़ताल की दिशा कोलम्बो की ओर होगी न कि पांडिचेरि की ओर। नगेन्द्र को डबल केबिन आरक्षित करने के लिए कहा गया था, जिससे कि दोनों यात्री एक साथ रह सकें। सुकुमार ने टिकटों को नगेन्द्र के पास ही रखे रहने की बात कह दी थी।

31 मार्च 1910 को सुकुमार ने नगेन्द्र और सुरेन्द्रकुमार चक्रवर्ती को बुलाकर कहा कि वे उन दोनों बक्सों को लेकर बागबाजार घाट पर जाए, वहां से एक नाव किराए पर करके उन दोनों बक्सों को चांदपाल घाट पर जाकर 'डुप्ले' स्टीमर के अंदर रख दें। उनको कहा गया कि निश्चित समय पर दो यात्री आयेंगे, वे उनको लेकर जायेंगे। वे उस नौका पर सवार होंगे, जिनको वे किराये पर लेंगे और फिर उससे वे स्टीमर पर जायेंगे।

नगेन ने आशंका व्यक्त की कि उन दो व्यक्तियों को पहचानेगा कैसे? सुकुमार ने कहा कि इस संबंध में उसने सुरेन की सारी बात विस्तार से समझा दी है। अचानक नगेन की आत्म-प्रेरणा-सी हुई और उसने विचार कर लिया कि इस स्टीमर पर जाने वाला अन्य कोई नहीं अरविन्द ही होंगे। उसने सुकुमार से पूछा, ''क्या यह आपके औरो दा ही हैं जो इस स्टीमर से कोलंबो जा रहे हैं?''

सुकुमार को यह सुनकर बड़ा आश्चर्य हुआ। वह मुस्कराया और फिर उसने कहा, ''तुम्हारा अनुमान तो बिलकुल ठीक है। किन्तु तुमको यह सब किस प्रकार विदित हुआ?''

''बस, यों ही। मुझे लगा कि वे ही हो सकते हैं।''

''हां, यह ठीक है। किन्तु सावधान रहना, किसी अन्य को इस विषय में कुछ भी ज्ञात नहीं होना चाहिए।''

अमर चटर्जी और मनमथनाथ विश्वास ने उत्तरपाड़ा में एक नाव किराये पर ली और उससे वे डुमरतला घाट पर अरविन्द से जा मिले। उनको उन्होंने अपनी नाव में बिठाया और कलकत्ता की ओर चल पड़े। किन्तु जैसी कि व्यवस्था की गई थी, तदनुसार न तो सुकुमार और न विजय नाग उनको मिलने के लिए निर्धारित स्थान पर आए। इससे उनको बड़ा आश्चर्य हुआ। इस विषम परिस्थिति में अमर ने एक गाड़ी किराये पर ली और अरविन्द को लेकर वह कॉलेज स्क्वेयर में सुकुमार के घर पर जा पहुंचे। गाड़ी को घर से काफी दूर पर रुकवाया गया और अमर ने मनमथ को कहा कि वह सुकुमार के घर जाकर उसके विषय में पता करे। मनमथ वहां गया, किन्तु उसे वहां कोई मिला ही नहीं। इससे उन्होंने अनुमान लगाया कि निश्चय ही सुकुमार उनको मिलने के लिए गया होगा, इसलिए वे उल्टे घाट की ओर चल पड़े।

हुआ यह कि नगेन और सुरेन, जिनको घाट पर अरविन्द को मिलना था, उनको नदी पार करने में कुछ विलम्ब हो गया, इसलिए वे निर्धारित समय और निर्धारित स्थान पर नहीं पहुंच सके। अरविन्द के न मिलने की सूचना देने के लिए वे सुकुमार के पास आए। सुकुमार ने तब उनको कहा कि वे चांदपाल घाट जाकर वहां रखे हुए उन दोनों बक्सों को वापस ले आए।

शाम के छः से अधिक का समय हो गया था। सुरेन ने बीच में ही कार्य छोड़ दिया। नगेन ने देशा कि जो डॉक्टर स्टीमर में जाने वाले यात्रियों का निरीक्षण-परीक्षण करता है, वह सबका निरीक्षण-परीक्षण कर घर चला गया है। उनको उन सबको स्वास्थ्य के प्रमाणपत्र दे दिए हैं। नगेन तब कैप्टन से मिला, उसने डॉक्टर के घर का पता लिया और केबिन से दोनों बक्से उठाकर वहां से चल दिया।

जिस कुली के माध्यम से नगेन ने बक्से उठाये थे, उसने नगेन से कहा कि वह डॉक्टर का घर जानता है और डॉक्टर के नौकर से उसकी अच्छी जान-पहचान भी है। यदि वह चाहे तो उससे उसकी व्यवस्था कर सकता है। उसने कुली से घाट पर प्रतीक्षा करने के लिए कहा और स्वयं सुकुमार को ढूंढने के लिए चल दिया।

उसने देखा कि सुकुमार उसकी ही प्रतीक्षा कर रहा है। सुकुमार ने उससे कहा कि वह भागकर घाट पर जाए और वहां अरविन्द और अमर से मिले, वे वहीं पर उसकी प्रतीक्षा कर रहे हैं। उसने कहा कि वह उनको टिकट भी दे दे और डॉक्टर के प्रमाणपत्र की व्यवस्था भी कर दे। इसके लिए उसने नगेन को कुछ और अधिक धन दिया जिससे डॉक्टर की फीस आदि दी जा सके।

नगेन उल्टे पांव घाट पर गया तो उसने एक गाड़ी में अरविन्द और अमर के साथ उसकी प्रतीक्षा करते हुए पाया। नगेन को कुली ने बताया और कहा कि जिन यात्रियों की वह प्रतीक्षा कर रहा था, वे आ गये हैं। नगेन ने उस गाड़ी में बक्से रखवाये। वह स्वयं गाड़ी में बैठा और कोचमैन के साथ उसने कुली को भी बैठा लिया।

उस गाड़ी में वे चौरंघी गये। डॉक्टर वहीं रहता था। कुली ने डॉक्टर को बुलवाया। इस अवधि में नगने ने उनको टिकट दिये और किस नाम से आरक्षण किया गया है, वे नाम भी बता दिये। उन दोनों के घर का पता भी उसने उन्हें बता दिया। उसने अरविन्द को डॉक्टर की फीस के पैसे दे दिए। यह पैसे उसको सुकुमार ने दिए थे।

उन्हें डॉक्टर के लिए आधे घण्टे तक प्रतीक्षा करनी पड़ी। उस अवधि में वे परस्पर बड़े धीमे-धीमे बातें करते रहे। अरविन्द तो कुछ बोले ही नहीं।

कुली को अरविन्द के विषय में कुछ संदेह हुआ कि वे कुछ डर-से रहे हैं तो उसने नगेन से कहा। नगेन ने उसे समझाते हुए कहा कि ऐसी कोई बात नहीं है। केवल उन्हें मलेरिया है, इस कारण दुर्बल दिखाई दे रहे हैं इसलिए उसे लगा रहा होगा कि डरे-डरे-से हैं।

किन्तु कुली का इससे कदाचित समाधान नहीं हुआ। वह सीधा अरविन्द के सम्मुख गया और उनके सामने खड़ा होकर कहने लगा, "बाबूजी! आप डरे-डरे-से क्यों हैं? डॉक्टर तो बहुत भला आदमी है। इसलिए आपको डरने की कोई आवश्यकता नहीं है।"

उसने अरविन्द का हाथ हिलाया। उसके तीनों साथी एक-दूसरे को देखने लगे। उसके इस विचित्र व्यवहार पर उनके मुख पर मुस्कराहट छा गई। अरविन्द भी मुस्करा दिया।

शीघ्र ही डॉक्टर का नौकर आया और दोनों को भीतर ले गया। लगभग 15 मिनट बाद वे दोनों अपने-अपने स्वास्थ्य-प्रमाणपत्रों के साथ बाहर आ गये। उस अल्पावधि में ही यूरोपियन डॉक्टर ने अनुभव कर लिया कि अरविन्द की अंग्रेजी भाषा विशुद्ध है, ऐसी आमतौर पर बंगाल में नहीं देखा जाता। तब उसको बताया गया कि उनकी शिक्षा इंग्लैंड में हुई है।

उसके बाद उसी गाड़ी से वे सब चांदपाल घाट गये। उस समय अरविन्द के चेहरे पर किसी प्रकार का तनाव अथवा उत्सुकता के लक्षण नहीं दिखाई दे रहे थे। किंतु अमर और नगेन आदि चिंतित थे, क्योंकि जिस प्रकार की व्यवस्था की गई थी, उस प्रकार सब ठीक-ठाक नहीं चल पा रहा था। किन्तु अरविन्द, जिसके लिए यह सब व्यवस्था की जा रही थी, वे अविचल भाव से यात्रा पर चल रहे थे। उस समय पहली बार नगेन ने अरविन्द की निर्भीकता का अनुभव किया था। इससे पूर्व उसने अरविन्द को देखा भी नहीं था।

जिस समय वे चांदपाल घाट पर पहुंचे, उस समय रात्रि के 11 बज रहे थे। वे सब अपने बक्सों के साथ अपने लिए आरक्षित केबिन पर चले गये। विजय ने अरविन्द का बिस्तर लगाया। नगेन और अमर अरविन्द के सामने खड़े रहे। उत्तरपाड़ा के जमींदार राजेन्द्र मुखर्ज़ी ने जो धनराशि दी थी अमर ने वह राशि अरविन्द को पकड़ाई। उसके बाद उन्होंने वहां से विदा ली। नगेन ने उनको प्रणाम किया और दोनों नीचे चल दिए।

अरविन्द और विजय के उस समय जो नाम दिये गये थे, वे थे– ज्योतिन्द्रनाथ मित्तर और बंकिमचंद्र बसक। इन नामों के विषय में जो जानते थे वे थे–मोतीलाल रॉय, सुरेश चक्रवर्ती जो उस समय पांडिचेरि में था, अमर चटर्जी, मनमथनाथ विश्वास, सुरेन्द्र कुमार चक्रवर्ती, सुकुमार मित्तर, नगेन्द्रकुमार गुहा रॉय, विजयकुमार नाग जो स्वयं अरविन्द के साथ यात्रा कर रहा था और उत्तरपाड़ा के जमींदार राजेन्द्रनाथ मुखर्जी।

1 अप्रैल 1910 की बहुत प्रातःकाल स्टीमर ने कलकत्ता से प्रस्थान किया।

❑❑❑

# आध्यात्मिक क्रांति

अरविन्द के शिष्यों एवं भक्तों की मान्यता है कि उन्होंने जीवन को अस्वीकार नहीं किया था। इससे भी अधिक उन्होंने पूर्ण निश्चय के साथ पृथ्वी पर मनुष्य के लिए एक महानतम जीवन की खोज हेतु राजनीति से संन्यास लिया था। नये जीवन के रूप में मनुष्य के विकास से संबंधित उनके अंतर्दर्शन और अंतर्मन को पृथ्वी पर ले जाने की उनकी साधना कोई चीज नहीं थी, जिसे सरलता से सराहा जा सके। फिर भी, जिन लोगों ने वास्तविक उत्सुकता से पाडिचेरि से आने वाले प्रकाश की प्रतीक्षा की, उन्हें दीर्घकाल तक प्रतीक्षा नहीं करनी पड़ी। उनके लिए 1914 का वर्ष वास्तव में एक महत्वपूर्ण वर्ष रहा, जबकि उस वर्ष 15 मार्च से प्रकाशित होने वाले पत्र ''आर्य'' के द्वारा यह प्रकाश उन तक पहुंचने लगा, जब अरविन्द की आध्यात्मिक सहयोगिनी ''मां'' पांडिचेरि में उनसे मिलीं।

इसके साथ ही उन्होंने वहां पर अनेक कृतियों की रचना आरंभ की। अपने अंग्रेजी के ग्रंथ ''द आइडियल ऑफ ह्यूमन यूनिटी'' में उन्होंने उन सिद्धांतों का प्रतिपादन किया है, जो आज मानवता को परेशान और पीड़ित करने वाली जटिल समस्याओं का समाधान प्रस्तुत करने में समर्थ थे। उसके प्रथम अध्याय में उन्होंने लिखा–

''यह अवश्य ध्यान में रखना चाहिए कि कोई महानतम सामाजिक या राजनीतिक एकता आवश्यक रूप में स्वयं में वरदान नहीं होती। इसके पीछे केवल तभी तक लगे रहना चाहिए जब तक कि यह और अधिक अच्छा, सम्पन्न, सुखी और शक्तिशाली व्यक्ति और सामूहिक जीवंत का साधना व ढांचा प्रदान न करे। परन्तु अब तक मनुष्य का अनुभव इस दृष्टिकोण के अनुकूल नहीं रहा है कि निकटरूप से ऐक्यवद्ध और पूरी तरह संगठित विशाल जनसमूह किसी सम्पन्न और शक्तिशाली मानव जीवन के लिए उपयुक्त है। ऐसा प्रतीत हो सकता है कि सामूहिक जीवन सौहार्दपूर्ण, विविध और लाभकारी तभी सिद्ध हो सकता है, जब वह अपने को लघुत्तर प्रदेश और सरल संगठनों में केंद्रित कर सके।

''यदि हम मानवता के अतीत पर, जहां तक हमें ज्ञात है, चर्चा करें तो पायेंगे कि मानव जीवन की आकर्षक कालावधियां और जीवन चर्चा, जिसमें वह सर्वाधिक सम्पन्नता से जीवित रही और अपने पीछे सर्वाधिक मूल्यवान परिणाम छोड़े, संक्षेप में उन युगों और देशों से संबद्ध है, जहां मानवता एक-दूसरे के साथ घनिष्ठ रूप में क्रियाशील रहते हुए वह किसी एकरूपता में समा नहीं गई थी और छोटे व स्वतंत्र केन्द्रों में संगठित होने में समर्थ रहीं।

''परंतु अब हम एक भिन्न प्रकार में जी रहे हैं, जहां लोगों ने मानवता के सामाजिक, प्रशासनिक और राजनीतिक एकीकरण का स्वप्न देखना आरम्भ कर दिया है। एक विशाल संगठन की आवश्यकता होगी, जिसके अंतर्गत व्यक्तिगत और क्षेत्रीय दोनों प्रकार का जीवन कुचल दिया जाएगा, बौना बना दिया जायेगा तथा पानी, हवा, धूप से हीन पौधे की भांति उसे अपेक्षित स्वतंत्रता से रहित कर दिया जायेगा तथा इसका तात्पर्य मानवता के लिए यह होगा कि जीवन में एक संतोषप्रद तथा उल्लासपूर्ण चहल-पहल की पहली लहर आयेंगी, इसके बाद ज्यों-त्यों करके जीवन निर्वाह में गतिरोध और अंत में क्षय।

''फिर भी मानवता की एकता स्पष्टतया प्रकृति की संभावित योजना है और ऐसा अश्वय होना चाहिए। केवल इस एकता को दूसरी परिस्थितियों और एहतियात के साथ होना चाहिए ताकि जाति और प्राणशक्ति की जड़ों में यह सुदृढ़ रहे और अपने एकत्व में वैभवपूर्ण समृद्ध एवं विविध बनी रहे।

''जिस रक्षा शक्ति की आवश्यकता है, वह एक नया मनोवैज्ञानिक तत्त्व है, जो शीघ्र ही मानवता के लिए आवश्यक ऐक्यबद्ध जीवन की रचना करेगा और बाध्य करेगा कि यह स्वतंत्रता के सिद्धांत का स्वागत करे। ऐसा लगता है कि वह विकासमान शक्ति मानवता का धर्म हैं। जिसका उस ओर को झुकाव है, क्योंकि यह मानव एकता को सार्थक बताता है।

''यह जाति विचार को रखते हुए भी व्यक्ति स्वाभाविक मान समुदाय का सम्मान करता है। किन्तु इसका वर्तमान बौद्धिक रूप शायद ही पर्याप्त हो। विचार अपने आपमें तथा अपने प्रभावों में शक्तिशाली नहीं है कि वह जाति के समस्त जीवन को अपने अनुभव से गढ़ लें। कारण इसे मनुष्य प्रकृति में अहंकार युक्त पक्ष के आगे जो एक समय हमारी सम्पूर्ण सत्ता थी, और अभी भी उसका नवदशमांश है और जिसके साथ इसके बृहत्तर विचार का संघर्ष रहता है, बहुत अधिक झुकना पड़ता है दूसरी ओर क्योंकि यह मुख्यतया तर्क को अपना आधार मानता है, यह यांत्रिक समाधान की ओर आसानी से मुड़ जाता है। कारण बौद्धिक विचार अंत में सदा अपने यंत्र का बंदी बन जाता है, वह अपनी ही अत्यधिक बंधनकारी क्रिया का दास बन जाता है। तब एक नया विचार इस तर्कसंगत यंत्र

की एक ओर प्रवृत्ति को लिए हुए उसके विरुद्ध खड़ा हो जाता है और इस यंत्र को तोड़-फोड़ देता है, किंतु वह उसे इसलिए तोड़ता है कि अंत में वह उसके स्थान पर एक दूसरी यांत्रिक प्रणाली की, किसी अन्य मत, सिद्धांत या आचार पद्धति की स्थापना कर सके।

''मानवता का आध्यात्मिक धर्म भविष्य की आशा है। इस धर्म से हमारा अभिप्राय वह धर्म नहीं है, जिसे साधारणतया लोग एक सार्वभौम धर्म, प्रणाली, मत, बौद्धिक विश्वास, सिद्धांत एक बाह्य विधि कहते हैं। मनुष्य जाति इन साधनों द्वारा एकता प्राप्त करने का प्रयत्न कर चुकी है, परन्तु उसके हाथ असफलता ही लगी और वह असफलता की अधिकारी भी थी, कारण एक ऐसी सार्वभौमिक पद्धति हो भी नहीं सकती, जो मानसिक विश्वास और प्राणिक रूप के एक हो। आंतरिक भावना एक अवश्य हैं, किंतु अन्य सबसे अधिक आध्यात्मिक जीवन अपनी आत्माभिव्यक्ति तथा विकास के साधनों में स्वतंत्रता और विविधता आग्रही होता है। मानवता के धर्म के अर्थ यह विकासशील उपलब्धि है कि एक गुप्त आत्मा एवं एक दिव्य सद्वस्तु, का अस्तित्व है, जिसमें सब एक हैं और मानवता आज इस भूतल पर उसकी अभिव्यक्ति का सर्वोच्च साधन है, जिसके द्वारा वह क्रमशः यहां अपने आपको प्रकट करेंगी। इसका अभिप्राय यह है कि इस ज्ञान को जीवन में चरितार्थ करके पृथ्वी पर इस दिव्य आत्मा का राज्य स्थापित करने के लिए अधिकाधिक प्रयत्न किये जाएं। हमारे अंदर विकास होने से अन्य साथी मनुष्यों के साथ एकत्व भावना हमारे समस्त जीवन का प्रमुख सिद्धांत बन जायेगी। यह केवल सहयोग का सिद्धांत नहीं अपितु अधिक गहरे भ्रातृत्व का, एकता और समानता की वास्तविक एवं आंतरिक भावना तथा सर्वसमान्य जीवन का सिद्धांत बन जायेगा।

''व्यक्ति को यह अनुभव करना होगा कि अपने साथियों के जीवन में ही उसके अपने जीवन की पूर्णता निहित है। जाति को भी यह अनुभव करना होगा कि अपने साथियों के जीवन में ही उसके अपने जीवन की पूर्णता निहित है। जाति को भी यह अनुभव करना होगा कि व्यक्ति के स्वतंत्र और पूर्ण जीवन पर ही उसकी अपनी पूर्णता, स्थाई सुख परस्पर निर्भर है। इस धर्म के अनुसार एक ऐसा अनुशासन एवं मुक्ति का मार्ग अर्थात् एक ऐसा साधन होना चाहिए जिसके द्वारा प्रत्येक मनुष्य इसे अपने अन्दर विकसित कर ले, जिससे कि यह जाति के जीवन में भी विकसित हो सकें।

''इसका क्या अर्थ है। इसके संबंध में यदि हम पूरा-पूरा जानना चाहें तो यह एक इतना बड़ा विषय बन जायेगा कि इसका विवेचन करना संभव नहीं होगा। केवल इतना कहना ही काफी है कि अंतिम मार्ग इस दिशा में है। यह सत्य

है कि यदि यह भी और सबकी तरह एक विचार मात्र है तो इसका भी वही हाल होगा जो और विचारों का होता है। किंतु यदि यह हमारी सत्ता का सत्य है तो यह अवश्य ही ऐसा सत्य है, जिसकी ओर सब बढ़ रहे हैं और इसी में एक मूलभूत आंतरिक, पूर्ण और वास्तविक मानकर एकता के साधन प्राप्त होने चाहिए, यही एकता मानव जीवन के एकीकरण का एकमात्र सुरक्षित आधार बन जायेगी।

"आध्यात्मिक एकत्व ही मनुष्यजीवन के उच्चतर आदर्श का आधार होगा, क्योंकि यह एक ऐसी मनोवैज्ञानिक एकता उत्पन्न कर देगा, जो किसी बौद्धिक या बाह्य एकरूपता पर आधारित नहीं होगी और जीवन की उस एकता को अवश्य ही उत्पन्न कर देगी, जो एकीकरण के यांत्रिक साधनों से बंधी नहीं होगी, वरन् एक स्वतंत्र आंतरिक विविधता तथा सुरक्षित एकता को समृद्ध बनाने के लिए सदा तैयार रहेगी।

"यह अनुभूति यदि मनुष्य जाति में शीघ्र ही विकसित हो सकी तो एक एकीकरण की समस्या को आंतरिक सत्य से लेकर बाह्य रूपों तक एक गम्भीर और सच्चे तरीके से उलझा सकेंगे। तब तक यांत्रिक साधनों द्वारा इसे चरितार्थ करने का हमारा प्रयत्न चालू रहना ही चाहिए। किंतु मनुष्य जाति की उच्चतर आशा इसमें है कि इस सत्य को प्राप्त करने वाले और इसे अपने अंदर विकसित करने वाले मनुष्यों की संख्या बढ़ती जाए जिससे कि जब मनुष्य का मन अपनी यांत्रिक प्रवृत्ति से मुक्त होने के लिए तैयार हो जाए। यह शायद तब होगा जब उसे यह पता लग जाएगा कि उसके सब यांत्रिक समाधान अस्थाई और निराशाजनक है, तो आत्मा का सत्य प्रकट हो सके, उसकी सर्वोच्च संभवनीय और मनुष्यजाति को प्रसन्नता और पूर्णता का मार्ग दिखा सके।"

अरविन्द के इन विचारों को पढ़कर शनैः शनैः उनके शिष्य एवं अनुयायी तथा सहयोगी लगभग सभी क्रांति के मार्ग से विरक्त होते गये। किंतु वे अरविन्द की भांति साधक भी नहीं बन पाये।

❑❑❑

# पांडिचेरि

मोनी अर्थात् सुरेश चक्रवर्ती 31 मार्च 1910 को ही पांडिचेरि पहुंच गया था। वहां जाकर वह श्रीनिवासाचारी से मिला और उनको बताया कि 4 अप्रैल को अरविन्द वहां पहुंच रहे हैं। किंतु श्रीनिवासचारी तथा अन्य किसी को भी इस बात पर विश्वास नहीं हुआ। वे यह स्वीकार करने को तैयार नहीं थे कि बंगाल के इतने सुन्दर स्थानों को छोड़कर अरविंद दक्षिण भारत के किसी नगर में रहने के लिये आयेंगे। फिर भी मोनी उनके बराबर एक मकान की व्यवस्था के लिए आग्रह करता रहा। किंतु उसकी बात को किसी ने गंभीरता से ग्रहण किया ही नहीं।

अंत में चार अप्रैल भी आ गया। मोनी ने उनसे पुनः कहा कि कम से कम अस्थाई तौर पर ही सही, एक मकान की व्यवस्था तो कर दो। उसके उत्तर में उन लोगों ने कहा कि जब वे आ जायेंगे तो हम उनके रहने की व्यवस्था कर देंगे। वास्तव में उनको संदेह हो रहा था कि मोनी और कोई नहीं गुप्तचर विभाग का सदस्य है। किंतु यदि वास्तव में ही अरविन्द आते हैं तो वे उनका सार्वजनिक स्वागत करेंगे। मोनी ने इस विषय पर उनसे अनेक तर्क किए और अंत में वह उन्हें यह समझाने में सफल हो गया कि उनका सार्वजनिक स्वागत नहीं होगा। मोनी ने बताया कि वे यहां एकान्तवास के लिए आ रहे हैं, जिससे कि निर्विघ्नता से अपनी साधना सम्पन्न कर सकें।

4 अप्रैल 1910 को मोनी, श्रीनिवासाचारी और भारती तीनों अरविन्द का स्वागत करने के लिए पोर्ट पर गये। उन्होंने अरविन्द और विजय नाग को दो बक्सों के साथ वहां देखा। उस दिन स्टीमर वहां पर बहुत प्रातःकाल 4 बजे पहुंच गया था। चायपान के उपरान्त अरविन्द को कोम्टी चेट्टी स्ट्रीट में शंकर चेट्टि के मकान पर ले जाया गया। उस वर्ष अक्टूबर मास तक अरविन्द उसके मकान में उसके अतिथि के रूप में रहते रहे।

अरविन्द की नानी और कृष्णकुमार मित्तर का परिवार अरविन्द के सुरक्षित पांडिचेरि पहुंचने का समाचार जानने के लिए बड़े उत्सुक थे। वे उनकी पहुंच

की अधिकृत सूचना प्राप्त करना चाह रहे थे। श्री अरविन्द के कलकत्ता से जाने के एक सप्ताह बाद कृष्णकुमार मित्तर के पास एक व्यक्ति आया और कहने लगा कि क्रिमिनल इन्वेस्टिगेशन के डायरेक्टर जनरल सर चार्ल्स क्लीवलैंड जो उन दिनों ग्रेट ईस्टर्न होटल में रह रहा है, उनको गुप्त रूप से सूचना मिली है कि अरविन्द इस समय पांडिचेरि में हैं।

वह भला व्यक्ति केवल इस उद्देश्य से यह सूचना देने के लिए आया था कि मित्तर महाशय अरविन्द के सकुशल होने के विषय में चिंतित होंगे, अतः उसकी चिंता दूर करना वह अपना कर्त्तव्य समझता था।

मई मास में मोतीलाल ने सुदर्शन नामक एक व्यक्ति को पांडिचेरि भेजा, जिससे कि वह अरविन्द के पांडिचेरि पहुंचने के विषय में जानकारी प्राप्त कर उनको सूचना दे।

उसी वर्ष एक फ्रेंच दार्शनिक पॉल रिचर्ड्स पांडिचेरि आया और जब उनको पता चला कि अरविन्द योग साधना के लिए पांडिचेरि आये हैं तो उसने उनसे मिलने की इच्छा व्यक्त की। सर नायडू के माध्यम से यह व्यवस्था हो गई और वह दो दिन तक दो-तीन घण्टे के लिए उनसे मिलता रहा। कालान्तर में कदाचित 1918 में उसने "दि डॉन ओवर एशिया" नामक से एक पुस्तक लिखी। उसमें अरविन्द को एशिया की भावी नेता बताया।

पांडिचेरि पहुंचने पर अरविन्द ने यह घोषित कर दिया था कि बिना किसी अत्यंत विशेष उद्देश्य के वे किसी से मिलना-जुलना पसंद नहीं करते हैं। उन्होंने मोनी और विजय को निर्देश दिया कि आने-जाने वालों को उनसे मिलने के लिए कभी प्रोत्साहित मत करना। इस प्रकार नगर के मध्य में रहते हुए भी वे एक प्रकार से एकान्तवास कर रहे थे। वे शंकर चेट्टि के मकान के ऊपरी मंजिल के एक कमरे में रहते थे और केवल स्नान आदि के लिए नीचे आया करते थे।

इसी मकान में रहते हुए अरविन्द ने 23 दिन का उपवास किया था। विजय और मोनी ही दो ऐसे व्यक्ति थे जो इस विषय में जानते थे, अन्य कोई नहीं जानता था। उपवास के दिनों में भी अरविन्द अपना दैनंदिन का कार्य नियमित रूप से करते रहे थे। उसमें भ्रमण, लेखन और ध्यान भी सम्मिलित था। जब उन्होंने अपना उपवास समाप्त किया तो वे केवल उतना ही भोजन लेते थे जितना वे उपवास से पूर्व लिया करते थे। यह भी नहीं कि जैसे कि उपवास के उपरान्त सामान्यतया किया जाता कि धीरे-धीरे भोजन की मात्रा बढ़ाई जाती है, उन्होंने तो उतना ही खाना आरंभ किया जितना वे उससे पूर्व खाया करते थे।

इस उपवास के कारण अरविन्द को न तो किसी प्रकार की शारीरिक दुर्बलता का भास हुआ और न ही मानसिक दुर्बलता का। किन्तु उपवास के

उपरान्त उनका निष्कर्ष यही था कि भोजन के बिना मनुष्य का जीवन संभव नहीं है।

उस वर्ष कोडियाराम के जमींदार के. वी. रामास्वामी आयंगर जो कि उन दिनों ब्रिटिश सरकार में, दिल्ली में जमींदारों की ओर से लेजिस्लेटिव असेम्बली के सदस्य थे, शंकर चेट्टि के मकान में अरविन्द से मिलने के लिए आये।

हुआ यह कि उनके एक गुरु थे नागाई जपता। उन्होंने एक बार अपने भक्तों और शिष्यों को संदेश भेजा कि वे सब मिलकर उनसे आकर मिलें। क्योंकि अब उनका अंत समय आ रहा है। उस अवसर पर जब आयंगर उनसे मिले तो आयंगर ने अपने गुरु से पूछा कि भविष्य में वे किससे आध्यात्मिक निर्देश प्राप्त करें? उनके गुरु कुछ क्षण ध्यानावस्थित रहे और फिर उन्होंने कहा कि शीघ्र ही उत्तर भारत से एक महान् योगी दक्षिण आयेगा, उसकी सहायता से आप अपनी समस्याओं का समाधान प्राप्त कर सकते हैं।

इसके उपरान्त यह प्रश्न उठा कि उत्तर से दक्षिण में तो हजारों योगी समय-समय पर आते रहते हैं, जिस योगी की बात वे कर रहे हैं, उनको किस प्रकार पहचाना जाए? इसके उत्तर में बाबा ने बताया कि वह योगी दक्षिण में निवास करने के लिए आयेगा और अपने आने से पूर्व वह तीन बातों की घोषणा करेगा।

वे घोषणाएं क्या होगी, इस विषय में स्पष्ट उल्लेख नहीं पाया जाता है। इतना अनुमान लगाया जाता है कि उसमें से एक घोषणा होगी, राजनीति का परित्याग और योगी साधना की ओर प्रवृत्ति।

राजनीति का परित्याग की बात सुनकर ही आयंगर महाशय ने अरविन्द से मिलने का निश्चय किया। उन दोनों की भेंट हुई। दोनों में परस्पर क्या बातें हुई, इस विषय में किसी को कुछ विदित नहीं। न ही अरविन्द ने उन बातों को प्रकाशित किया और न ही आयंगर ने। किंतु इतना निश्चित है कि आयंगर ने अरविन्द की आर्थिक सहायता का आश्वासन दिया और उस समय भी कुछ आर्थिक सहायता देकर गए। किसी क्रांतिकारी राजनीतिक नेता को इस प्रकार सहायता देना उन दिनों बड़े संकट में पड़ने की बात थी, किंतु आयंगर ने यह साहस किया था। यही कारण है कि उन दोनों की भेंटवार्ता के विषय में भी बहुत कम लोगों को बताया गया था। यह भी निश्चित रूप से नहीं बताया गया कि किसी रूप में कितनी सहायता की थी।

प्रथम भेंट के उपरान्त भी आयंगर दो बार पांडिचेरि आकर अरविन्द से मिले। अरविन्द की छोटी-सी पुस्तिका 'योगिक साधन' को उन्होंने वाणी विलास प्रेस में छपवाकर उसकी प्रतियां अरविन्द को लाकर दीं।

के.वी.आर. आयंगर के माध्यम से रामास्वामी आयंगर का भी अरविन्द से सम्पर्क बना। कालान्तर में रामास्वामी आयंगर को तमिल साहित्यिक जगत् में 'वा. रा.' के लघु नाम से प्रसिद्धि मिली थी। वा.रा. तो बाद में अनेक बार पांडिचेरि आकर ठहरते रहे और अरविन्द से भेंट करते रहे।

**अक्टूबर 1910 में आवास परिवर्तन**—अक्टूबर में अरविन्द ने शंकर चेट्टि का मकान छोड़ा और नगर के दक्षिण भाग में रियु सफरिन में सुन्दर चेट्टि के मकान में जाकर रहने लगे। अप्रैल 1911 तक वे उस मकान में रहते रहे।

उसी वर्ष अक्टूबर में मृणालिनी देवी अर्थात अरविन्द की धर्मपत्नी के भाई सौरीन बोस उनसे मिलने के लिए पांडिचेरि आए।

नवम्बर 1910 में कलकत्ता से नलिनीकान्त गुप्त उनसे मिलने के लिए पांडिचेरि आए। उन दिनों उनके साथ मोनी, विजय, सौरीन और नलिनी रह रहे थे।

जिन दिनों वे कोम्टी स्ट्रीट वाले मकान में रहते थे, उन दिनों का जीवन बड़ा कठिन रहा था। मोनी अथवा विजय प्रातःकाल अरविन्द के लिए एक कप चाय बना दिया करते थे। मध्यान्ह में जो भोजन शंकर चेट्टि के यहां बनता था, वहीं भोजन होता था। जिसमें चावल, सब्जी, रसन साबंर होता था। रात्रि में अरविन्द एक कप 'पयस' पिया करते थे। उन दिनों सभी धरती पर ही सोया करते थे। अरविन्द के लिए भी एक पतला-सा बिस्तर था। मोनी और विजय चटाई पर सोते थे। कुछ दिनों बाद मोनी और विजय कभी-कभी अण्डे लाकर अरविन्द के लिए उनका कुछ बना दिया करते थे।

जब उन्होंने रियु सफरिन में किराए के मकान में रहना आरंभ किया तो उन चार लोगों में से प्रतिदिन एक व्यक्ति के भोजन बनाने का क्रम चलने लगा। उस समय का दैनिक क्रम भी पूर्वापेक्षा बदल-सा गया था। उन दिनों प्रातःकाल सभी को चाय, दूध और डबल रोटी मिलने लगी थी। मध्यान्ह भोजन का समय 11.30 से 12.30 के मध्य का निर्धारित कर दिया गया था। उस समय जो भोजन बनता था, उसमें मांस भोजन बढ़ गया था। शेष सब सामान्य भोजन ही होता था।

शाम को 3-4 बजे केवल अरविन्द को एक कप चाय दी जाती थी। रात्रि भोजन में मछली, चावल या सब्जी अथवा दाल बनती थी।

सोने के लिए केवल एक चारपाई थी, जिस पर अरविन्द को सुलाया जाता था। एक मेज तथा दो कुर्सियां भी वहां आ गई थीं। उन दिनों कोई नौकर नहीं था। बहुत बाद में अर्थात् 1914 के बाद एक नियमित नौकर रखा जाने लगा था।

पांडिचेरि आने के बाद प्रारम्भ के तीन महीनों में शाम के समय वहां के निवासी स्वतः लेखन का कार्य करते थे। 'योगिक साधन' पुस्तिका उन्हीं दिनों

की रचना थी। प्रतिदिन उसका एक अध्याय लिखा जाता था। इस प्रकार 7-8 दिन में वह पूर्ण कर दी गई।

जिस दिन उस पुस्तिका का अंतिम अध्याय लिखा गया, उस दिन अरविन्द को लगा कि कमरे के कोने में राजामोहन राय जैसी कोई प्रतिमा थी जोकि धीरे-धीरे अंतरिक्ष में विलीन होती जा रही थी। तब यह कल्पना कर ली गई कि राजा राममोहन राय के निर्देश पर ही थे अध्याय लिखे जा रहे थे।

पुस्तक का 'सम्पादकीय निवेदन' अरविन्द ने लिखा था। उसमें उन्होंने अपने वास्तविक नाम के स्थान पर स्वयं को 'उत्तर योगी' लिखा था।

इस प्रसंग में यहीं पर यह लिख देना उपयुक्त होगा कि सन् 1927 के बाद अरविन्द ने 'योगिक साधन' नामक पुस्तक का प्रचलन और प्रकाशन बन्द कर दिया था, क्योंकि वह पुस्तक उन्होंने लिखी नहीं बल्कि उनकी प्राप्त हुई थी। जैसा कि हम ऊपर की पंक्तियों में लिख आए हैं कि अंतिम दिन उनको राजा राममोहन राय की प्रतिमा अंतरिक्ष में विलीन होती दिखाई दी थी और उन्होंने तब अनुमान कर लिया था कि पुस्तक उनके निर्देश पर लिखी जा रही है।

क्रांतिकारियों को जब विदित हो गया कि अरविन्द पांडिचेरि पहुंच गये हैं तो मनोरंजन गुहा ठाकुर और श्यामसुन्दर चक्रवर्ती ने उनको पत्र लिखकर प्रार्थना की कि वे उनको तथा पार्टी को भविष्य के लिए कुछ निर्देश दे, उनका मार्गदर्शन करें।

अरविन्द ने उनके पत्र का उत्तर दिया।

अपने उत्तर में अरविन्द ने लिखा कि भगवान श्रीकृष्ण ने भारत को स्वतंत्र करने का उत्तरदायित्व संभाल लिया है। इसलिए हम सबको दृढ़ता से योग साधना में लग जाना चाहिए।

जब यह पत्र प्राप्त हुआ तो एक दिन कलकत्ता के विद्यासागर स्ट्रीट ने श्यामसुन्दर के निवास पर सब एकत्रित हुए और उस पत्र को पढ़ा गया।

अप्रैल 1911 में अरविन्द ने सुन्दर चेट्टी का मकान छोड़ा और रियु सेंट लुइस में राघव चेट्टी के मकान में जाकर रहने लगे।

अरविन्द के रियु सेंट लुइस वाले मकान में जाने के उपरान्त मोतीलाल राय पांडिचेरि आए और लगभग डेढ़ मास तक वे वहां रहे। मोतीलाल नगर के किसी अन्य मकान में रहते थे और सप्ताह में दो बार अरविन्द से मिलने के लिए आया करते थे। इस अवधि में मोतीलाल ने उनसे उनकी साधना के विषय में अनेक प्रकार की जानकारी प्राप्त करनी चाही। इससे पूर्व अरविन्द ने मोतीलाल को चंद्रनगर में रहते हुए एक मंत्र दिया था, जिसका वे निरन्तर जाप करते रहते थे। जब मोतीलाल ने उसके जप के विषय में पूछा तो अरविन्द ने कहा कि अब

वे उसका जप करना बंद कर दे। मोतीलाल का वहां आना गुप्त रखने के लिए पिछले द्वार से आया करते थे।

मोतीलाल ने वहां रहते हुए अनुभव किया कि उन दिनों वहां आर्थिक कठिनाई थी। भोजन बनाने की व्यवस्था वहां के निवासी स्वयं सब बारीबारी से करते थे। सब लोग प्रातःकाल स्नान कर लेते थे और अरविन्द सबसे अंत में स्नान करते थे। रात्रि के लिए प्रकाश की भी समुचित व्यवस्था नहीं थी। एक मोमबत्ती अरविन्द के लिए और एक से सारे घर का कार्य चलता था।

सन् 1911 में अरविन्द ने मोनी और नलिनी को लेटिन, ग्रीक और फ्रेंच पढ़ाई थी।

अरविन्द के साथियों के क्षेत्र में ऐसा समझा जाता था कि अरविन्द पांडिचेरि में कुछ दिन साधना करने के उपरान्त पुनः कार्यक्षेत्र में उतरेंगे। 30/3/1924 को लिखी गई दैनिकी के एक पृष्ठ से इसकी पुष्टि भी होती है। उसमें लिखा है, ''जब अरविन्द पांडिचेरि आए तो विचार यही था कि यह साधना कदाचित् छः मास का समय ले, किंतु उसके बाद जितने भी यहां हैं, वे सब वापस अपने-अपने कार्य पर चले जाएंगे। उसके बाद एक वर्ष बीत गया किन्तु तदपि अरविन्द वापस नहीं गए, फिर चार वर्ष की अवधि अंतिम सीमा के रूप में निर्धारित की गई। किन्तु उससे पूर्व ही प्रथम विश्व युद्ध छिड़ जाने से सारी स्थिति में परिवर्तन हो गया।''

1912 में प्रतिमास लगभग दस रुपए की पुस्तकें खरीदी जाती थीं।

जब श्रीनिवासाचारी का कन्या का विवाह का दिन आया तो उस शुभ अवसर पर अरविन्द उनके निवास स्थान पर गए थे।

के. वी. आर. आयंगर मिलने आते रहते थे और उन्होंने कहा भी था कि वे आर्थिक सहायता करेंगे तथा समय-समय पर वे कुछ-न-कुछ भेजते भी रहे, तदपि यह सब अपर्याप्त था।

एक मछुआरा था, नन्दलाल चेट्टी। उसकी नाव भी चलती थी। नंदलाल धनी होने के साथ-साथ पांडिचेरि की राजनीति में भी भाग लेता रहता था। ऐसा समझा जाता है कि वह ब्रिटिश सरकार की किसी योजना के अंतर्गत अपने गुण्डों को सहायता से अरविन्द को फ्रेंच क्षेत्र से बाहर ले जाने का कार्य करेगा। जिससे कि अंग्रेज सरकार उनको बंदी बनाकर उन पर मनगढ़न्त आरोप लगाकर उन्हें कारावास में भेज दे।

इस योजना की सूचना मोनी, नलिनी और विजय के द्वारा अरविन्द को प्राप्त हुई। इसका निराकरण करने के लिए वे सब लोग एसिड की बोतल आदि लेकर एकत्रित हो गए और सब प्रकार की तैयार कर ली, जिससे कि बलात् उसका अपहरण न किया जा सके। किन्तु ऐसा कुछ नहीं हुआ। कालान्तर में

विदित हुआ कि जिस दिन नन्दलाल यह दुष्कृत्य करने वाला था, उसी दिन उसके नाम पांडिचेरि में नन्दलाल की पार्टी के विरोधी पार्टी के कुछ नेताओं के प्रयत्न से नन्दलाल पर कुछ ऐसे गंभीर आरोप प्रमाणित हो गए कि सरकार को उसकी गिरफ्तारी के वॉरण्ट जारी करने पड़े। नन्दलाल को जब विदित हुआ तो इस गिरफ्तारी से बचने के लिए वह पांडिचेरि से मद्रास भाग गया।

15 अगस्त 1912 को अरविन्द का जन्मदिन मनाया गया। वहां के निवासियों के अतिरिक्त तीन-चार लोग नगर में आकर इसमें सम्मिलित हुए।

आर्थिक कठिनाई के कारण वह मकान छोड़ना पड़ा और मिशन स्ट्रीट में एक सस्ते मकान में रहने लगे।

वी. वी. एस. अय्यर को क्रांतिकारी गतिविधियों के कारण बंदी बनाने की योजना का ज्ञान हुआ तो वे भी भागकर रहने के लिए पांडिचेरि आ गए।

सेंट लुइस में रहते हुए एक बार अरविद के मकान में फ्रेंच पुलिस ने आकर तलाशी ली थी। सरकार को संदेह था कि अनेक क्रांतिकारी यहां शरण लिए हुए होंगे, क्योंकि प्रथम विश्व युद्ध से पहले फ्रांस और इंग्लैंड में मैत्री न होने के कारण फ्रांस अथवा उसकी कालोनियों में अंग्रेज विरोधी आंदोलनकर्त्ताओं को शरण देने के लिए प्रोत्साहित किया जाता रहा था। परिणामस्वरूप ब्रिटिश सरकार को फ्रेंच बस्तियों में अपने गुप्तचरों की संख्या में वृद्धि करनी पड़ती थी।

उन दिनों वी. वी. एस. अय्यर, भारती, श्रीनिवासचारी आदि सभी पांडिचेरि में थे और कुछ अन्य लोग भी बाहर से आ गए थे। गुप्तचरों ने अय्यर के मकान के कुएं में बाहर से कुछ आपत्तिजनक कागजातों से भरा एक कनस्तर डाल दिया, जिससे कि जब तलाशी ली जाए तो प्रमाणस्वरूप उनको पकड़ा जा सके। किन्तु यह योजना निष्फल हो गई। हुआ यह कि दूसरे दिन प्रातः अय्यर की महिला नौकरानी ने जब कुंए से पानी निकाला तो वह कनस्तर बाहर निकल आया।

भारती उस समय अरविन्द के पास आकर परामर्श करने लगे कि अब क्या करना चाहिए। अरविन्द ने सुझाव दिया कि फ्रेंच पुलिस को बुलाकर वह कनस्तर पकड़ा दिया जाए, कहा जाए कि वह देखें कि उसमें क्या है? इस प्रकार फ्रेंच पुलिस ने आकर देखा तो उसमें कुछ आपत्तिजनक कागजात और कुछ पत्र-पत्रिकाएं पाए गए है। कुछ कागजों पर काली का चित्र था और बंगला भाषा में उन पर कुछ लिखा हुआ था।

योजना यह भी कि पांडिचेरि में रहने वाले उन सब अवांछित तत्त्वों का संबंध विदेश में रहने वाले श्यामजी कृष्ण वर्मा और मादाम कामा से स्थापित किए जा सके, क्योंकि वे लोग यूरोप में क्रांतिकारी आंदोलन चला रहे थे।

अरविन्द के स्थान की जब तलाशी ली गई तो पुलिस चीफ के साथ एम. नान्दौट नामक एक मजिस्ट्रेट भी आया। तलाशी में कुछ मिला नहीं, कुछ कागजों पर ग्रीक में कुछ लिखा हुआ मिला तो मजिस्ट्रेट ने अरविन्द से पूछा, वे ग्रीक भाषा जानते हैं और जब उनको विदित हुआ कि अरविन्द ग्रीक ही नहीं, लैटिन और फ्रेंच भी जानते है तो नान्दौट का विरोध श्रद्धा में परिवर्तित हो गया। यह सारा कार्य मयुरासन नामक व्यक्ति की साक्षी पर किया गया था। नान्दौट ने उसको झूठा साक्ष्य देने के लिए बहुत डांटा और भविष्य में इसकी पुनरावृत्ति करने पर दुखदायी परिणामों की चेतावनी भी दी। परिणामस्वरूप वह पांडिचेरि छोड़कर ही चला गया।

एक अवसर ऐसा भी आया कि जब यह सुना जाने लगा कि फ्रेंच सरकार अग्रेंज सरकार के दबाव में आकर कदाचित पांडिचेरि में शरण प्राप्त सभी राजनीतिक नेताओं को उसके हवाले कर दे। इस समाचार से सभी लोगों में खलबली मच गई।

एक दिन सुब्रह्मण्य भारती ने अरविन्द के पास आकर कहा, ''क्या आप यह उचित नहीं समझते कि यहां से बाहर जाया जाए?''

अरविन्द ने पहले तो उसकी ओर अपनी पीठ फेर ली और फिर कुछ क्षणों बाद वापस उसी स्थिति में आए और बोले, ''भारतीजी! स्मरण रखिए, मैं पांडिचेरि से एक इंच भी इधर-उधर हिलने वाला नहीं हूं। मैं जानता हूं कि मुझे कुछ भी होने वाला नहीं है। जहां तक आपका प्रश्न है, आप जो चाहें वह कर सकते हैं।''

इसके बाद वे मौन हो गए। भारती और उनके साथियों ने, जैसी कि योजना बनाई थी तदनुसार, जिबति, इण्डो चाइना या फिर त्रिपोली जाने का विचार त्याग दिया।

अक्टूबर 1913 में अरविन्द ने वह मकान भी बदला और रियु फ्रांसिस मार्टिन में आकर रहने लगे। यही मकान कालान्तर में 1914 में 'आर्य' मासिक पत्रिका का कार्यालय बना।

नवम्बर में इस मकान में एक घटना घटित हुई। विजयकुमार नाग का चेचरा भाई नगेन नागक्षय रोग से ग्रस्त था। वह जुलाई में कभी स्वास्थ्यलाभ के लिए पांडिचेरि आ गया। विजय नाग की धारणा यह भी थी कि कदाचित अरविन्द की आध्यात्मिक शक्ति उसको स्वस्थ कर दे, इसलिए उसने भी उसको पांडिचेरि आकर रहने के लिए प्रोत्साहित किया था। नगेन के आ़ जाने से आर्थिक कठिनाई कुछ सुलझने लगी।

नगेन के साथ उसका नौकर वीरेन्द्रनाथ राय भी आया था। वह रसोइए के साथ-साथ सारे मकान का प्रबंधक भी बन गया था। बंगाली होने के नाते वह वहां रहता हुए उन जैसा ही हो गया। किसी ने उसको नौकर नहीं समझा।

एक दिन उन लोगों ने देखा कि वीरेन ने अपना मुण्डन करा लिया है। सुरेश चक्रवर्ती ने इससे प्रेरणा प्राप्त की तो उसने भी अपना मुण्डन करा लिया। यद्यपि वीरेन ने उसको बहुत मना किया, क्योंकि मोनी के विषय में सभी जानते थे कि वह सजा-धजा रहना पसंद करता था। किंतु उस दिन उसने किसी की नहीं सुनी और मुण्डन करा ही लिया।

यह यद्यपि एक घटना मात्र थी, किंतु परिणाम बड़ा विचित्र हुआ।

वास्तव में वीरेन राय बंगाल सरकार की नौकरी पर था। सरकार को जब पता चला कि नगेन स्वास्थ्य-लाभ के लिए पांडिचेरि जा रहा है तो किसी प्रकार वीरेन्द्र राय को उसके नौकर के रूप में नियुक्त करा लिया गया। खुलना में इस पर किसी को किंचित् भी संदेह नहीं हुआ।

वीरेन को पांडिचेरि में रहते हुए सात-आठ मास हो गए थे। वह अब वापस बंगाल जाना चाहता था। उसने बंगाल सरकार को लिखा था कि कोई उसका विकल्प भेजा जाए और उसे अपेक्षा थी कि शीघ्र ही उसका विकल्प यहां पहुंचने वाला है।

व्यवस्था यह थी कि नया आदमी पांडिचेरि आकर मैग्री होटल में ठहरे और फिर वीरेन से आकर मिले, क्योंकि वहां सारे बंगाली ही रह रहे थे, अतः वीरने ने लिख दिया था कि, क्योंकि उसने मुण्डन करा लिया होगा, इसलिए नए आदमी को उनको पहचानने में कोई कठिनाई नहीं होगी। अन्यथा आकर वीरने के विषय में पूछने पर पोल खुल भी सकती है।

जब मोनी ने भी मुण्डन करा लिया तो वीरेन को संदेह हो गया कि वहां के निवासियों को उसकी वास्तविकता का ज्ञान हो गया है कि वह गुप्तचर विभाग का व्यक्ति है। अन्यथा उसके बार-बार मना करने पर भी मोनी जैसा व्यक्ति अपना मुण्डन क्यों कराता?

उस दिन से ही उसके मन में भय समा गया और वह विचलित-सा रहने लगा। कभी-कभी वह मोनी के साथ समुद्र तट पर घूमने के लिए जाने लगा। वह मोनी से पूछता कि वह अब पांडिचेरि से ऊब गया है, वह वापस जाना चाहता है, तो उसको क्या करना चाहिए। मोनी उसको परामर्श देता था कि वह वापस चला जाए। नगेन की वह चिंता न करे। नगेन को वे संभाल लेंगे, किंतु इस वार्त्तालाप से भी वीरेन यही अनुमान लगाता था कि मोनी उसको बेबकूफ बना रहा है, वास्तव में वह जानता था कि वह गुप्तचर विभाग का व्यक्ति है।

उन दिनों जब कभी कोई व्यक्ति उदार हो जाता अथवा जब कभी आर्थिक स्थिति ठीक होती तो उस मकान में कभी-कभी 'मद्यपान' भी चलता था। ऐसे ही एक अवसर पर जब सब लोग हंसी-खुशी की बातें कर रहे थे, वीरेन ने कुछ कहना चाहा। उसने कहा कि वह उन लोगों को एक विचित्र बात बताना चाहता है, जिससे कि उन लोगों में खलबली मच सकती है।

वातावरण तो हंसी-मजाक का था ही। सबने यही सोचा कि वीरेन कोई चुटकुला सुनाना चाहता है या फिर ऐसी ही हंसी की कोई बात सुनाएगा। सबने कहा, "हां, हां बोलो, क्या कहना चाहते हो?"

उसने कहा, "मैं गुप्तचर विभाग का व्यक्ति हूं।"

उसकी बात पर किसी को विश्वास नहीं हुआ। उसकी बात सुनकर सब हंसने लगे। वीरेन ने सोचा कि ये सब लोग पहले से ही सबकुछ जानते हैं, इसलिए उसको मूर्ख बनाने के लिए इस प्रकार हंस रहे हैं।

उसने कहा, "आप मेरी बात पर विश्वास नहीं कर रहे हैं। किंतु मैं आपको वह रुपए लाकर दिखाता हूं, जो मुझे इस कार्य के लिए मिले हैं।"

वह नीचे चला गया। उसकी बात सुनकर सबको बड़ा आश्चर्य हो रहा था। उसने 50 रुपये लाकर अरविन्द के चरणों में रख दिए थे। उसने अरविन्द को यह भी आश्वासन दिया कि उसने न तो अरविन्द के विरुद्ध और न ही किसी अन्य के विरुद्ध कोई रिपोर्ट लिखकर भेजी है।

उसकी दशा विचित्र हो गई। भावुकतावश उसने रोना आरम्भ कर दिया।

सारा वातावरण ही बदल गया। अरविन्द भी मौन रहे।

इसके बाद भी कुछ और दिनों तक वीरेन वहां रहा, किंतु रात्रि को सोते समय वह अपने द्वारा भीतर से बंदर कर लिया करता था। एक मास के बाद वह बंगाल चला गया। उसके बाद वह प्रथम विश्वयुद्ध में मोसापोटामिया चला गया, जिससे कि क्रांतिकारी लोग उससे बदला न ले सकें। उससे भी जब उसको संतोष नहीं हुआ तो फिर 1921-22 में उसने पुलिस विभाग की नौकरी ही छोड़ दी।

चंद्रनगर फ्रेंच कॉलोनी होने से मोनी को वहां से पांडिचेरि अरविन्द के पास धन भेजने में सुविधा होती थी। कुछ क्रांतिकारी लोग भी मोनी को धन देकर पांडिचेरि भेजने के लिए कहते। मोनी अरविन्द की सभी बंगाली और कुछ अंग्रेजी की पुस्तकें भी वहां से प्रकाशित कर रहा था। ऐसा माना जाता है कि चंद्रनगर में दुर्गादास सेठ ने भी अरविन्द के पास पांडिचेरि भेजने के लिए मोनी को बहुत धनराशि दी थी।

फरवरी 1914 में मोनी, नलिनी और सौरीन बंगाल चले गए थे। वे उस वर्ष सितम्बर में वापस आए।

□□□

# 'आर्य' का प्रकाशन

29 मार्च 1914 को 'श्री मां' अरविन्द से मिलने के लिए आईं। उस समय उसकी आयु 37 वर्ष की थी। पॉल रिचर्ड और श्री मां पांडिचेरि में रहते रहे।

अरविन्द पर दबाव डाला जा रहा था कि वे किसी आध्यात्मिक पत्रिका का प्रकाशन आरम्भ करें। जिससे कि संसार उनकी उपलब्धियों से परिचित हो सके और लाभ भी उठा सके।

तब यह निश्चय किया गया कि 15 अगस्त 1914 को अरविन्द के जन्मदिन के अवसर पर इसका प्रकाशन प्रारंभ किया जाए।

पत्रिका का नाम 'आर्य' रखा गया। इसके विषय में अपने एक मित्र को अरविन्द ने लिखा था, ''संसार के लिए यह मेरे बौद्धिक कार्य के रूप में योगदान होगा।''

अरविन्द के विचारों का फ्रांस में प्रचार, प्रसार करने के उद्देश्य से 'रिव्यू डे ला ग्राण्ड सिन्थेसे' भी इसके साथ-साथ प्रकाशित होने लगा था। किन्तु प्रथम विश्व युद्ध ने इसमें व्यवधान डाल दिया और सात अंकों के उपरान्त फ्रेंच पत्रिका का प्रकाशन बंद कर दिया गया।

अरविन्द स्वयं ही पत्रिका के प्रूफ आदि देखा करते थे और उनका आग्रह रहता था कि हर हालत में मास की पंद्रहवीं तिथि को वह डाक में डाल दी जाए। इसका मुद्रण पांडिचेरि के मॉर्डन प्रेस में होता था। अरविन्द स्वयं इसके लिए लिखते थे। सितम्बर में जब मोनी, नलिनी और सौरीन बंगाल से वापस आ गए तो सौरीन को 'आर्य' के कार्यालय का भार सौंपा गया। मानी को घर की व्यवस्था में लगाया गया। आर्य का कार्यालय वहां बनाया गया था जहां श्री मां रह रही थीं। आरंभ में 'आर्य' के केवल दो सौ ही ग्राहक बने थे।

1914 के वर्ष में पांडिचेरि आने के उपरान्त श्री मां नित्य ही सायंकाल चार साढ़े चार बजे अरविन्द से मिलने के लिए आती थीं तो अपने साथ नारियल से बनी मिठाई भी लाया करती थीं।

मोनी और अन्य लोग सायंकाल पांच बजे फुटबाल खेलने के लिए जाया करते थे। श्री मां अरविन्द के लिए कोका बना दिया करती थी, रिचर्ड भी आकर उसमें सम्मिलित हो जाते थे।

प्रति रविवार को अरविन्द तथा उनके सभी साथियों को रात्रिभोज के लिए श्री मां का स्थाई निमंत्रण था। उस दिन अरविन्द साढ़े चार बजे ही उनके स्थान पर चले जाया करते थे। अन्य लोग फुटबाल खेलने के उपरान्त सीधे वहां पहुंच जाया करते थे। रात्रि को खाना खाकर बात करते हुए कभी-कभी रात के नौ बजे तक भी ये लोग वापस अपने निवास स्थान पर लौटते।

अरविन्द ने देशबंधु चितरंजनदास की रचना 'सागर संगीत' का अंग्रेजी पद्यानुवाद किया था। इसके लिए श्री दास ने 1000 रुपये भेजे थे।

मुरारी पुकुर बागान की बिक्री से भी इस वर्ष अरविन्द के पास पर्याप्त धन पहुंच गया था।

मोतीलाल राय को एक पत्र द्वारा निर्देश दिया गया कि वे अपनी सारी राजनीतिक गतिविधियों को बंद कर दें।

बंगाल से 'प्रवर्तक' का प्रकाशन आरम्भ हो गया था। जिसका उद्देश्य बंगालियों को अरविन्द के आदर्श और विचारों से अवगत कराना था।

1920 में जब मोतीलाल अरविन्द से अलग हुए तो 'प्रवर्तक' चंदनगर में संघ का मुख्य पत्र बन गया था, जिसके मोतीलाल एकमात्र नेता थे।

अरविन्द ने लगभग 1913 से ही बाहर के लोगों से मिलना-जुलना कम कर दिया था। वे किसी उत्सव आदि में भी बहुत कम जाया करते थे। 1913 से 1920 तक वे जिन-जिन अवसरों पर बाहर निकले थे वे थे–

1. जोसेफ डेविड, जो कालान्तर में पांडिचेरि के मेयर बने थे, के विवाह पर गए। यह घटना कदाचित 1914 की है।

2. एक तमिल ईसाई सदा औडियार जोकि कारागार के सुपरवाइजर थे, के विवाह पर।

3. कदाचित दो या तीन बार वे विद्याविद कोई श्री शास्त्री से मिले।

4. जहां मोतीलाल राय आकर टिके थे, एक बार उनके निवास स्थान पर गए।

5. जोसेफ डेविड की पुत्री के नामकरण के अवसर पर उसके निवास पर।

6. 1912 में श्रीनिवासाचारी की कन्या के विवाह पर।

7. 1916 में आर्यन स्टोर के उद्घाटन समारोह पर।

अरविन्द ने एक स्थान पर कहा था–"भारत अपने अतीत के उद्घाटन में अपने भविष्य की आशा देखता है। मानव प्रगति के अगले महान् क्रम में, भौतिक नहीं अपितु आध्यात्मिक और अतीन्द्रिय विकास करना है और इसके लिए स्वतंत्र एशिया तथा उसके अंतर्गत स्वतंत्र भारत को अगुआ होना चाहिए, इसलिए उसे विश्व की रक्षा हेतु स्वतंत्रता का प्रयास करना आवश्यक है। जीवित रहने के लिए भारत में स्वराज आवश्यक है–सुखपूर्वक और अच्छी तरह जीवित रहने के लिए

भारत के लिए स्वराज आवश्यक है–सारे विश्व की जीवित रहने के लिए, किसी राष्ट्र के राजनीतिक या भौतिक लाभ के लिए दास के रूप में नहीं अपितु मानव जाति के आध्यात्मिक तथा नैतिक लाभ के लिए स्वतंत्र व्यक्ति के रूप में।''

अरविन्द की यह घोषणा भारतीय स्वतंत्रता संघर्ष की शुरुआत के समय की है। परंतु इसकी प्रतिबद्धता गहन थी, इसलिए उन्होंने भारत के प्राचीन आध्यात्मिक क्रांतिदर्शन तथा उसकी सांस्कृतिक और साहित्यिक विरासत के महत्त्व को सामने लाने के लिए ''आर्य'' द्वारा ही उनका लेखन सामने आया। ये रचनाएं ''एसेज ऑन द गीता'', ''ऑन द वेद'' और ''द फाउडेशन्स ऑफ इंडियन कल्चर'' में संकलित है।

उन दिनों जेम्स कजिन, विलियम आर्चर और जॉन बुडरो के लेखन की बड़ी चर्चा थी। अरविन्द ने उसके प्रतिकार में अपनी लेखनी उठाई और आर्चर के किसी एक लेख पर अरविन्द ने उन दिनों लिखा–

''यह प्रश्न ही नहीं करना चाहिए कि भारत सभ्य है या नहीं, वरन् यह कि उसकी सभ्यता का निर्माण करने वाली मानव संस्कृति का उसे नेतृत्व करना है या पुराने यूरोप के बौद्धिक उद्देश्य का अथवा नये यूरोप के जड़वादी उद्देश्य का नेतृत्व करना है? क्या आत्मा, मन और शरीर का सामन्जस्य अपने आपको हमारी भौतिक प्रकृति के उस स्थूल नियम पर प्रतिष्ठित करेगा, जो केवल बुद्धि के द्वारा नियंत्रित होगा या जिसे अधिक से अधिक एक क्षीण एवं निष्प्रभाव आध्यात्मिक प्रभा का स्पर्श प्राप्त होगा, या फिर क्या आत्मा की प्रबल शक्ति नेतृत्व करेगी तथा बुद्धि, मन और देश की हीनतर शक्तियों को एक उच्चतम सुसंगति, एक विजयी चिर-विकसनशील संतुलन के हित, अधिक उदात्त प्रयत्न करने के लिए बाध्य करेगी?

''भारत को अपनी रक्षा करनी होगी और उसके लिए उसे अपने सांस्कृतिक विधि-विधानों का इस प्रकार निर्माण करना होगा कि वे उसके प्राचीन आदर्श को अधिक तेजस्वी, अधिक घनिष्ट एवं पूर्ण रूप में प्रकट करें। फिर उसे अपने आक्रमण के द्वारा इस प्रकार उन्मुक्त ज्योति की लहरों के आत्मप्रसारी विजयी चक्करों के रूप में उस समस्त जगत् के ऊपर फैला देना चाहिए। जिसे एक बार उसके सुदूर युगों में आविष्कृत किया था, या कम से कम प्रकाश प्रदान किया था। संघर्ष के आने की बात को कुछ काल के लिए स्वीकार करना होगा, तब तक के लिए, जब तक कि विरोधी संस्कृति का आक्रमण जारी है। पर क्योंकि कार्यतः यह पश्चिम की उन्नति विचारधारा से उद्भूत होने वाली सभी श्रेष्ठ वस्तुओं के अभ्युदय में सहायक होगा, अतः इसके परिणामस्वरूप एक उच्चस्तरीय सामन्जस्य का सूत्रपात हो जायेगा और साथ ही एकता की तैयारी भी आरम्भ हो जायेगी।

''उसे अपने तथा मानव प्राणियों के लिए कुछ करना है। अब वह तत्त्व, जो जागृति की जिज्ञासा में तल्लीन है अंग्रेजी ढंग के पूर्वी देशों की जनता पश्चिम के विनयी शिष्य, पश्चिम की सफलता विफलता को दोहराने की नियति भोगती हुई जनता नहीं है, अपितु आज की प्राचीन अवस्मिरणीय ''शक्ति'' अपनी गहनतम आत्मा पर पुन: अधिकार कर रही है, प्रकाश के सर्वोच्च साधन की ओर अपनी मनीषा और अधिक उन्नत कर रही है, धर्म का विशेष विस्तृत रूप और पूर्ण अर्थ खोजने के लिए गतिशील हो रही है।''

इसी प्रकार ''फाउण्डेशंस ऑफ इंडियन कल्चर'' में उन्होंने वेद के संदर्भ में अपने विचार व्यक्त करते हुए ''आर्य'' में लिखा था–

''वेद को जब इस प्रकार समझ लिया जाता है तो वह एक अद्‌भुत उदात्त और शक्तिशाली काव्य रचना ठहरता है। साथ ही उसका यह आकर्षण तो है कि कि वह संसार का सर्वप्रथम तथापि विद्यमान धार्मिक ग्रंथ और मनुष्य, परमेश्वर तथा विश्व की सबसे प्राचीन व्याख्या है। यह अपने रूप और भाषा में कोई बर्बर कृति नहीं है। वेद के कवि उत्कृष्ट काव्यकला में विशारद हैं, उनके स्वर, ताल, देवताओं के रथों के समान अलंकृत और ध्वनि के दिव्य तथा विशाल पंखों पर सवार है, एक साथ ही केन्द्रित तथा सुदूरव्यापी है–गति छन्द में महान, स्वर लहरी में सूक्ष्म हैं। उनकी वाणी गइराई के कारण भावोत्तेजक और ऊंचाई के कारण वीररसमयी होती हुई एक महान् शक्ति का उद्‌गार है, अपनी रूपरेखा में विशुद्ध, साहसपूर्ण और विराट है। एक ऐसी वाणी जो हृदय पर सीधे और सहज रूप से प्रभाव डालती है और जो अर्थ और संकेत से इस प्रकार परिपूर्ण है कि प्रत्येक मंत्र अपने आप में एक सशक्त और पर्याप्त वस्तु के रूप में अपना अस्तित्व रखता है और साथ ही, जो कुछ पहले से विद्यमान है जो बाद में आता है, उन दोनों के बीच के एक बड़े सेतु के रूप में भी अपना स्थान रखता है।

''निष्ठापूर्वक अनुसरण की हुई एक पवित्र और याजकी परम्परा ही उन्हें अपने विषय का बाह्ययरूप और सार तत्त्व उन गहरे से गहरे अंतरात्मिक एवं आध्यात्मिक अनुभवों से गठित होता था, जिन पर मानव आत्मा की पहुंच हो सकती है और वे रूप ह्रास को प्राप्त होकर कदाचित ही कभी रूढ़ि में परिणत होते हैं, या फिर कभी भी नहीं होते। क्योंकि जिस वस्तु को द्योतित करने के लिए अभिप्रेत है, उसे प्रत्येक कवि अपने जीवन में उतारता था और अपने वैयक्तिक अन्तर्दर्शन की सूक्ष्म तथा उदात्त अव्यवस्थाओं द्वारा वह उन्हें अपने मन के लिए अभिव्यक्ति का नया रूप प्रदान करता था।

''विश्वामित्र, वामदेव, दीर्घतमस् तथा अन्य बहुत से ऋषियों के वचन उदात्त और रहस्यमय काव्य की अत्यन्त असाधारण उच्चताओं एवं विशालताओं स्पर्श करते हैं और कुछ एक, सृष्टि सूक्त जैसी कवितायें, भी हैं, जो ओजस्वी और प्रसादपूर्ण रूप में विचार के उन शिखरों पर विचरण करती थीं। प्राचीन भारत

में मन ने कोई भूल नहीं की, जबकि उसने अपने समस्त दर्शन और धर्म का तथा अपनी संस्कृति की सभी प्रधान बातों का मूल इन ऋषि कवियों की वाणी में जा ढूंढा, क्योंकि प्रथम भारतवासियों की समस्त भावी आध्यात्मिकता का बीज अथवा प्रथम आविर्भाव के रूप में वही–उनकी वाणी में ही–निहित है।''

इस लेख के अतिरिक्त भी अरविन्द ने वेद पर पृथक से भी लेख लिखा। जिसका शीर्षक था ''ऑन द वेद''। इसमें क्या वेद के विषय में कोई गोपनीयता है, इस प्रश्न के विवेचना आरम्भ करते हुए उन्होंने इस विषय वस्तु पर विचार किया है और व्याख्या के साथ कई ऋचाओं की विवेचना की है।

वेद के अतिरिक्त गीता पर भी अरविन्द ने अपनी लेखनी चलाई है। इसे भारतीय विद्या के संदर्भ में उनकी महान् रचना माना जाता है। इस रचना का शीर्षक था–''द ऐसेज ऑन द गीता।'' उनका कहना है–

''गीता विशिष्ट रूप से असाधारण निष्पन्न कृति है और अपनी अनुभूति में सदैव पुनर्नवीनीकृत होने के कारण यह उसी रूप में आज भी ताजी, स्वच्छ तथा अपने सार तत्त्व में नवीन है, जिस रूप में यह अपनी रचना अथवा महाभारत की रूपरेखा तैयार होने के समय थी। आज भी भारत में इसे उन सिद्धांतों का महान् पुंज माना जाता है, जो सर्वाधिक अधिकार के साथ धार्मिक चिंतन का नियंत्रण करते हैं। इसके उपदेशों को सर्वांग रूप में तो नहीं, परन्तु प्रायः सभी प्रकार के धार्मिक मतों तथा विश्वासों द्वारा सर्वाधिक मूल्यवान माना जाता है। इसका प्रभाव केवल दार्शनिक अथवा शैक्षणिक ही नहीं, अपने चिंतन और क्रियाशीलता दोनों संदर्भों में तात्कालिक तथा जीवंत है। राष्ट्र और संस्कृति के पुनर्जीवन तथा नवीनीकरण के कार्य में गीता के सिद्धांत वास्तविक अर्थ में प्रभावशाली ढंग से सर्जनात्मक तत्त्व के रूप में कार्यरत हैं।''

इन निबन्धों में इसी प्रकार गीता के कथ्य पर विस्तार से अरविन्द ने प्रकाश डाला है। ''आर्य'' की विषयवस्तु भी अब क्रांति एवं राजनीति से हटकर, जैसा कि, ''वन्देमातरम्'', ''कर्मयोगिन्'' अथवा ''धर्म'' के माध्यम से अरविन्द अतीत में लिखते आये थे, अब आध्यात्मिक विषयों पर बल देने लगे थे। स्वाधीनता के विषय में तो उन्होंने पांडिचेरि आने पर कह ही दिया था कि ''भारत की स्वतंत्रता का कार्य अब श्रीकृष्ण ने अपने हाथ में ले लिया है।''

1920 के बाद तो उन्होंने घर से पग ही तब बहार रखा जबकि कभी मकान बदलने की स्थिति आई, अन्यथा वे बिल्कुल भी बाहर नहीं निकले।

कभी-कभी आर्य के प्रूफ रात्रि में विलम्ब से आया करते थे। उसका कारण यह था कि कम्पोजीटर मद्यपायी था। रात्रि में विलम्ब से आने पर अमृत उसको डांटा-फटकारा करता था। एक दिन इसी प्रकार अमृत उसको डांट रहा था कि अरविन्द ने सुन लिया। उस समय उन्होंने कहा–

''तुम्हें उसके वैयक्तिक जीवन में दखल देने का कोई अधिकार नहीं है। उसको किसी प्रकार का परामर्श देना भी अर्थहीन है। उसको मद्यपान की पूर्ण स्वतंत्रता है। तुमको उसको जो बताना चाहिए वह यह कि उससे जो तय किया गया है, उन नियमों का पालन करे और नियमित रूप से तथा समय पर वह प्रूफ दिया करे।''

संभवतया उस समय उसके मस्तिष्क में लोकतन्त्र की भावना प्रबल रही होगी।

प्रथम विश्वयुद्ध छिड़ जाने के कारण 22 फरवरी 1915 को श्री मां को फ्रांस जाना पड़ा। इससे पूर्व 21 फरवरी 1915 को प्रथम बार पांडिचेरि में श्री मां का जन्मदिवस मनाया गया था।

1916 में आर्यन स्टोर का समारम्भ किया गया। यह स्टोर मुख्य बाजार में था। श्री मां ने इसके लिए धन दिया था। सौरीन बोस को इसकी व्यवस्था का भार सौंपा गया था।

उन दिनों चंद्रनगर के हरिधन बनर्जी पांडिचेरि की सेना में प्रथम विश्व युद्ध में भाग लेने के लिए फ्रांस जाने के विचार से प्रशिक्षण प्राप्त कर रहा था। वह समय-समय पर वहां आता रहता था और अरविन्द से भी मिलता रहता था।

उसी वर्ष खाशीराव जाधव अरविन्द से मिलने के लिए पांडिचेरि आये और मैग्री होटल में उनके ठहरने की व्यवस्था की गई।

आर्य का प्रकाशन निरन्तर चल रहा था। अन्य कोई उल्लेखनीय घटना इस वर्षों में नहीं हुई।

दिसम्बर 1918 में अरविन्द की धर्मपत्नी श्रीमति मृणालिनी देवी का इन्फ्लूएंजा के रोग से देहान्त हो गया।

उन दिनों आंध्र के चन्द्रशेखर आय्या पांडिचेरि में ठहरे हुए थे। वे समय-समय पर अरविन्द तथा उनके साथियों से मिलने के लिए आया करते थे।

पुराणी का 1914 से अरविन्द से पत्रव्यवहार चल रहा था और वे दिसम्बर 1918 के अंत में उनसे मिलने के लिए पांडिचेरि आये थे। उस समय मोनी और अमृत भी वहां विद्यमान थे। उस समय वार्त्तालाप के मध्य आर्थिक संकट के साथ-साथ भारत की स्वतंत्रता तथा क्रांतिकारी आंदोलन के पुनर्जागरण के विषय पर भी विचार-विमर्श होता रहा था।

1918 में ब्रिटिश सरकार ने मोटेग्यू चेम्सफोर्ड रिफॉर्म की घोषणा की। एनी वेसेन्ट ने इन सुधारों के विषय में अरविन्द को अपना धारण बताने के लिये पत्र द्वारा आग्रह किया। अब क्योंकि अरविन्द ने बाहरी संसार से एक प्रकार से संन्यास-सा ले लिया था, इसलिए उन्होंने कहा कि उनके नाम का प्रयोग न किया जाए। तदपि उन्होंने इस विषय पर विस्तार से अपने विचार व्यक्त करते हुए एक वक्तव्य उन्हें भेजा। उस वक्तव्य पर उन्होंने ''एक भारतीय राष्ट्रीय''

हस्ताक्षर किये थे। वक्तव्य में उन्होंने इन सुधारों को "चायनीज पजल" और "बहुत बड़ा धूमकेतु" की संज्ञा दी।

कभी 1919-20 में उनकी दाई आंख में पीड़ा होने लगी थी और आंख सूजने के साथ-साथ लाल भी हो जाती थी। उनके साथ रहने वालों का विचार था कि यह सब विशिष्ट सिंगार के कारण संभव है। जिसका धुम्रपान वे किया करते थे। एक दिन शाम को देखा गया कि आंख बहुत सूज गई है। लोगों को चिंता होने लगी तो अरविन्द ने उन्हें आश्वस्त करते हुए कहा, "देखना, दो घंटे के भीतर ही यह सूजन समाप्त हो जायेगी।" और लोगों के आश्चर्य का ठिकाना नहीं रहा कि इस दो घंटे की अवधि में अरविन्द अपना नित्य का कार्य करते रहे और सूजन भी धीरे-धीरे कम होती हुई दो घण्टे के भीतर समाप्त हो गई। उनका यह मानना था कि उनकी आंख की सूजन का सिगार से कोई संबंध नहीं है।

वे कभी-कभी मद्यपान भी कर लिया करते थे। किन्तु 1924 से उन्होंने उसे सर्वदा के लिए त्याग दिया था। इसी प्रकार 1926 में उन्होंने एक दिन धूम्रपान भी सर्वदा के लिए त्याग दिया।

तिलक की सोशलिस्ट डैमोक्रेटिक पार्टी ने बम्बई में एक पत्र प्रकाशित करने का विचार किया तो बैरिस्टर जोसेफ बैपटिस्टा के माध्यम से अरविन्द को पत्र लिखवाया कि वे उसका सम्पादकत्व स्वीकार कर लें इसमें यह विचार भी निहित था कि इस प्रकार अरविन्द पुन: राजनीति में भाग लेने लग जायेंगे। इससे नेशनलिस्ट पार्टी को भी लाभ होगा।

बैपटिस्टा के पत्र के उत्तर में अरविन्द ने लिखा कि आपका पत्र लुभावना तो है किंतु मैं इसकी स्वीकृति देने में असमर्थ हूं। पहली बात तो यह कि वर्तमान स्थिति में मैं ब्रिटिश भारत में आने के लिए इच्छुक नहीं हूं क्योंकि वहां की राजनीतिक तथा प्रशासकीय स्थिति मेरे सर्वथा विरुद्ध होती जा रही है। यदि मुझे यह विश्वास भी दिला दिया जाए कि मुझे किसी भी स्थिति में बंदी नहीं बनाया जायेगा, तो भी मैं इस समय पांडिचेरि छोड़ने के पक्ष में नहीं हूं। मैं यहां किसी उद्देश्य विशेष के लिए आया हूं। पांडिचेरि मेरी तपस्यास्थली बन गयी है। यह तपस्या ऋषि-मुनियों की-सी तपस्या नहीं है, अपितु मेरी अपनी ही प्रकार की तपस्या है। मैं चाहता हूं कि यह स्थान छोड़ने से पूर्व मैं आंतरिक रूप से पूर्णतया सुसज्ज हो जाऊं।

दूसरे, राजनीति अब मेरा कार्य नहीं रह गया है। मैंने अब आध्यात्मिक जीवन स्वीकार कर लिया है। मेरा आध्यात्म भी वह परम्परागत अध्यात्म नहीं है, यह मेरा अपना ही है।

इस प्रकार उन्होंने लम्बा पत्र लिखा और अंत में लिख दिया कि "मुझे खेद है कि मैंने आपको निराश किया है, किंतु मैं विवश था।"

सन् 1920 तक आते-आते अब यह परम्परा-सी बन गई थी कि वहां के निवासी, आनेवाला अभ्यागत, अरविन्द से केवल सायंकाल चार-साढ़े चार बजे के मध्य मिल सकते थे। वे अपनी सुविधानुसार उस समय बाहर आते थे।

सौरीन बोस, जिसको आर्यन स्टोर का दायित्व सौंपा गया था, जब एक बार बंगाल गया तो फिर वापस नहीं आया। उसके साथ नलिनीकांत भी गया था। वह भी वापस नहीं आया। बाद में विदित हुआ कि उन दोनों ने वहां जाकर विवाह कर लिया। बाद में विदित हुआ कि उन दोनों ने वहां जाकर विवाह कर लिया है, यह 1919 की बात है। सौरीन बोस के वापस न आने पर आर्यन स्टोर को बेच दिया गया।

बारीन बन्दी बना लिया गया था और उनको अण्डमान कारागार में भेजा गया था। अण्डमान कारागार में उसकी वीर विनायक दामोदर सवारकर से भी भेंट हुई थी। सन् 1919 में बारीन को कारामुक्त कर दिया गया था। उसने भविष्य की योजना के लिए अरविन्द से परामर्श चाहा तो उन्होंने उसको लम्बा-चौड़ा पत्र लिखा। उसमें उन्होंने अपनी योग साधना आदि के विषय में भी विस्तार से लिखा। तदपि बारीन के वे कोई स्पष्ट निर्देश नहीं दे पाये।

मई-जून 1920 में चंद्रनगर में ''स्टेंडर्ड वियरर' नाम से एक पत्रिका का प्रकाशन प्रारम्भ हुआ। किंतु वह पत्र अधिक दिन तक नहीं चल पाया। इसका मुख्य कारण अरविन्द की ओर से प्रोत्साहन न मिलना था। तब तक प्रवर्तक संघ चंद्रनगर में मोतीलाल राय के नेतृत्व में साधकों का कार्यक्षेत्र बन गया था।

पांडिचेरि में एक बार किसी निवासी ने भोजन के विषय में कुछ शिकायत-सी की कि अच्छा भोजन नहीं मिलता तो अरविन्द ने उसे समझाया कि भोजन के स्वाद का कोई महत्त्व नहीं है। अपने शरीर को स्वस्थ रखने के लिए भोजन की आवश्यकता होती है, जीभ का स्वाद तृप्त करने के लिए नहीं। अच्छे भोजन का अभिप्राय केवल वही माना जाना चाहिए जो शरीर के स्वास्थ्यकर हो, फिर उसका स्वाद कैसे ही क्यों न हो, जहां तक स्वयं अरविन्द का प्रश्न था, उनके सम्मुख जो भी भोजन रखा गया, उन्होंने किया और कभी यह नहीं कहा कि इसका स्वाद ऐसा-वैसा है। नमक है, नहीं है, कम अथवा अधिक है, इसकी भी उनको चिंता नहीं रहती थी।

❑❑❑

# सहयोगिनी श्री मां

श्री मां के उनके निवास आदि की व्यवस्था संभाल लेने पर सबकुछ बदल गया। वे नवम्बर 1920 में उस मकान में रहने के लिए आ गई थीं, जिसमें अरविन्द रहा करते थे। एक दिन मूसलाधार वर्षा में उस मकान में खतरा हो गया था जिसमें श्री मां रहती थीं। अत: रातों-रात उनको तथा उनकी वस्तुओं को इस मकान में लाया गया और तब से वे उनके साथ ही रही। यहीं 24 नवम्बर 1920 की घटना है।

चंद्रनगर से प्रकाशित होने वाली एक पत्रिका ने श्री मां ने ''मैंने अपने कर्त्तव्य को कब पहचाना और मैं कब तथा किसी प्रकार अरविन्द से मिली?'' इस विषय पर लेख मांगा था। श्री मां ने संक्षेप में इस विषय पर लिखकर भेज दिया था।

उसमें उन्होंने लिखा, ''जहां तक अपने कर्त्तव्य को पहचानने का प्रश्न है, उसके विषय में निश्चित तिथि और समय बता पाना बहुत कठिन है। संभवतया वे उसके साथ ही उत्पन्न हुई हों।

''11 तथा 13 वर्ष की आयु के मध्य उन्हें मानसिक और आध्यात्मिक रूप से कुछ ऐसा आभास हुआ कि परमात्मा है और उसको प्राप्त भी किया जा सकता है। उसके लिए विशेष विद्या का पालन करना आवश्यक होगा।... यद्यपि मैं भारतीय धर्म एवं दर्शन के विषय में कुछ विशेष नहीं जानती थी, फिर भी न जाने कैसे कालान्तर में मैंने 'उसको' अपने मन से ही 'कृष्ण' नाम से सम्बोधित करना आरम्भ कर दिया था।

''सन् 1910 में मेरे पति अकेले ही पांडिचेरि आये और किसी प्रकार उनका सम्पर्क श्री अरविन्द से हो गया। उसके बाद हम दोनों का ही यह प्रबल आकांक्षा रही कि हम किसी प्रकार भारत में जाकर रहें। जिस देश की मेरी अन्तरात्मा ने स्वीकार कर लिया था कि यही मेरी मातृभूमि है और सन् 1914 में प्रभु की कृपा हुई और मुझे इस आनन्द की प्राप्ति हो गई।

''ज्योंही मैंने श्री अरविन्द को देखा तो मेरे मस्तिष्क में वह प्रतिभा जागृत हो गई जिसको मैं 'कृष्ण' नाम से जानने लगी थी। तब से मैंने उनके समीप ही यहां भारत में रहकर अपने जीवन के कर्त्तव्य को करने का विचार कर लिया।''

यह संयोग की ही बात है कि डॉ. मुंजे, जो उन दिनों भारतीय राजनीति में हिन्दुत्व का पक्ष प्रतिपादित करने में लगे थे, पांडिचेरि आये और अरविन्द से मिले। वे अरविन्द के ही अतिथि के रूप में रहे और दोनों में भारतीय राजनीति पर पर्याप्त विचार-विमर्श हुआ।

उसी वर्ष उत्तरपाड़ा का अमरेन्द्रनाथ चटर्जी जिसका उन दिनों स्वामी केवलानन्द नाम था और जो साधु के वेश में भारत में भ्रमण कर रहा था, पांडिचेरि आया। वहां उनको पहचानने वाला कोई नहीं था। अमरेन्द्र के विषय में चर्चा करते हुए कभी अतीत में अपने साथियों के सम्मुख उनका नाम ''गैबरियल'' रख दिया था। अब जब मोती को उसकी वास्तविकता के विषय में विदित हुआ तो वह उसको लेकर ऊपर अरविन्द के द्वार पर गया और घोषणा की, ''गैबरियल आया है।' सुनते ही अरविन्द बाहर आये और उसे गले लगा लिया। वहां रहते हुए दोनों में पर्याप्त चर्चा होती रही। उसके बाद आये अन्यान्य साधुओं की व्यवस्था धर्मशाला में कर दी गई थी, किंतु भोजन वे वहीं आकर करते थे। उस समय अरविन्द ने अमरेन्द्र को परामर्श दिया कि अब वह क्रांतिकारी गतिविधियां छोड़ दे। अगले दिन प्रातःकाल अमरेन्द्र और उसके साथ के सभी साधु वहां से प्रस्थान कर गये।

चंद्रनगर में मोतीलाल राय अरविन्द की प्रेरणा से क्रांतिकारी गतिविधियों में संलग्न था। उनको विश्वास-सा था कि अरविन्द कभी न कभी कार्यक्षेत्र में पुनः उतरेंगे। किंतु दिन-प्रतिदिन उसकी यह आशा धूमिल होती गई। एक दिन ऐसा भी आया जब मोतीलाल ने एक प्रकार से अरविन्द से संबंध विच्छेद-सा कर लिया।

जब श्री मां ने 24 नवम्बर 1920 को अरविन्द के साथ रहना आरंभ किया तो वहां के निवासियों में इससे कुछ असुविधा-सी होने लगी। वे उनके वहां आकर रहने से असंतुष्ट-से लगते थे। यह मनुष्य का स्वभाव है कि वह अपने अंतर विकारों को परे फेंकने में कदाचित ही समर्थ होता हो और फिर जो लोग राष्ट्रीयता का कार्य कर रहे हों तथा जहां गुप्त व्यवस्था की आवश्यकता हो, वहां किसी विदेशी का अंतरंग बनकर रहना भी अखरता है। सिस्टर निवेदिता जैसी कुछ हस्तियां इसका अपवाद हो सकती हैं, वे इस श्रेणी में नहीं गिनी जा सकतीं।

मोतीलाल राय ने यह परिवर्तन अर्थात् श्री मां का स्थाई रूप में वहां रहना पसंद नहीं आया। भले ही आरंभ में वह अपनी इस नापसन्दी के विषय में अधिक

जागरूक न रहा हो। भले ही वह स्थाई रूप से चंद्रनगर में ही रहता था, तदपि ऐसी स्थिति में उसने अनुभव किया कि 1914 में उसने जिस प्रवर्तक संघ की स्थापना की है, उनकी अनुपस्थिति में उसका स्थिर रहना कठिन हो जायेगा।

अरविन्द ने मोतीलाल को उसके व्यक्तित्व के पूर्ण परिवर्तन के लिये उसको पांडिचेरि बुलाया। इस कार्य के लिए वह आया भी किंतु चंद्रनगर से निरंतर उसको पत्र आते रहे कि वह वापस चंद्रनगर आ जाये। उसके बिना कार्य में बाधा आ रही है। मोतीलाल ने जब अरविन्द से इस विषय में परामर्श देने के लिए कहा तो उन्होंने कह दिया कि वह स्वयं अपनी अंतरात्मा में झांके और जो वहां से ध्वनि सुनाई दे, उसके अनुसार कार्य करें।

मोतीलाल राय ने प्रयत्न किया, किन्तु किसी प्रकार का निर्णय नहीं कर सका। अंत में चंद्रनगर से अरुणचंद्र दत्त का तार आया कि वह तुरंत चंद्रनगर आ जाये अन्यथा वे सदा-सदा के लिए बिछुड़ जायेंगे। मोतीलाल ने अरविन्द से परामर्श किया। यह तार उसको 10 अगस्त की रात्रि में मिला था। इससे पहले उसका विचार था कि कम से कम 15 अगस्त तक तो वह पांडिचेरि में रहेगा और अरविन्द का जन्मदिन मनाकर जायेगा। किंतु 10 अगस्त को इस प्रकार का तार मिलने पर उसको असुविधा हुई रात्रि में अरविन्द से भेंट होना कठिन था। अत: उसने उनके नाम एक पत्र लिखा और रात्रि की गाड़ी से वहां से चंद्रनगर के लिए प्रस्थान कर गया।

चंद्रनगर का अरविन्द से अलग होने का यह एक प्रकार से प्रारंभ था। यद्यपि उसके बाद भी दो-तीन बार मोतीबाबू ने अरविंन्द से मिलकर इन मतभेदों को मिटाने का यत्न किया था, किंतु जब अरविन्द ने अनुभव किया कि मोती में किसी प्रकार का आंतरिक परिवर्तन हुआ ही नहीं है तो फिर उन्होंने उसे कभी भेंट का अवसर दिया ही नहीं।

कालान्तर में प्रवर्तक संघ के विषय में कहा जाता रहा है कि उसका मुख्य ध्येय समुदाय-संस्कृति और व्यापार जैसा ही रह गया था। संघ में जो कुछ भी आध्यात्मिक प्रेरणा थी, वह आरंभ में अरविन्द के कारण ही थी, अब उनके उससे अलग हो जाने से उतनी-सी आध्यात्मिकता वहां से जाती रही थी। बाद का प्रबर्तक संघ मोतीबाबू और उनके साथियों की रचनामात्र था।

❑❑❑

# सिद्धि की ओर

पांडिचेरि अथवा अरविन्द से प्रवर्तक संघ का संबंध विच्छेद अगस्त 1920 में हुआ था। चंद्रनगर में प्रचलित प्रवर्तक संघ प्रारंभ में अरविन्द से प्रेरणा एवं परामर्श प्राप्त करता रहा था, तदपि उसका मूल क्रांति में ही निहित था, यद्यपि इसकी स्थापना अरविन्द के फरवरी 1910 में ब्रिटिश भारत छोड़कर फ्रेंच शांति क्षेत्र चंद्रनगर एवं तदनन्तर पांडिचेरि चले जाने के उपरान्त ही हुई थी, तथापि चन्द्रनगर निवासियों ने इसे किसी न किसी प्रकार अरविन्द से सम्बद्ध रखने का प्रयत्न किया था। अंत में पांडिचेरि में श्री मां का वर्चस्व स्थापित होने के उपरान्त अरविन्द के अन्यान्य पुराने सहयोगियों से एक प्रकार का जब संबंध विच्छेद-सा होता गया तो चंद्रनगर की गतिविधियों पर भी इसका प्रभाव पड़ा। यहां यह कहना उपयुक्त होगा कि चंद्रनगर पर इसका प्रभाव शीघ्र और स्थाई हो गया।

तदुपरांत पांडिचेरि की गतिविधियों में भी उल्लेखनीय परिवर्तन प्रारंभ हुए। क्षेत्र सीमित और संकुचित-सा होता गया। 1921 से 24 नवम्बर 1926 तक के संक्षित कार्यकलापों की कुछ पृष्ठों पर इस प्रकार समेटा जा सकता है–

सन् 1921 में किसी समय सरला देवी चौधरी पांडिचेरि आकर अरविन्द से मिली।

कर्नल जोसुआ वेजवुड जो उन दिनों भारतीय संसद अर्थात् लेजिस्लेटिव असेम्बली के सदस्य थे, वे भी इस वर्ष किसी समय पांडिचेरि आकर अरविन्द से मिले।

श्री मां के उनके साथ रहने के लिए आ जाने पर उन दिनों वहां की जीवनचर्या अर्थात् उनका दिनचर्या में प्रातःकाल 7 बजे चाय-नाश्ता होता था। नाश्ते में तीन पीस बटर टोस्ट होते थे। साढ़े ग्यारह तक सभी निवासी स्नान कर लेते थे। अरविन्द सबसे बाद में स्नान करते थे। साढ़े ग्यारह से साढ़े बारह तक भोजन। सायंकाल साढ़े तीन बजे चाय। रात्रि की साढ़े नौ बजे भोजन। जिसमें सामान्यतया मछली, दाल, चावल, दही और चपाती होते थे।

कुछ दिनों के लिए वटल नामक एक रसोइसा रखा गया था। जब किसी कारणवश उसको निकाल दिया गया तो उसने हंगामा मच दिया कि वह

मुसलमान फकीर के माध्यम से ऐसा जादू करेगा कि यह स्थान इतना गरम होगा कि अरविन्द यहां रह ही नहीं पाएंगे। उसने इसका प्रयत्न भी किया। परिणामस्वरूप कुछ समय बाद उस मकान में पत्थरों की वर्षा होनी आरंभ हो गई।

वटल को कदाचित् अपने काले जादू पर विश्वास रहा होगा, किंतु अरविन्द के योग के सम्मुख वह फीका रह गया और वटल का जीवन दूभर हो गया। उसकी पत्नी को जब अपने पति के रोग का कारण विदित हुआ तो वह रोती-रोती अरविन्द और श्री मां के चरणों में आकर लोटपोट हो गई। अरविन्द को जब पता चला तो उन्होंने उस समय अमृत के सम्मुख ही कहा–''इतनी-सी बात के लिए उसके प्राण नहीं जाने चाहिए।'' उसके बाद वटल ठीक हो गया।

यह सारा तमाशा देखने वाले उन दिनों वहां जो-जो विद्यमान थे, वे थे–अरविन्द, उपेन्द्रनाथ बनर्जी, ऋषिकेश, विजय कुमार नाग, सत्येन और अमृत। यद्यपि उपेन्द्रनाथ को इन बातों पर विश्वास नहीं था, इसलिए वह रात्रि में लालटेन और लाठी लेकर पत्थर फेंकने वाले को देखने के लिए गया भी, किंतु कहीं किसी का पता नहीं चला और पत्थर आते रहे। अत: वास्तविकता का ज्ञान नहीं हो सका, तदपि अरविन्द के शिष्य समुदाय ने यही प्रचलित किया कि उनकी योग शक्ति के सम्मुख शैतान पराजित हो गया, ऐसी अनेक घटनाओं का समय-कुसमय प्रचार होता रहा है।

अरविन्द की बहन सरोजिनी घोष, सुधामयी सेन तथा प्रताप सेन पांडिचेरि आऐ तो अरविन्द उनके स्वागत के लिए स्टेशन पर गए। सरोजिनी की आर्थिक सहायता के विचार से अरविन्द की पुस्तक ''युद्ध और आत्मनिर्णय'' की पाण्डुलिपि उनको दे दी गई। उसी वर्ष कुमुद बन्धु बागची जो कभी साधक थे और बाद में वकील बने, पांडिचेरि आए।

आंध्र और तमिल से कोदण्डराम अय्या तथा रामचंद्रन पांडिचेरि आए और समय-समय पर अरविन्द से भेंट करते रहे।

'आर्य' के चार अंक दो अंकों में समाहित कर प्रकाशित किए गए थे, किंतु अब यह भी संभव न होने के कारण उसका प्रकाशन बंद करना पड़ गया था।

इसी वर्ष से सामूहिक ध्यान की परम्परा प्रचलित हुई थी। सायंकाल चार बजे वहां के सभी निवासी बरांडे में एकत्रित होकर अरविन्द के सम्मुख ध्यानावस्थित बैठ जाया करते थे।

चंद्रनगर से अरुणचंद्र दत्त तथा कलकत्ता से मृणालिनी चट्टोपाध्याय, कमलादेवी चट्टोपाध्याय और रामेश्वर डे अरविन्द से मिलने के लिए पांडिचेरि आए थे। चंद्रनगर के अरुणचंद्र दत्त के अरविन्द से मिलने का विस्तृत विवरण प्रकाशित नहीं किया गया। अत: यही अनुमान लगाना होगा कि उस संबंध में कोई समझौता वार्त्ता नहीं हुई।

श्री मां यद्यपि नवम्बर 1920 की किसी मुसलाधार वर्षा की रात्रि में उस मकान में रहने के लिए आ गई थीं, जिसमें अरविन्द रह रहे थे, तदपि जनवरी 1922 में ही उन्होंने उस घर का सारा प्रबंध अपने हाथों में ले लिया था।

चंद्रनगर में प्रचलित प्रवर्तक संघ का पांडिचेरि से तब पूर्णतया संबंध विच्छेद हो गया। श्री मां की उपस्थिति इसका कितना कारण थी, यह स्पष्ट नहीं है तदपि यह हुआ उनके पांडिचेरि का कार्यभार संभालने पर ही।

भावनगर से नारानदासी सांगानी नाम का एक व्यक्ति अरविन्द से मिलने के लिए आया, किंतु अरविन्द को उससे मिलने का समय नहीं मिल पाया तो उसने उनके विरुद्ध विष वमन आरंभ कर दिया और गुप्तचर विभाग से भी जाकर मिला। किंतु जब उसके लिये कुछ नहीं हुआ तो फिर वह अपना-सा मुंह लेकर लौट गया।

नारानदास वहां से रमण महर्षि के पास गया और मांस भक्षण के विषय में जिज्ञासा व्यक्त की। विशेषतया उसने अरविन्द के मांस भक्षण के विषय में उनके विचार जानने चाहे। सामान्यतया यदा-कदा आने वाले आगंतुकों के प्रश्नों का उत्तर देना रमण महर्षि का स्वभाव नहीं था, तदापि नारानदास को इसका उत्तर देते हुए कहा-"यह तो केवल व्यवहार और परम्परा का प्रश्न है और कुछ नहीं।"

अरविन्द जैसा योगी और सात्विक पुरुष माना जाने वाला व्यक्ति तामसी भोजन करे, यह विचित्र तो था ही, कदाचित भारतीय परम्परा के विपरीत भी था।

1922 की जुलाई में अरविन्द ने अपने किसी पत्र में लिखा था कि वे दो वर्ष से अधिक अब पांडिचेरि में नहीं रहेंगे। उन दिनों वापस भारतभूमि में जाने की चर्चा जोरों पर चलने लगी थी। किंतु इसका कोई कारण कभी बताया नहीं गया।

सितम्बर 1922 में वे सब लोग रुइ डि ला मार्टिन के एक मकान में चले गए और जिसमें अब तक रहते थे, उस मकान को अतिथि गृह के रूप में दे दिया गया।

वे फरवरी 1928 तक इस नए मकान में रहे और वहां जाने पर कुछ दिनों बाद अर्थात् अप्रैल 1923 से वहां सायंकालीन प्रवचन प्रारंभ हुए। जिसका संक्षिप्त विवरण यहां दिया जा रहा है।

9/4/1923 की शाम की चर्चा में प्रचलित राजनीति पर चर्चा हुई और ग्रामोत्थान के विधायक कार्य पर विचार-विमर्श हुआ। 13 अप्रैल को अपने गुरु लेले के विषय में गुरु भाइयों से अरविन्द ने चर्चा की, बड़ौदा और में उसके साथ अपने अनुभव का वर्णन किया। 19 अप्रैल को उन्होंने अहिंसा और हिंदू, मुस्लिम एकता पर प्रवचन दिया।

प्रवर्तक पब्लिशिंग हॉउस चन्द्रनगर और आर्यन पब्लिशिंग हॉउस कलकत्ता से पुस्तकों का प्रकाशन के संबंध में विचार-विमर्श हुआ।

साधना के विषय में अपने साथियों का सुझाव दिये।

प्रवर्तक संघ और मोती बाबू के विषय में चर्चा की गई।

विपिनचंद्र पाल की कविता के विषय में अरविन्द को मिले पत्र पर चर्चा होती रही।

सूरत में नटवरलाल भरतिया को लिखे लेले के पत्र पर अरविन्द ने विचार व्यक्त किये।

अमेरिका के रामकृष्ण मिशन पर चर्चा की तथा आध्यात्म और बाह्य संसार एवं साधना के विषय में सुझाव दिये।

बंगाल में अरुणाचल मिशन के पत्र पर विचार किया गया।

**मई 1923 :**

चंद्रनगर स्थिति प्रवर्तक संघ पर पुनः चर्चा।

बारदोली कार्यक्रम पर चर्चा। यह कार्यक्रम महात्मा गांधी का आंदोलन था।

'बिजली' के उपेन्द्र का लेख, बारीन के पत्र और मोती बाबू को लिखे गए पत्र पर चर्चा की गई।

रूस में प्रचलित कम्युनिज्म पर विस्तार से चर्चा की गई।

अरविन्द के विषय में नेविन्सन पर प्रभाव, रोबर्ट ब्रिग्स का पत्र, बम्बई में अंधेरी में देशपांडे के 'साधकाश्रम' पर चर्चा की गई।

मद्रास के स्वराज में सुब्बाराव का महात्मा गांधी और अरविन्द विषयक लेख पर चर्चा हुई।

थियोसोफी विषय पर चर्चा।

साधना पर सुझाव। भावी साधकों का फोटोग्राफ। गुरु और शिष्य के संबंधों पर विचार। गुरु कृपा का महत्त्व भी समझाया गया।

**जून 1923:**

बृहत् ग्रहों में जीवन के लक्षण तथा प्रिंस ऑफ वेल्स की यात्रा पर चर्चा। कांग्रेस को ब्रिटेन पर प्रस्ताव और उस पर अरविन्द की टिप्पणी।

सी.आर. दास का पांडिचेरि आगमन। प्रवर्तक संघ, मोती बाबू और तत्कालीन राजनीति पर चर्चा। स्वराज पार्टी के विषय पर चर्चा। अरविन्द का सी. आर.दास के आध्यात्मिक जीवन के संबंध में सहायता के लिए प्रस्ताव। किंतु इसके लिये दास को राजनीति छोड़कर पूर्णतया आध्यात्मिक जीवनयापन करने का सुझाव। दास की असमर्थता। अतः अरविन्द का उनको अपनी राजनीति करते रहने का सुझाव और साथ में साधना भी करते रहने का परामर्श।

स्वराज पार्टी की स्थापना में समर्थन देने का निर्णय।

वैदिक ऋचाओं का पद्यानुवाद प्रारंभ।

वैदों पर प्रवचन। अरविन्द का कहना था कि उन्होंने 'स्क्रिट्स ऑफ वेदाज' बड़ी त्वरा से लिखा था। अतः उसकी पुन समीक्षा की आवश्यकता है। यदि 'आर्य' की ओर से लगातार मांग के दबाव में आकर मैंने इसे न लिखा होता तो मैं कभी इसको लिख भी नहीं पाता। उस समय मुझे अपने अन्तरात्मा की प्रेरणा से कार्य करना होता था, जोकि सरल कार्य नहीं था।

मरुत, अग्नि, दिव्य ज्योति तथा वेदों पर चर्चा एवं कुछ ऋचाओं का पाठ।

दत्तात्रय, योग और महात्मा गांधी पर चर्चा।

जैन दर्शन और भौतिक विज्ञान पर चर्चा।

अरविन्द द्वारा योग के संबंध में अपने और श्री मां का अनुभव का वर्णन।

अहिंसा और आत्म शुद्धि पर चर्चा।

हिंदू, मुस्लिम एकता, अहिंसा तथा मांसाहार एवं शाकाहार पर चर्चा।

(जुलाई 1923 का विवरण सर्वथा अप्राप्य होने से यहां पर उसे समाहित करना संभव नहीं हो पाया है।)

**अगस्त 1923:**

मोतीलाल राय के पत्र पर चर्चा।

समता पर चर्चा।

वास्तविक और कृत्रिम अन्तःप्रेरणा पर चर्चा।

अहिंसा और आयरलैंड पर वार्त्ता।

कार्य और आध्यात्मिक क्रिया पर वार्त्ता।

बंगाल के योगी बारदाचरण की अरविन्द के विषय में अनुभूति। अरविन्द का जन्मदिन मनाने पर विचार और सुपर माइंड पर चर्चा।

अगस्त 20 को कलकत्ता से वीरेन के पांडिचेरि आने पर भवानीपुर केन्द्र और 'बिजली' पत्रिका के विषय पर चर्चा हुई।

**सितम्बर 1923:**

इस्लामिक संस्कृति पर चर्चा।

सितम्बर 15 को सी. आर. दास की ओर से तार आया कि उनकी पुस्तक के लिए 'दो शब्द' लिख दें। अरविन्द ने कोई आश्वासन नहीं दिया।

स्वराज पार्टी को दी जाने वाली मूक सहायता के विषय में सोचा गया कि कदाचित इससे कुछ गड़बड़ हो जाए।

साधना के विषय पर वास्तविक स्थित पर विचार।

**अक्टूबर 1923:**

बिना पूर्व स्वीकृति के पटना से मनिलाल नामक एक युवक के आ जाने पर अरविन्द का मिलने से इंकार कर देने पर बहुत विवाद उठा।

जी. वी. सुब्बाराव से लम्बी भेंटवार्त्ता हुई।

श्री मां के पैरों में पीड़ा के कारण कुछ दिनों के लिए ध्यान बंद कर दिया।

**नवम्बर 1923:**

नवम्बर 1923 को अपने शिष्यों को साधना के विषय में कुछ निर्देश दिये। मानसिक और शारीरिक जागृति के विषय पर चर्चा हुई।

**दिसम्बर 1923:**

23 दिसम्बर को आर.बी. अठावले से भेंटवार्ता। साधना पर विचार-विमर्श। मायावाद पर भी चर्चा हुई।

दिसम्बर 26 को लेले के विषय में नटवरलाल के पत्र पर चर्चा। बम्बई में घटित घटना के विषय पर तथ्यों की जानकारी (घटना की चर्चा नहीं की गई कि वह घटना क्या थी।)

**सन् 1924:**

राजकोट के रघुनाथ ठाकुर का आगमन तथा कुछ दिन वहीं रहना। सौराष्ट्र के सम्पादक अमृतलालसेठ की भेंटवार्ता, रघुनाथ ठाकुर से 'त्राटक' पर चर्चा।

काकिनाड़ा कांग्रेस अधिवेशन से लौटते हुये कुछ कांग्रेसी नेताओं का पांडिचेरि आगमन। उनके पंजीकरण पर पुलिस से कहा-सुनी।

आश्रम की स्थिति बिगड़ने पर अरविन्द का कहना था–"जिस शांति के वातावरण को मैंने यहां कठिनाई से स्थापित किया है, बाहरी शक्तियों का आश्रम की शांति भंग करने का यह प्रयत्न है।"

**जनवरी 22** से सामूहिक ध्यान स्थगित कर दिया गया और कहा गया कि प्रत्येक व्यक्ति अपने लिये स्वयं वातावरण निर्माण कर ध्यान लगाये।

सायंकालीन मिलन भी उस दिन से बंद कर दिया गया।

ध्यान और सायंकालीन प्रवचन बंद होने से अनेक साधकों को कठिनाई होने लगी। तक कुछ साधकों के लिए मंगल और शनिवार के दिन निर्धारित किये गये और कुछ साधकों के लिये गुरुवार और शनिवार का प्रातकाल का समय निर्धारित किया गया।

**जनवरी 24** को दिलीप कुमार राय से भेंटवार्त्ता। (इस भेंटवार्त्ता की आश्रमवासियों तथा शिष्यों में सामान्यतया बड़ी चर्चा होती रही है।)

जनवरी 30 से सायंकालीन प्रवचन का पुनः प्रारम्भ हुआ।

आगरा के कृपाराम से राधास्वामी मत पर विचार-विमर्श।

फरवरी मास में सूरजमल लालूभाई झवेरी और धुरन्धर, एक साधक, ने बम्बई से आकर अरविन्द से भेंट की।

महात्मा गांधी को कारावास से मुक्त किया गया। अपनी मुक्ति के उपरान्त उन्होंने जो सार्वजनिक वक्तव्य दिया, उस पर टिप्पणी करते हुए अरविन्द ने कहा–''यह ऐतिहासिक वक्तव्य है।''

**फरवरी 9 :** अंहिसा के विषय पर प्रवचन।

भड़ौच के हरिभाई झवेरी 15 को पांडिचेरि आये और 16, 17 तथा 18 तक, लगातार तीन दिन तक, अरविन्द से भेंटवार्त्ता होती रही।

**फरवरी 22:** रैम्जे मेकडोनल मंत्रिमंडल द्वार प्रदत्त सुधारों पर सायंकालीन बैठक में परिचर्चा।

**मार्च 7:** हिन्दू, मुस्लिम एकता तथा खिलाफत पर चर्चा। टैगोर और हारीन की कविता पर परिचर्चा। महात्मा गांधी द्वारा मोहम्मद अली को लिखे गये पत्र पर परिचर्चा।

**मार्च 9:** महात्मा गांधी के 'कला' पर व्यक्त किये गये विचारों पर परिचर्चा।

**अप्रैल 5:** बहाउल्ला के सम्प्रदाय 'बहाइज्म' पर चर्चा।

**अप्रैल 9:** अहिंसा और महात्मा गांधी पर चर्चा।

इंग्निशमैन बैंसकाट और फ्रेंचमैन वेलियेन्ट का अरविन्द से मिलना।

**अप्रैल 24:** जुले रोमने द्वारा लिखित पुस्तक 'नेत्रहीन दृष्टि' पर चर्चा।

**मई 8:** गांधीवाद तथा देव और असुर पर चर्चा एवं परिचर्चा।

**मई 20:** निकट भविष्य में फ्रांस में होने वाले निर्वाचनों के संबंध में वेलियेन्ट का अरविन्द से मिलकर निर्देश लेने का यत्न।

अहिंसा और साधना चतुष्ट्य पर परिचर्चा।

**जून 7:** कांग्रेस द्वारा अनिवार्य चरखा कातने संबंधी प्रस्ताव पर चर्चा।

**जून 12:** 'भविष्य की कविता' अंग्रेजी पुस्तक के प्रकाशन पर विचार।

श्रीमति ठाकुर दत्त द्वारा अरविन्द के पास अपनी कविता भेजना और ठाकुर दत्त का अरविन्द को 1000 रुपए भेंट में भेजना। हरीन चट्टोपाध्याय की कविता पर चर्चा। गांधी के पुत्र देवदास गांधी की पांडिचेरि यात्रा के संबंध में सुब्बाराम का अरविन्द को पत्र।

असहयोग आंदोलन पर चर्चा।

सत्याग्रह और असहयोग में अंतर पर चर्चा।

खादी की सफलता पर चर्चा। कला के विषय में विचार-विमर्श।

गांधी की अरविन्द को पत्र, जिससे लगता था कि न केवल उनकी पराजय हुई, अपितु उन्हें अपमानित भी होना पड़ा। इस पर चर्चा।

**जुलाई 8:** "क्या कविता भारतीय संस्कृति का आदर्श है?" विषय पर चर्चा।

कुछ तात्विक बिंदुओं पर विचार-विमर्श। निर्विकल्प समाधि पर चर्चा।

अपनी कारागार की स्मृतियों का अरविन्द का वर्णन।

कपाली शास्त्री की भेंट और वार्त्तालाप। अरविन्द में परिवर्तन के लक्षण।

**अगस्त 2:** इलाहाबाद से प्रकाशित होने वाले अपने समाचार-पत्र के लिये मोतीलाल नेहरू द्वारा लेख भेजे जाने के विषय पर विचार एवं पत्र भेजना।

**अगस्त 15:** अरविन्द का जन्मदिवस मनाया गया। साढ़े चार बजे सायं थोड़े समय के लिए अरविन्द का प्रवचन। सायंकाल साढ़े छः बजे सामान्य बातचीत। इस अवसर पर विशेष रूप से बहुत दूर से कमल के पुष्प मंगाये गये थे।

15 अगस्त को विशेष खान-पान के विषय में अरविन्द का कथन था कि जन्मदिन मनाने का पेट से कोई संबंध नहीं है। हां, यदि उचित रीति से मनाना हो तो मुझे कोई आपत्ति नहीं। (इससे यह तो सिद्ध हुआ कि अपना जन्मदिन मनाए जाने की अरविन्द की लालसा तो थी ही। श्री मां और अरविन्द के अतिरिक्त भी क्या किसी का जन्म दिन वहां कभी मनाया गया था?

**अक्टूबर 1924:** श्री मां का परिचित जापानी व्यक्ति हिरोसावा का पांडिचेरि आगमन।

**नवम्बर 14:** दिलीप राय का मोनी को पत्र और उसके साथ रोम्या रोलां का वह पत्र भी जिसमें उन्होंने 'आर्य' की पुरानी फ्रेंच भाषा की फाइलों की मांग की थी।

## सन् 1925:

**जनवरी 5:** लाजपतराय की अरविन्द, डॉक्टर निहालचंद, कृष्णदास और पुरुषोत्तमदास से भेंटवार्त्ता। तात्कालिक राजनीति पर मुक्त चर्चा।

**जनवरी 6:** श्री मां की अस्वस्थता के कारण अरविन्द का बाहर न आना।

**जनवरी 18:** रतिकान्तदास के साथ कलकत्ता के आर्य पब्लिशिंग हॉउस के विषय में चर्चा। पुस्तकों के मुद्रण की अवस्था पर विचार।

इन वर्षों में बाहर के अनेक व्यक्तियों के अपने नातेदारों अथवा निकट संबंधियों की रुग्णता के विषय में अरविन्द से आशीर्वाद की याचना के पत्र तथा तार आते रहे।

अनिल वरन राय और मोतीलाल राय के पत्र आते रहे। मोतीलाल को भेंटवार्त्ता की अपेक्षा पत्र द्वारा अपनी बात कहने का निर्देश।

**जुलाई 1:** बम्बई क्रोनिकल द्वारा सी. आर. दास की मृत्यु के उपरान्त उन पर कुछ लिखने का आग्रह। "चिंतरजन की मृत्यु महान क्षति। वे महान राजनीतिज्ञ थे। उनमें अनेक गुण थे। तिलक के उपरान्त वे ही एक व्यक्ति थे जो भारत को स्वराज की ओर ले जा सकते थे।'' (अरविन्द द्वारा इस प्रकार के विचार व्यक्त करना।)

**अगस्त 15:** उस दिन अरविन्द दस बजे बाहर आए। (अरविन्द के जन्मदिन के उपलक्ष्य में बराण्डा सजाया गया था। दुरैस्वामी, कपाली शास्त्री, केसरलाल दीक्षित, चंद्रशेखर अय्या, नागरत्नम् आदि कुल 27 व्यक्ति वहां उपस्थित थे।

**अगस्त 23:** जॉन ऑफ आर्क पर परिचर्चा।

**नवम्बर 11:** योग साधना में समता की आवश्यकता पर चर्चा।

अगस्त से नवम्बर तक अन्य भी सामान्य घटनाएं घटित होती रहीं, जिनका कोई विशेष वर्णन अथवा उल्लेखनीय विवरण प्राप्त नहीं है।

**नवम्बर 19:** अरविन्द के भाषणों के प्रकाशन का प्रश्न सामने आया। लोग चाहते थे कि अरविन्द एक बार उन पर दृष्टि डालें, जिससे कि उनको प्रकाशित किया जा सके। अरविन्द ने कहा–''यह मेरे लिए संभव नहीं है। मेरा उन भाषणों से कोई लेना-देना नहीं है। वे अतीत के लोकतंत्री अरविन्द द्वारा दिये गये थे। वे केवल नरेन की बिक्री के लिए ही उपयोगी हो सकते हैं।''

अपनी जीवनी के विषय में उन्होंने कहा, ''मेरा जीवन चरित्र लिखना असंभव है। यह विचार ही उचित नहीं है। उसे कौन लिखेगा? यही बात नहीं, किंतु कवि, दार्शनिक और योग के जीवन चरित्र लिखने का प्रयास करना व्यर्थ है, क्योंकि वे अपने बाह्य जीवन में कभी जीते ही नहीं है। उनका वास्तविक जीवन तो आंतरिक जीवन होता है। उस जीवन के विषय में अन्य कोई व्यक्ति किस प्रकार जान सकता है?''

''नेपोलियन और जूलियस सीजर जैसे क्रियाशील व्यक्ति, वे व्यक्ति जो अपने कार्य द्वारा ही प्रगति करते हैं, उनके साथ चल पाना कठिन है। उसके संबंध में भी यही सबसे अधिक उत्तम होगा कि यदि वे स्वयं अपनी जीवनी लिख सकें तो लिखें।

**नवम्बर 22:** अरविन्द ने कहा कि वे 'सिथेसिस ऑफ योग' नामक पुस्तक में कुछ सुधार करना चाहते हैं। ऐसी कृति के लिए पत्रिका उपयुक्त नहीं है। 'दि योग ऑफ नॉलेज' बहुत बड़ी है, उसे संक्षिप्त करने की आवश्यकता है और 'योग ऑफ भक्ति' बहुत संक्षेप में है, इसमें कुछ अंश सम्मिलित करने की आवश्यकता है।

चर्चा के मध्य उन्होंने कहा कि कदाचित 'सिंथेसिस' छोटी पुस्तिका के रूप में प्रकाशित की जा सकती है।

चिटगांव का एक साधक कृष्णशशि पर उन्मत्त-सा हो गया था। नवम्बर 30 को वह सहसा पांडिचेरि आ गया और उसने आश्रम में उथल-पुथल मचा दी। तीन दिन तक उसका यह तांडव चलता रहा। अंत में उसको मिलने का समय दिया गया।

**दिसम्बर 4:** गांधीवाद पर चर्चा।

**दिसम्बर 5:** वैष्णववाद पर चर्चा।

**दिसम्बर 9:** चंद्रनगर के संघ के विषय में चर्चा।

**दिसम्बर 26:** जापान से फिलिप बारबियर का आगमन।

**सन् 1926:**

**जनवरी 1:** थियोसोफी पर चर्चा।

**जनवरी 26:** कला और वैषविज्म पर चर्चा।

**जनवरी 28:** चित्रकला पर चर्चा। अरविन्द ने कहा कि उन्होंने चित्रकला अलीपुर कारागार में सीखी थी। वे ध्यानमंगन होते थे तो उस समय उनके मस्तिष्क में देवी-देवताओं की अनेक प्रतिमाएं उभरती थीं, तब उन्होंने वे चित्र बनाने आरंभ किये। किन्तु उनकी प्राथमिकताएं शिल्प तथा वास्तुशास्त्र हैं।

**फरवरी 4:** कुनीन पर चर्चा, अरविन्द ने कहा कि पिछली बार जब उन्होंने कुनीन ली थी, वह 1909 में अलीपुर कारागार में ली थी। उन पर उसका कोई प्रभाव नहीं हुआ था।

**फरवरी 24:** आंध्र का एक साधक तिरुपति का मानसिक संतुलन बिगड़ गया। वह पहले विजयनगरम् गया और फिर बिना पूर्व स्वीकृति के वह पांडिचेरि आ गया। अरविन्द ने उसको न आने का तार दिलवाया था जिसमें लिखा था, ''तिरुपति को मेरे क्रोध के विषय में सूचना दी। उसे पांडिचेरि आने से रोको। मैं उससे मिलना नहीं चाहता।''

वह बिना अनुमति के भी पांडिचेरि आ ही गया।

अरविन्द के विषय में उपरिवर्णित तार से विदित होता है कि उसका स्वभाव कैसा था? क्या योगी का ऐसा स्वभाव होना संभव है? क्या योगी कभी किसी पर क्रोध भी करता है? वह भी अपने भक्त पर? किंतु अरविन्द और उनके शिष्यों में इस विषय में ऐसा ताल-मेल है कि कोई इसकी आलोचना कर ही नहीं सकता। इसको भी एक प्रकार की लीला ही समझा जाता है। उनके क्रोध को भी आशीर्वाद माना जाता रहा है।

अपने क्रोध के विषय में स्वयं अरविन्द ने एक स्थान पर कहा है, ''मेरे विषय में मैंने अनुभव किया कि मुझमें क्रोध की मात्रा बढ़ रही है और वह मुझ पर दबाव डाल रहा है। जब वह मुझ पर आरूढ़ हुआ तो वह बिलकुल ही नियंत्रण से बाहर था। मैं स्वयं पर आश्चर्यचकित था, मैंने इसको अपने स्वभाव में पाया था। क्योंकि क्रोध को मेरे लिये सदा बाहरी रहा है....किंतु मेरा क्रोध....मेरा अभिप्राय रुद्रभाव से नहीं था, जो कि मैंने कभी-कभी अनुभव किया था।''

अपने क्रोध के विषय में स्वयं अरविन्द कहते हैं कि कभी-कभी उनमें क्रोध इतनी सीमा तक बढ़ जाता है कि जिसे 'रुद्रभाव' कहा जाता है।

इस रुद्रभाव अथवा क्रोध के विषय में श्री ए. बी. पुराणी ने अपनी अंग्रेजी पुस्तक 'लाइफ ऑफ श्री अरविन्द' के पृष्ठ 202 पर विस्तार से वर्णन किया है। अपने क्रोध के विषय में अरविन्द का उपरिलिखित विवरण भी वहीं से और उसी पृष्ठ से उद्धृत किया गया। पुराणी ने जीवनी लेखक के रूप में नहीं अपितु भक्त एवं शिष्य के रूप में वह वर्णन किया है। भक्त अथवा शिष्य पक्षपातरहित जीवनी नहीं लिख सकता। यही कारण है कि पुराणी ने क्रोध की इस घटना को भक्ति-भाव से ही ग्रहण किया है।

**मार्च 6:** चंद्रनगर में कुछ साधकों के विवाह पर चर्चा।

**मार्च 31:** बड़ौदा की स्मृतियों पर चर्चा। उसी दिन अवनींद्रनाथ और रवीन्द्रनाथ टैगोर की कला पर भी चर्चा।

**अप्रैल 7:** भारतीय राजनीतिक विधान और संस्थाओं पर चर्चा।

**मई 6:** तिरुप्ति का पुनः पांडिचेरि आना। अरविन्द द्वारा कड़े शब्दों में पत्र लिखकर उसे वापस जाने के लिये कहना।

**जून 1:** विशद ग्रहों तथा असुर पर परस्पर चर्चा।

**जून 10:** महाशक्ति की कार्यविधि और अरविन्द की स्वयं की अनुभूति पर चर्चा।

**जून 15:** उपवास के विषय पर अरविन्द ने कहा कि ''जब मैं चेट्टियार के मकान में रह रहा था, तब मैंने 23 दिन का उपवास किया था और मैं समझता हूं कि भोजन की समस्या को मैंने एक प्रकार से सुलझा लिया था। क्योंकि 23 दिनों तक बिना भोजन के रहने के उपरान्त भी मेरी शारीरिक शक्ति क्षीण नहीं हुई थी। मेरा सारा दैनंदिन कार्य यथावत् चल रहा था। मुझ में तनिक भी दुर्बलता नहीं आई थी। हां, मांस बढ़ना बंद हो गया था। मैं चितित था कि इसकी पूर्ति किस प्रकार की जाए और जब मैंने उपवास तोड़ा तो उसके लिए सांसारिक नियमों का पालन नहीं किया कि पहले कुछ हल्का पेय लूं, फिर धीरे-धीरे

भोजन ग्रहण करूं। मैंने पहले ही दिन उतना भोजन कर लिया जितना कि उपवास करने से पूर्व किया करता था।

''इससे पूर्व मैंने कारागार में उपवास किया था। वह दस दिन का था। उन दिनों मैं तीन रातों में केवल एक रात्रि को सोया करता था। उस समय मेरा दस पाउण्ड भार घट गया था। परन्तु दस दिन के बाद मैंने स्वयं को पूर्वापेक्षा अधिक सबल पाया था।''

**जून 29:** यूरोपीय और भारतीय राजनीति पर चर्चा।

**जुलाई 10:** अरविन्द ने कहा कि विवेकानन्द ने आकर उन्हें योग के विषय में ऐसा कुछ बताया जिसको वे जीवनकाल में स्वयं प्राप्त नहीं कर पाये थे। वे तीन सप्ताह तक निरन्तर मेरे पास आते रहे और फिर सहसा आना बंद कर दिया।

क्या 10 जुलाई 1926 तक भी स्वामी विवेकानन्द की आत्मा भटकती रही थी? इसी प्रकार 1910 में राजा राममोहनराय की आत्मा द्वारा प्रेरणा प्राप्त करने का उल्लेख भी क्या विश्वसनीय कहा जा सकता है?

**अगस्त 15:** इस बार के जन्मदिवस के विषय में कोई विशेष विवरण कहीं उपलब्ध नहीं है। यद्यपि प्रति वर्ष उनका जन्मदिवस बड़ी श्रद्धा से मनाया जाता रहा था।

**अगस्त 16:** बरेली में किसी व्यक्ति के विगत जीवन की जानकारी के विषय में समाचार प्रकाशित होने पर सायंकालीन सभा में उस पर चर्चा।

**सितम्बर 2:** तीन-चार महिला अधिकारियों ने ध्यान के लिए श्री मां के पास जाना प्रारम्भ कर दिया था। कुछ साल बाद पुरुष साधक भी उनके पास ध्यान के लिए जाने लगे।

**सितम्बर 7:** राष्ट्रीय नेताओं की मानसिक अवस्था पर चर्चा।

**अक्टूबर 12:** कविता पर चर्चा।

**नवम्बर 5:** देवता और असुरों पर चर्चा।

❑❑❑

# साधना की सफलता

24 नवम्बर 1926

सिद्धि का दिन।

अरविन्द को फरवरी 1910 की एक सायंकाल आत्मिक निर्देश प्राप्त हुआ कि वे कलकत्ता छोड़कर चंद्रनगर चले जाएं। यद्यपि इससे पूर्व अरविन्द के अनेक शुभचिंतक उन्हें परामर्श दे रहे थे कि, क्योंकि ब्रिटिश सरकार उन्हें बंदी बना सकती है, अत: या तो वे विलुप्त हो जाएं या फिर किसी फ्रेंच निवेश में चले जाएं। तब अरविन्द ने कह दिया था कि सरकार उन्हें बंदी नहीं बनाएगी।

किंतु फरवरी 1910 में सहसा आत्मिक प्रेरणा हुई और उन्होंने वहां पर विद्यमान सहयोगियों को साथ लिया तथा बिना किसी पूर्व सूचना के एक दिन रात्रि में नाव द्वारा चंद्रनगर जा पहुंचे।

अरविन्द की योग-साधना का यह प्रारंभ तो नहीं था, इससे पूर्व अलीपुर कारागार में रहते हुए उन्होंने गीता और उपनिषदों के अध्ययन के आधार पर योगसाधना आरम्भ कर दी थी। यही क्यों, अपने बड़ौदा के कार्यकाल में ही उन्होंने प्राणायाम से अपनी योगसाधना का श्रीगणेश कर लिया था। किंतु तब वे अपने क्रांतिकारी आंदोलन में सफलता प्राप्ति के उद्देश्य से यह करने लगे थे। कलकत्ता से चंद्रनगर जाने की घटना का क्रांतिकारी आंदोलन से कोई संबंध नहीं था। यह सहसा अंत: प्रेरणा के आधार पर ही हुआ था।

अरविन्द की तपस्या और साधना चल रही थी कि उसी मध्य में श्री मां का पांडिचेरि आगमन हुआ और वे भी उसमें सहायक सिद्ध हुईं। सन् 1926 के आरम्भ में ही शिष्यों के निर्देश का अधिकांश कार्य अब श्री मां करने लग गई थीं। अब आश्रम में तीन-चार साधिकायें भी साधना के लिए रहने लगी थीं। अगस्त मास से तो श्री मां से निर्देश प्राप्त करने वाले साधकों की संख्या बढ़ती जा रही थी। इससे यही प्रतीत हो रहा था कि अरविन्द धीरे-धीरे सांसारिकता से परे हटते जा रहे थे और श्री मां इस विषय में उनका स्थान ग्रहण करती जा

रही थीं। उन दिनों अरविन्द की ध्यानावस्था अधिकाधिक बढ़ती जा रही थी। सायंकालीन सभा के लिए उनका बाहर निकल आना भी दिन-प्रतिदिन घटता जा रहा था।

आश्चर्य की बात तो यह थी कि वहां किसी साधक ने इस परिवर्तन को न तो लक्ष्य किया और न ही इस पर किसी प्रकार की विपरीत प्रतिक्रिया हुई। तदपि सभी साधक इस परिवर्तन के साक्षी रहे हैं।

उस वर्ष अगस्त 15 से पूर्व और पश्चात् के सायंकालीन प्रवचनों में साधकों को यह अनुभव होने लगा था कि अब अरविन्द मस्तिष्क और उच्चतम, उत्तम मस्तिष्क, पर अधिक बल देने लगे हैं। साधकों ने यह परिवर्तन 1920 से ही अनुभव करना प्रारंभ कर दिया था। सन् 1926 के नवम्बर मास के प्रारंभ से ही अरविन्द के प्रवचनों में अवतार के अवतरण की संभावना पर चर्चा होने लग गई थी। अनेक शिष्यों से वार्त्तालाप के अवसर पर भी इसी प्रकार की बातों पर चर्चा होने लगी थी। अब ईश्वर के अवतार की संभावना कर अधिक बल दिया जाने लगा था। (अवतार के अवतरण की यह परिकल्पना भी श्री पुराणी की पुस्तक के आधार पर ही है। अरविन्द के शिष्य एवं श्री मां अब उनको कृष्ण का अवतार मानने और घोषित करने लगे थे।)

अरविन्द ने भी अपनी पुस्तक 'लाइफ डिवाइन' में इस विषय पर विस्तार से चर्चा की है।

अंत में वह दिन आया जिसकी वर्षों से प्रतीक्षा की जा रही थी। वह दिन जिसकी प्रतीक्षा श्री मां को इतने वर्षों से थी। अंत में वह दिन 24 नवम्बर, 1925 को आ ही गया।

सूर्य अस्ताचल को चल गया था। प्रत्येक आश्रमवासी अपने-अपने कार्य में संलग्न था। कुछ लोग समुद्र के किनारे भ्रमण के लिये गये थे। श्री मां ने सबको कहलवाया कि जल्दी से जल्दी उस बराण्डे में एकत्रित हो जाएं जहां पर ध्यान के लिए एकत्रित हुआ करते हैं। संदेश प्रसारण में अधिक समय नहीं लगा। शीघ्र ही सबको सूचना प्राप्त हो गई। 6 बजे तक अधिकांश शिष्य वहां पर एकत्रित हो गये थे। अंधकार बढ़ने लग गया था।

जहां पर श्री अरविन्द बैठा करते थे, वहां पर दीवार पर एक काला पर्दा जिसमें कुछ चीनी चित्रकारी की गई थी, वहां पर टांग दिया गया था। शिष्यों के वहां एकत्रित हो जाने पर भी वातावरण में शांति और निस्तब्धता छाई हुई थी। बहुत से शिष्यों ने यह अनुभव किया कि आकाश से प्रकाशपुंज नीचे उतर रहा है। वहां पर विद्यमान प्रत्येक शिष्य ने अनुभव किया कि उसके सिर पर किसी प्रकार का दबाव-सा बढ़ रहा है। सारा वातावरण ऐसा लग रहा था मानो चारों

ओर बिजली की ऊर्जा प्रसारित हो रही हो। उस समय वातावरण में जिस द्वार से अरविन्द आया करते थे वहां पर एक प्रकार की टिक-सी सुनाई दी। शिष्यों में उत्सुकता का सागर उमड़ने लगा था।

अधखुले द्वार से शिष्यों ने श्री मां और श्री अरविन्द को देखा। श्री मां ने संकेत से अरविन्द को कहा कि वे पहले बाहर पग रखें। उसी संकेत से अरविन्द ने श्री मां से कहा कि वे प्रथम पग रखें। तब प्रथम श्री मां ने बाहर पग रखा और अरविन्द उनके पीछे-पीछे अपने वैभवपूर्ण रूप में बाहर आए।

अरविन्द की कुर्सी के सम्मुख जो छोटी मेज रखी जाती थी, आज उसको हटा दिया गया था। श्री मां अरविन्द की दायीं ओर एक छोटे से स्टूल पर बैठ गईं।

निस्तब्धता, शांति, पूर्ण निस्तब्धता। सब ध्यानमग्न हो गये। लगभग पौने घण्टे तक ध्यान हुआ। उसके बाद क्रमशः एक-एक कर सब श्री मां के चरणों में नतमस्त होते गये। श्री मां और अरविन्द दोनों उनको आशीर्वाद देते जाते थे। ज्योंहि एक शिष्य आगे आता, प्रमाण करता मां का हाथ उसको आशीर्वाद देने के लिए उठता कि तभी अरविन्द का दायां हाथ मां के हाथ के ऊपर आ जाता। मानों मां के हाथ के माध्यम से वे उस शिष्य को अपना आशीर्वाद दे रहे हों। जब आशीर्वाद ग्रहण एवं प्रदान का कार्यक्रम सम्पन्न हुआ तो थोड़े समय के लिए पुनः सभी ध्यानमग्न बैठ गये।

श्री मां के विशेष आह्वान पर जब शिष्य वहां एकत्रित हुए और ध्यानमग्न बैठे तो उस अवधि में अनेक शिष्यों को अनेक प्रकार की अनुभूतियां होती रही थीं। जब सारा कार्य संपन्न हो गया और वे स्वतंत्र विचार करने के लिए बैठे तो सबने अनुभव किया कि वे किसी दैवी स्वप्न से जागे हैं। तब उनको उस शुभ-अवसर की भव्यता और दिव्यता का आभास-सा होने लगा। यह ऐसी बात नहीं थी कि कुछ थोड़े से शिष्य संसार के किसी कोने में एकत्रित होकर अपने गुरु अथवा श्री मां से आशीर्वाद ग्रहण कर रहे हों। इस अवसर की विशेषता तो इससे कहीं अत्यधिक और उच्चतम थी।

अब यह निश्चित हो गया कि उच्चतम चेतना ने धरती पर अवतरण कर लिया है। उस महान् निस्तब्धता में ऐसा अनुभव होने गला था कि कोई विशाल वटवृक्ष उदित हो रहा है, जो सबको अपनी छत्रछाया में शरण देगा। यह महान अवसर दिव्य एवं जीवंत शांति का संदेश संजोये हुए था। प्रत्येक शिष्य ने जो दिव्यता का उस अवसर पर अनुभव किया था वह उसके लिए महान् एवं अमूल्य निधि के समान था।

तदनन्तर श्री अरविन्द और श्री मां भीतर चले गये। उनके भीतर जाते ही दत्ता को प्रेरणा प्राप्त हुई। उसी निस्तब्धता में उसने कहा, ''परमात्मा आज मानव शरीर में प्रविष्ट हुआ है।''

क्या परमात्मा का यह संकुचन उचित था? परमसत्ता अब केवल एक में केन्द्रित होकर रह गई थी?

इसके बाद 24 नवम्बर के दिन को अरविन्द और श्री मां के जन्मदिवस के समान ही महत्त्व दिया जाने लगा। यह स्वाभाविक भी था। क्योंकि इस दिन उनके शिष्यों के शब्दों में महाशक्ति का इस धरती पर अवतरण हुआ था। और इस प्रकार उनके कर्त्तव्य की पूर्ति हुई थी। यह एक प्रकार की श्रीकृष्ण का जिस धरती पर अवतरण हुआ था, वैसा ही था।

कालान्तर में इस दिव्य अनुभूति के विषय में अरविन्द ने अनेक अवसरों पर बहुत कुछ लिखा है। अक्टूबर 1935 में उन्होंने लिखा–

''24 नवम्बर 1926 का दिन भगवान श्रीकृष्ण का इस धरती पर अवतार का दिन था। कृष्ण मात्र महान् अथवा दिव्य ज्योति ही नहीं है। कृष्ण का अवतार का अभिप्राय है स्वयं परमात्मा का अवतरण, मन: शक्ति का प्रादुर्भाव, आनन्द का प्रकटीकरण। कृष्ण आनन्दमय है।'' और वे अपने भक्तों को आनन्द की ओर अग्रसर होने में सहायक होते हैं।''

(यदि उस दिन कृष्ण का इस धरती पर अवतरण हुआ था तो फिर दासता की बेड़ियां क्यों नहीं कट गईं? बिखलती मानवता का संकट दूर क्यों नहीं हुआ? संसार से आसुरी वृत्ति का विलोप क्यों नहीं हुआ? ये तथा ऐसे ही अनेक प्रश्न प्रबुद्ध व्यक्तियों को व्यथित करते रहे हैं। किंतु न तो उनके शिष्यों ने और न स्वयं अरविन्द ने इसका कभी निराकरण किया है।

❑❑❑

# स्वतंत्रता दिवस के लिए संदेश

15 अगस्त 1947 स्वतंत्र भारत का जन्मदिन है। यह दिन उसके लिए प्राचीन युग की समाप्ति तथा नए युग के सूत्रपात की निशानी है। परन्तु एक स्वतंत्र राष्ट्र के रूप में हम अपने जीवन और क्रियाओं से उस दिन को मानवता के राजनीतिक, सामाजिक, सांस्कृतिक और आध्यात्मिक भविष्य तथा सम्पूर्ण विश्व के लिए एक नये युग के शुभारम्भ का महत्वपूर्ण दिन बना सकते हैं।

15 अगस्त मेरा जन्मदिन है और स्वभावत: ही मेरे लिए यह सुखद है कि इस दिन को इतना अधिक महत्त्व प्राप्त हुआ है। मैं इस अनुरूपता को आकस्मिक घटना नहीं मानता अपितु इसे मैं दिव्य शक्ति की अनुग्रह और प्रतीत मानता हूं, जो उन कार्यों को पूरा करने में मेरा पथ-प्रदर्शन करती है, जिनसे मैंने जीवन की शुरुआत की और जो इनकी सम्पूर्ण सिद्धि का प्रारम्भ था। वस्तुत: इस दिन मैं प्राय: उन सभी सांसारिक गतिविधियों को देख सकता हूं, जिन्हें मैं अपने जीवन में पूरा होने की आशा करता था, हालांकि तब वे अपने फलन या उपलब्धियों तक पहुंचने के समय एक असंभव स्वप्न के समान प्रतीत होती थीं। इन सभी गतिविधियों में स्वतंत्र भारत अच्छी तरह एक बड़ी भूमिका ग्रहण करके प्रमुख स्थान प्राप्त कर सकता है।

इनमें प्रथम स्वप्न उन क्रांतिकारी आंदोलन का था, जो स्वतंत्र और संगठित भारत की रचना करेगा। आज भारत स्वतंत्र है, परन्तु उसमें एकता नहीं आ पाई है। एक समय पूरी तरह ऐसा प्रतीत हुआ था कि स्वतंत्रता की इसी प्रक्रिया में हम अलग-अलग राज्यों में विश्रृंखल स्थिति के मध्य पुन: गिर पड़ेंगे, जहां हम अंग्रेजों की विजय से पहले थे। परन्तु सौभाग्यवश अब यह संभव प्रतीत होता है कि यह खतरा टल जायेगा और एक विशाल तथा शक्तिशाली संघ, यद्यपि पूर्ण नहीं, स्थापित हो जायेगा। संविधान सभा की बुद्धिमत्तापूर्ण सशक्त नीति ने ही यह संभव बना दिया है कि त्रस्त वर्गों की समस्या का बिना विच्छेद या फूट के समाधान हो जायेगा। परन्तु हिन्दुओं और मुसलमानों के रूप में प्राचीन साम्प्रदायिक वर्गीकरण अब देश के स्थाई राजनीतिक विभाजन के रूप में सुदृढ़ होता प्रतीत हो रहा है। यह आशा की जानी चाहिए कि इस निश्चित तथ्य को

सदा के लिए निश्चित या अस्थाई उपाय के कुछ अधिक के रूप में स्वीकार नहीं किया जायेगा। क्योंकि यदि यह स्थिति जारी रहती है तो भारत गंभीर रूप से दुर्बल या विकलांग भी हो जायेगा। हमेशा जनता में फूट, एक और आक्रमण और विदेशियों की विजय की भी आशंका बनी रहेगी। भारत का आंतरिक विकास और प्रगति बाधित हो सकती है, अन्य राष्ट्रों के बीच उसकी स्थिति दुर्बल हो जायेगी, उसका भविष्य विकृत या निराशामय हो जायेगा। ऐसा कदापि न होने पाए, विभाजन कदापि न हो। हमें आशा करनी चाहिए कि केवल शांति और मैत्री का ही नहीं अपितु सामूहिक कार्यवाहियों की अति तीव्र आवश्यकता अनुभव करके सामूहिक कार्यवाहियों के व्यवहार से और इस उद्देश्य को पूरा करने के उपायों की रचना करने से अपने आप ही विभाजन की स्थिति आ सकती है। इसी भांति अंत में एकता किसी भी रूप में स्थापित हो जायेगी–एकता के सटीक रूप का कोई उपयोगितावादी महत्त्व भले हो, आधारभूत महत्त्व नहीं है। परन्तु किसी भी उपाय से, किसी भी हालत में, विभाजन कदापि न हो, एकता अवश्य स्थापित होगी...क्योंकि यह भारत के भविष्य की महानता के लिए आवश्यक है।

दूसरा स्वप्न एशियायी जनता की मुक्ति और उसके पुनरुत्थान तथा मानव सभ्यता की प्रगति में उसकी महान् भूमिका की ओर उसकी वापसी का था। एशिया जाग उठा है, इसके कई विशाल भाग अब पूर्णतया स्वतंत्र हैं और इस समय मुक्त हो रहे हैं, उसके अन्य स्थिर भाग या आंशिक भाग किसी न किसी संघर्ष के द्वारा स्वतंत्रता की ओर बढ़ रहे हैं। आज या कल, अब थोड़ा ही प्रयास करना है। वहां भारत को अपना अंशदान करना है और उसने अपनी ऊर्जा तथा योग्यता के साथ अंशदान करना आरम्भ किया है। इससे यह पहले ही उस स्थान और संभावना के परिणाम का संकेत मिलता है, जिसे वह राष्ट्रपरिषद् में उपलब्ध कर सकता है।

तीसरा स्वप्न सम्पूर्ण मानवता के और अधिक स्वच्छ, उज्ज्वल एवं आदर्श जीवन के बाह्य आधार से गठित विश्व संघ का था। उस मानवीय विश्व का एकीकरण अपनी प्रक्रिया में है। वहां एक अपूर्ण अनुकृति है, परंतु भयंकर कठिनाइयों के विरुद्ध संघर्ष करते हुए। चरमोत्कर्ष वहीं है और उसे बढ़ना चाहिए और विजय प्राप्त करनी चाहिए। यहां भी भारत ने प्रमुख भूमिका निभाना आरम्भ कर दिया है और यदि वह वर्तमान तथ्यों और त्वरित सम्भावनाओं की सीमा से मुक्त एवं भविष्य में देखने वाला उसे निकट लाने वाला नेतृत्व विकसित कर पाये तो उसकी विद्यमानता से धीमी और तीव्र एवं सुस्पष्ट और सत्वर विकास की दूरी समाप्त हो जायेगी। जो कुछ हो रहा हैं उसमें एक महाविपत्ति व्यवधान डालेगी, हस्तक्षेप करेगी और नष्ट करेगी, फिर भी अंतिम परिणाम अवश्यम्भावी होगा। एकीकरण के लिए प्रकृति की आवश्यकता यह अपरिहार्य गतिविधि है।

राष्ट्रों के लिए भी इसकी आवश्यकता स्पष्ट है, क्योंकि इसके बिना छोटे राष्ट्रों की स्वतंत्रता किसी क्षण खतरे में पड़ सकती है और बड़े तथा शक्तिशाली राष्ट्रों का जीवन भी असुरक्षित हो सकता है। अतः एकीकरण सबके हित में है। मनुष्य की मूढ़ता तथा जड़ स्वार्थपरता ही इसे वाधित कर सकती है, परंतु प्रकृति की आवश्यकता तथा ईश्वरीय इच्छा के बिना ये चीजें सदा जीवित नहीं रह सकतीं। परन्तु बाह्योन्मुख आधार पर्याप्त नहीं है, अंतर्राष्ट्रीय भावना और दृष्टिकोण उत्पन्न हो, विभिन्न संस्कृतियों के मेल कथा द्विपक्षीय या बहुपक्षीय नागरिक संगठन–जैसे अंतर्राष्ट्रीय प्रारूप और संस्थायें सामने आएं। तब राष्ट्रवाद अपना इष्ट साधन कर चुका होगा और अपनी प्रखरता खो चुका होगा, उसे अब इन वस्तुओं को आत्मसंरक्षण तथा दृष्टिकोण की समग्रता प्राप्त नहीं होगी। मानवजाति पर एकत्व को एक नई भावना का अधिकार हो जायेगा।

भारत की ओर से विश्व को आध्यात्मिक भेंट का एक और स्वप्न कार्य कर चुका है। भारत की आध्यात्मिकता सदैव बुद्धिमान परिणाम के साथ यूरोप और अमेरिका में प्रवेश कर रही है। यह गतिविधि बढ़ेगी, काल की विपदाओं के बीच आशा से भरी अधिक से अधिक आखें भारत की ओर देख रही हैं और वहां केवल उसकी शिक्षाओं के प्रति ही नहीं, उसके मनोवैज्ञानिक और आध्यात्मिक साधन के प्रति समर्पण की बुद्धिमान भावना भी विद्यमान है।

अंतिम स्वप्न विकास की ओर उन्मुख उस पग से संबंधित है, जो मनुष्य को एक उच्चस्तर और सुविस्तृत चेतना के लिए जाग्रत करेगा तथा उन समस्याओं का समाधान प्रारम्भ करेगा, जिन्होंने मनुष्य को उसी समय से उद्विग्न और परेशान कर रखा है, जब मनुष्य ने पहली बार व्यक्ति की पूर्णता तथा एक पूर्ण समाज के विषय में सोचना एवं स्वप्न देखना आरंभ किया। यह सोच अब भी व्यक्तिगत आशा, धारणा और आदर्श के रूप में है, जिसने भारत तथा पश्चिम दोनों जगह भविष्यदर्शी चिंतकों को प्रभावित करना आरम्भ कर दिया है। इस मार्ग में जो कठिनाइयां हैं, वे उद्यम के किसी अन्य क्षेत्र की कठिनाइयों से कहीं अधिक विकट है, किंतु कठिनाइयां पराभूत होने के लिए होती है और यदि सर्वोच्च 'शक्ति' का अस्तित्व है तो ये अवश्य पराभूत होंगी। यहां भी यदि यह विकास निष्पन्न होना है और यह आत्मा के विकास तथा आंतरिक चेतना से उद्भूत होना है तो उसका प्रारंभ भारत से होगा। इसका क्षेत्र सर्वव्यापक होगा, किंतु केन्द्रीय गतिविधि भारत की होगी।

भारत के स्वतंत्रता दिवस के अवसर पर मेरी यहां भावनाएं हैं, यह नवीन और स्वतंत्र भारत पर निर्भर करेगा कि यह प्रत्याशी कहां तक उचित है?

❑❑❑

# भविष्य की कविता

भविष्य की कविता से हमारा आशय अरविन्द की काव्य कृत 'फ्यूचर पोइट्री' से है। 'सावित्री' यह संस्कृत नाम उनके मानव नियति के महाकाव्य का है। 'भविष्य की कविता' में उन्होंने एक स्थान पर कहा है–

''काव्य में शब्द की मौलिक शक्ति हमें दृष्टि देने के लिए होती है, न कि कुछ सोचने या अनुभव करने में हमें प्रवृत्त करने के लिये। विचार या अनुभूति दृष्टि से ही उत्पन्न होने चाहिए, या कहें दृष्टि से सम्मिलित होने चाहिए, परन्तु दृष्टि तो काव्यात्मक वाणी का प्रधान परिणाम और शक्ति है।''

अपने एक पत्र में 'सावित्री' की रचना के विषय में लिखा है कि यह रचना 'अधिमन' के प्रभाव से हुई है। उनका कहना है–

''एक आधारभूत और वैश्विक सौंदर्य दृष्टि की आवश्यकता है, इससे भी कुछ और गहन जो अभ्यन्तर की गहराई से सुने, देखे, अनुभव करें और तल के पीछे जो कुछ है, उसका प्रत्युत्तर दे। तब एक और अधिक महान्, विस्तृत और गम्भीर सौन्दर्य दृष्टि आवश्यक है जो परात्पर को भी प्रत्युत्तर दे सकती है और प्राण, मन तथा इन्द्रियबोध में परात्पर तथा आध्यात्म का जो कुछ सत्य उसमें प्रवेश करता है, उसका अनुभव करती है।''

भविष्य की कविता में उन्होंने एक स्थान पर कहा है–

''इस समय मानव दो क्षेत्रों के सीमाओं को पार करने में व्यस्त है। यह सक्रिय और मुख्यतया भौतिक बौद्धिकवाद की अवधि से उभर रहा है और एक ऐसे प्राथमिक सम्बोधि ज्ञान की जिज्ञासा की ओर बढ़ रहा है जहां बुद्धि अपनी निहित वृत्ति के वेग में अकस्मात्, मानो आशातीत सीमाओं पर सरककर आ पहुंची है। इसलिए यहां अनेक दिशाओं में ऐसी अनिश्चित है जिसमें कुछ केवल सांक्रातिंक प्रयास के रूप में महत्वपूर्ण हैं और वे यदि अंतिम तथा निर्णायक गतिविधि बन पाएं तो उनसे केवल एक चमकीले भ्रष्टाचार व पतन की स्थिति सामने आएगी।''

''इस चमकीले भ्रष्टाचार और पतन के प्रचुर चिह्न समकालीन काव्य तथा निस्सन्देह, कुशाग्रबुद्धि व्यक्तियों के काव्य में विद्यमान हैं, क्योंकि कुशाग्र बुद्धि

ही पर्याप्त नहीं है। यदि आने वाले कल की कविता को, आज की कविता का मात्र अन्यथा प्रबर्द्धन नहीं होना है और इसके बदले उसे उल्लेखनीय उपलब्धियों के साथ अव्याहत बना रहना है। तो उसे अपना क्षेत्र विस्तृत करना पड़ेगा। जब विश्व अपने आभ्यान्तरिक विवरणों के साथ मनुष्य के समक्ष प्रस्तुत होता है जिस विश्व को हमने कभी बनाया ही नहीं, उसके सामने भयभीत और अपरिचित बने रहने की अनुभूति से काम नहीं चलेगा।

''मनुष्य के भौतिक दृष्टिकोण का विस्तार पर्याप्त रूप से उनकी चेतना के विस्तार के अनुरूप होना चाहिए। मनुष्य में आत्मा के द्वार खुलने तथा नये अन्तर्दर्शन के प्रकट होने के साथ ही, अंधेरे में खोजने की प्रक्रिया का अंत हो सकता है। अंतर्दृष्टि उसी तरह कवि की चारित्रिक शक्ति है, जिस तरह दार्शनिक के लिए विवेचनात्मक विचार आवश्यक वरदान होते हैं और वैज्ञानिक के लिए विश्लेषणात्मक पर्यवेक्षण स्वाभाविक प्रतिभा होती है।''

अरविन्द की ''सावित्री'' के विषय में श्री मां का कथन है कि 'सावित्री' श्री अरविन्द की अंतर्दृष्टि की सर्वोच्च अभिव्यक्ति है। काल की यात्रा के साथ-साथ हमारे युग का महान् विरोधाभास अधिक उद्दीप्त होता जाएगा, बहुविध पीड़ाओं से रक्त-रंजित समकालीन रचनात्मकता के मध्य आगामी स्वर्णिम कल का पूर्ण अन्तर्दर्शन प्रस्फुटित हो उठा है, हताशा और क्रोध के क्रन्दन से ध्वनित व प्रतिध्वनित होती हुई 'वर्तमान' के छायाभासी दुर्ग की अंधकारमय भूल-भुलैंया के कहीं पार्श्व में एक अद्‌भुत भैरव राग के नये प्रभात का स्वागत करता हुआ गूंज उठेगा।

समकालीन साहित्य में जीवनी शक्ति से कम्पायमान, व्यथापूर्ण क्रन्दन की प्रामाणिकता को चुनौती नहीं दी जा सकती। ये निश्चय ही सर्वाधिक स्वाभाविक अनुभव की वास्तविक संप्रेषित करते हैं। परन्तु अरविन्द के महाकाव्य 'सावित्री' के अंतर्दर्शन तथा पूर्ण आश्वासन को भी चुनौती नहीं दी जा सकती, वे भी चेतना के अपूर्व साहस यात्रा के आलेख हैं।

अरविन्द रहस्योन्मेषी आध्यात्मिक कवि हैं। परन्तु रहस्यात्मक अनुभव भी किसी विशेष क्षेत्र की वास्तविकता होते हैं। अपने नाम के अनुकूल अधिकांश कविताओं में रहस्य के कुछ तत्त्व अवश्य विद्यमान रहते हैं। परन्तु उनके कवियों के लिए साधारणतय यह आवश्यक नहीं कि उस रहस्यात्मकता में विश्वास करने की उनमें प्रवृत्ति हो, अपनी कविता में एक गोपनीय जादुई आकर्षण आयात करने की अपेक्षा उनके पास करने के लिए कुछ और नहीं होता। परन्तु अरविन्द के संदर्भ में स्थिति भिन्न थी। उनका विश्वास था कि एक दिन रहस्यमयी चोटियों की भव्यता मनुष्य के जीवन में समाहित हो जायेगी, क्योंकि मनुष्य, जैसा कि आज वह है, एक सांक्रांतिक जीव मात्र है।

'सावित्री' इन अर्थों में अप्रतिम है कि इसका नायक एक नारी है।

विश्व के महान महाकाव्यों में जिस प्रकार से बाह्य संघर्ष का चित्रण होता है, 'सावित्री' में उससे अलग हटकर यह संघर्षमूल चेतना के क्षेत्र का संघर्ष है।

'सावित्री' 23, 813 पंक्तियों में मुक्त छन्द में लिखी गई है। यह अंग्रेजी भाषा का सर्वाधिक लम्बी कविता है। यह अपने सूक्ष्मतम तथा महत्वपूर्ण अर्थ में भारतीय है। इसकी कथा अतीत में भारत की वीरगाथात्मक विरासत से ली गई है। अतीत में भारत के दो महान महाकाव्यों... 'रामायण' और 'महाभारत' की भांति इसकी आध्यात्मिकता पृथ्वी के साथ संग्रथित है।

यह महाकाव्य सम्पूर्ण राष्ट्रीय ढांचे को अतिक्रमित करता है, यह आलिंगन करता है उस रहस्य का जो सृष्टि है और मनुष्य है। ऐसा नहीं कि ये अतिक्रमणकारी तत्त्व अन्य महाकाव्यों में नहीं, किन्तु 'सावित्री' में मनुष्य के भाग्य का अंतर्दर्शन प्रधान रूप में महत्वपूर्ण है।

'द लाइफ डिवाइन' अरविन्द का महान् गद्य काव्य माना जाता है। जिसमें उन्होंने चेतना के विकास के ढंग तथा अंतिम सत्य के स्वभाव और जिस प्रकार यह जड़ प्राण और मन के त्रिविध सत्ता वाले विश्व से जुड़ा हुआ है, उसकी धैर्यपूर्ण परीक्षा करते हुए स्पष्ट किया है कि हम किस भांति उस चरम-सत्य और उस विश्वअन्तर्मन के बीच संबंध स्थापित करें। ऐसा करने के मध्य कोई भी जीवन्त प्रश्न, शोध करने के लिए छोड़ नहीं दिया गया, जो मानव को आवद्ध किए हुए है।

इस विश्व में हमारे जीवन को एक भविष्य में पैठना है, पर यह भिन्न प्रकार से। हमारे इसी सांसारिक अस्तित्व में एक रूपान्तर हमारी प्रतीक्षा कर रहा है। इसे अपने गद्य काव्य में उन्होंने एक स्थान पर कहा है–

''वर्तमान समय में मानव जाति विकास क्रम की एक संकटावस्था में से गुजर रही है, जिसमें उसकी नियति का चुनाव छिपा हुआ है। कारण, एक ऐसी स्थिति आ गई है, जिसमें मनुष्य का मन कुछ दिशाओं में विपुल प्रगति कर चुका है। जबकि अन्य दिशाओं में वह अवरुद्ध और भ्रमित होकर खड़ा है और अब अपनी राह नहीं खोज पा रहा है। मनुष्य के सदा क्रियाशील रहने वाले मन और प्राण, इच्छा ने बाह्य जीवन की एक इमारत खड़ी कर दी है और वह इमारत इतने बड़े आकार की है, इतनी जटिल है कि वह दुस्साध्य हो गई है। वह इमारत उसने अपने मन, प्राण और शरीर के दावों और प्रेरणाओं के लिए बनाई है। यह एक संश्लिष्ट राजनीतिक, सामाजिक, शासनिक, आर्थिक सांस्कृतिक यंत्र है। उसकी बौद्धिक, भावनात्मक सौन्दर्यबोधी और भौतिक तुष्टि के लिए एक संगठित सामूहिक साधन है।

''मनुष्य ने जिस सभ्यता तंत्र की रचना की है वह इतना बड़ा बन गया है कि मनुष्य की सीमित मानसिक सामर्थ्य, समझ और उसकी और भी अधिक सीमित आध्यात्मिक तथा नैतिक सामर्थ्य उसका उपयोग और संचालन नहीं कर

सकती। यह तंत्र मनुष्य के प्रमादपूर्ण अहं और उसकी क्षुधाओं का अत्यन्त खतरनाक सेवक हो गया है। कारण, उसकी चेतना की सतह पर अब तक कोई ऊर्ध्वदर्शी मन, ज्ञान की कोई संबोधिमय आत्मा नहीं आई है, जो जीवन की इस मौलिक परिपूर्णता को उसका अतिक्रमण करने वाली किसी वस्तु के मुक्त विकास के लिए, उपयुक्त परिस्थित बना सके। जीवन साधनों की नई परिपूर्णता, मनुष्य को उसकी आर्थिक तथा भौतिक आवश्यकताओं के अनवरत और अतृप्त दबाव से छुड़ा सकने में अपनी सामर्थ्य के कारण भौतिक जीवन के ऊपर उठे हुए अन्य और महत्तर लक्ष्यों के पूरे अनुसरण करने के लिए एक उच्चतर सत्य, शिव एवं सुंदर के आविष्कार के लिए एक ऐसे महत्तर तथा दिव्यतर आत्मा के आविष्कार के लिए मिलने वाला सुयोग हो सकता है, जो जीवन में प्रविष्ट होगा और जीवन की सत्ता की एक उच्चतर पूर्णता के लिए व्यवहृत करेगा। परन्तु इसके बदले उसका उपयोग नई आवश्यकताओं, संख्या वृद्धि और सामूहिक अहं के आक्रामक विस्तार के ही लिया किया जा रहा है। साथ ही, भौतिक विज्ञान ने विश्वशक्ति की बहुत सारी क्षमताओं को मनुष्य के हाथों में पकड़ा दिया है और मानव जाति के जीवन को भौतिक रूप से एक कर दिया है। परन्तु इस विश्व शक्ति का उपभोक्ता तो एक तुच्छ, मानवीय, वैयक्तिक या सामुदायिक अहं ही होता है। जिसके ज्ञान प्रकाश या गतिविधि में कुछ भी वैश्विक नहीं होता। कोई आंतरिक बोध या शक्ति नहीं होती। जो मानव जगत् के इस स्थूल रूप के साथ खिंच आने में किसी सच्ची जीवन एकता, मानसिक एकता या आध्यात्मिक एकता की रचना करें। वहां तो बस परस्पर विरोधी मानसिक भावों की विशृंखलता है, व्यक्ति और समुदाय के शारीरिक अभावों और आवश्यकताओं की प्रेरणाएं है। प्राण के दावे और कामनाएं हैं, अज्ञानमयी प्राण प्रेरणा के अन्तर्वेग हैं, व्यक्तियों, वर्गों और राष्ट्रों की जीवन तुष्टि की क्षुधाएं और पुकारें हैं, राजनीतिक, सामाजिक और आर्थिक सर्वरोगनाशकों और धारणाओं का फला-फूला कुकुरमुत्ता है, नारों और रामवाणों की भीड़भाड़ और रेल-पेल है। जिसके लिए मनुष्य अत्याचार करने और अत्याचार सहने को, मारने और मरने को तैयार रहता है। उन्हें अपने हाथ में आए हुए विशाल और अतिकराल साधनों से किसी-न-किसी प्रकार आरोपित करने को तैयार रहता है और ऐसा वह इस विश्वास से करता है कि यह उसका किसी आदर्श तक पहुंचने का मार्ग है।

"मानवीय मन तथा प्राण का विकास-क्रम अवश्य ही वर्द्धमान विश्व भाव की ओर ले जायेगा। परन्तु अहं और खण्डकारक तथा विभाजक मन के आधार पर विश्वसत्ता की ओर यह उन्मीलन केवल असंगत विचारों और अन्तर्वेगों का विशाल अंकुरण, विपुल शक्तियों और कामनाओं का उभार, एक विशालतर जीवन की अदृश्य और परस्परमिश्रित मानसिक, प्राणिक तथा भौतिक सामग्री का अस्त-व्यस्त समूह ही रच सकता है। चूंकि वह सामग्री आध्यात्म सत्ता की सर्जनशील और सामंजस्यपूर्ण प्रकाश द्वारा उद्धृत नहीं होगी। वह अवश्य ही

विश्वव्याप्त अस्त-व्यस्तता और विसंगति में निमग्न हो रही होगी, जिसमें से किसी महत्तर सामन्जस्यपूर्ण जीवन का निर्माण असंभव होगा।

''यदि पृथ्वी पर आध्यात्मिक जागरण 'जड़ता' में हमारे जन्म का छिपा हुआ सत्व है, यदि मूलत: चेतना का एक विकास है, जो प्रकृति में कार्य कर रहा है, तब मनुष्य जैसा कि वह है, विकास की अंतिम अवस्था नहीं हो सकती। वह आत्मा की एक अत्यन्त अपूर्ण अभिव्यक्ति है। स्वयं मन एक अत्यन्त सीमित रूप और उपकरण है, मन तो चेतना की केवल एक मध्यस्थिति है, मनोमय सत्ता केवल संक्रमणकालीन सत्ता है। तब मनुष्य यदि मनोमय अवस्था को अतिक्रम करने में अक्षम है तो उसे पीछे छोड़ दिया जायेगा और अतिमन तथा अति मानव ही अभिव्यक्त होंगे और सृजन का नेतृत्व करेंगे। परन्तु उसका मन यदि उसको अतिक्रम करने वाली शक्ति के प्रति अपना द्वार खोल देने में सक्षम है तो इस बात का कोई कारण नहीं दिखता कि स्वयं मनुष्य अतिमन और अतिमानवता तक क्यों नहीं पहुंच सकता या कम-से-कम अपने मन, प्राण और शरीर को उस महत्तर अवस्था के विकासक्रम के लिए 'आत्मा' जो प्रकृति में अभिव्यक्त हो रही है, उसके लिये दे सकता है।''

❑❑❑

# प्रयाण

अरविन्द का जन्म 15 अगस्त 1872 को हुआ था। यदि सांसारिक दृष्टि से कहा जाए तो उसका वास्तविक सांसारिक जीवन तो केवल 24 नवम्बर 1926 तक की ही रहा है तदुपरान्त वे सिद्धयोगी के रूप में ही अधिक जाने जाते रहे हैं और उनकी सांसारिक गतिविधियां केवल आशीर्वाद देने के लिये हाथ उठाने के रूप तक ही सीमित हो गई। भेटवार्त्ताएं भी लगभग समाप्त हो गईं।

सांसारिक दृष्टि से श्री अरविन्द को सिद्धि तो प्राप्त हो गई थी, किंतु क्या वे स्वयं भी इसको इसी रूप में ग्रहण करते थे? यह प्रश्न विचारणीय है।

24 नवम्बर 1926 के आरम्भ कर 5 दिसम्बर 1950 तक जबकि उन्होंने अपने पार्थिव शरीर का परित्याग किया, इन 25 वर्षों में उनकी सिद्धि का क्या प्रतिफलन हुआ, यह भी विचारणीय है।

1872 से आरम्भ कर नवम्बर 1926 तक के 54 वर्ष के सांसारिक जीवन में और 1927 से 1950 तक के 25 वर्षों के तापस अथवा योगी अथवा सिद्ध पुरुष के रूप में श्री अरविन्द के जीवन का विश्लेषण अभी तक नहीं हो पाया है। जो कि होना चाहिये।

इन्हीं पृष्ठों पर आगे हम उनके जीवन की कुछ प्रमुख घटनाओं का विवरण दे रहे हैं, उनसे भी यही विदित होता है। प्रारंभ के 54 वर्ष सांसारिक दृष्टि से अत्यन्त महत्वपूर्ण रहे हैं। उन वर्षों में वे संसारोन्मुखी रहे हैं। उन वर्षों का भी यदि वर्गीकरण किया जाए तो इसमें से 16 वर्ष और कम हो जाते हैं। अर्थात् सन् 1910 तक वे संसारोन्मुखी रहे हैं।

अरविन्द ने 1892 में लंदन से भारत की स्वतंत्रता के लिए प्रयास करने के उद्देश्य से 'लोटस एण्ड द डेगर' नाम से एक गुप्त संगठन का सूत्रपात किया था। वास्तव में उस दिन से उनका क्रांतिकारी जीवन आरंभ होता है। तदुपरान्त वे 1893 में भारत वापस आए और बड़ौदा महाराज की सेवा में रहते हुए भी देशहित का चिंतन करते रहे तथा स्वतंत्रता के प्रयासों में सक्रिय योगदान किया।

इस प्रकार 1882 से आरंभ 1910 तक का उनका 18-19 वर्ष का क्रांतिकारी जीवन स्वयं में एक अनुपम उदाहरण है। तदुपरान्त साधक के रूप में

भी वे इस दिशा में प्रयत्नशील रहे। समय-समय पर अपने द्वारा प्रकाशित पत्र-पत्रिकाओं में वे इसी दिशा में लिखते-लिखाते रहे और अपने सहयोगियों तथा शिष्यों को इसके लिये प्रोत्साहित करते रहे।

पांडिचेरि में रहे हुए भी 1920 तक जब श्री मां पांडिचेरि नहीं पधारी थीं तब तक अरविन्द का जीवन ध्यान, योग और कर्मयोग के मध्य विचरण कर रहा था। श्री मां के पांडिचेरि आ जाने के उपरान्त अथवा पांडिचेरि आने पर से श्री मां ने उनके निवास की सारी व्यवस्था अपने हाथ में ली तब से ही एक प्रकार से अरविन्द वास्तविक रूप से अधिक अंतर्मुखी हो गये थे। तब से ही उन्होंने अपनी साधना की ओर अधिक ध्यान दिया। अपने सहयोगियों, शिष्यों, शुभचिंतकों से उनका मिलना निरंतर कम होता गया। श्री मां का इसमें सम्पूर्ण योगदान रहा है।

''यदि ऐसा न हुआ तो क्या होता?'' अनेक प्रसंगों में इस प्रश्न पर अनेक दृष्टियों से विचार किया जाता है। अरविन्द के संबंध में यह विचार करना नितान्त आवश्यक है कि यदि श्री मां का भारत आगमन न हुआ होता, यदि श्री मां का पांडिचेरि आगमन न हुआ होता, यदि श्री मां का अरविन्द के निकट पहुंचना न हुआ होता, यदि श्री मां ने उनकी व्यवस्था का भार न ग्रहण किया होता, तो क्या होता?

ये सब प्रश्न महत्वपूर्ण होने पर भी अब इन पर विचार करना व्यर्थ है क्योंकि जो होना था, वह घटित हो चुका है। यदि भारतीय चिंतन परम्परा के अनुसार यह कहा जाए कि 'जो होना था वही हुआ है।' तो इससे सान्त्वना प्राप्त होती है, अन्यथा मनुष्य प्रश्नों के जाल में इतना उलझ जाता है कि उससे निकलना असंभव हो जाता है।

भारतीय जन-जीवन से अनेक विदेशी स्त्री-पुरुषों का विभिन्न प्रकार से योगदान रहा है। यह योगदान आदिकाल से है, केवल अरविन्द के जीवन काल में यह घटित नहीं हुआ है। उसके अनुसार ही अरविन्द के जीवन को भी एक विदेशी कहीं जाने वाली शक्ति ने न केवल प्रभावित किया अपितु अनुप्रमाणित किया। उन दोनों में कौन अधिक शक्तिशाली था, यह प्रश्न व्यर्थ है। दोनों ने एक-दूसरे को प्रभावित किया है। श्री मां ने भी अरविन्द की ही भांति अपनी गृहस्थी का परित्याग किया था। दोनों के जीवन में न तो अरविन्द की पत्नी ने अरविन्द के आध्यात्मिक जीवन में और न श्री मां के पति ने श्री मां के आध्यात्मिक जीवन में किसी प्रकार का न तो कोई हस्तक्षेप किया और न ही किसी प्रकार का व्यवधान उपस्थित किया। यदि यह कहा जाए कि दोनों ने ही उसकी साधना के लिए भगवान से प्रार्थना की तो अधिक उपयुक्त होगा।

अरविन्द के जीवन के 24 नवम्बर, 1926 के उपरान्त की घटनाएं सार्वजनिक नहीं हो पाईं। तदपि ऐसा मान्यता है कि सन् 1942-45 के मध्य

सहयोगी शक्तियों पर विजय प्राप्त करने के लिए अरविन्द ने आध्यात्मिक शक्ति का प्रयोग किया।

इससे यह अभिप्राय ग्रहण किया जाता है कि उस समय जो द्वितीय विश्व युद्ध चल रहा था, उसमें हिटलर जैसी नाजी और फांसीवादी शक्तियां प्रबलरूप ग्रहण करती हुई विश्व को नाश के कगार की ओर धकेल रही थीं। अरविन्द ने उनको नष्ट करने के लिए अपनी आध्यात्मिक शक्ति का प्रयोग किया, इस प्रकार विश्व भयंकर विनाश से बच गया। एक अनहोनी टल गई। अन्यथा अरविन्द इसे मानव विकास की योजना पर गहरा आघात मानते थे। उस आघात को उन्होंने निराघात कर दिया।

1947 के आस-पास की घटनाएं स्वयं अरविन्द के देश में विचित्र मोड़ ले रही थीं। देश का विभाजन हो गया। इस अवसर पर अरविन्द ने खेद तो व्यक्त किया है, किंतु 1942-45 की भांति अपनी आध्यात्मिक शक्ति का प्रयोग नहीं किया। क्यों? देश खण्ड-खण्ड हो गया, किंतु अरविन्द की आध्यात्मिक शक्ति जो हिटलर को पराजित कर सकी, वह अपने देश को खण्डित होने से न बचा सकी। क्यों? असंख्य निष्पक्ष नागरिकों के मन में यह प्रश्न सदा कौंधता रहेगा और इसका उत्तर देने वाला न तब कोई था, न आज कोई है और न भविष्य में ही कोई होगा।

अरविन्द ने चारों ओर खींचा तथा तथाकथित प्रभा-मण्डल कभी इस प्रश्न का समाधान नहीं होने देगा।

**1947:** 15 अगस्त, 1947 को भारत देश, खण्डित भारतदेश स्वतंत्र हुआ। संयोग से यह अरविन्द का 75वां जन्मदिवस भी था। उस दिन उनसे जब देशवासियों के नाम कोई संदेश देने के लिए कहा गया तो उन्होंने जो कुछ कहा वह उनकी ही भाषा अर्थात् अंग्रेजी में इस प्रकार था-

'आई हैव बीन आस्क्ड फॉर ए मैसेज ऑन दिस ग्रेट ऑकेजन, बट आई एम परहैप्स हार्डली इन अपॉजीशन टू गिव वन।''

अर्थात् ''मुझसे इस महानतम दिवस के अवसर पर कोई संदेश देने के लिए कहा गया है, किंतु कदाचित ही मैं इस स्थिति में हूं कि कुछ सकूं।''

उसके बाद भी उन्होंने इस अवसर पर बहुत कुछ कहा है, जिसे हम आगे के पृष्ठों पर उसके हिंदी अनुवाद के रूप में यथावत प्रकाशित कर रहे हैं।

यहां पर यह बताना भी समीचीन होगा कि 24 नवम्बर 1926 से आरंभ कर 5 दिसम्बर 1950 कहें अथवा इससे कुछ दिन पूर्व तक जब तक कि अरविन्द सचेत रहे होगे, तब तक अरविन्द और श्री मां ने मनुष्यों को आशीर्वाद दिया है। दोनो विभूतियों से व्यक्तिगत सम्पर्क साधना हर किसी के लिए संभव नहीं रह गया था।

अपने आशीर्वाद और अपनी आध्यात्मिक शक्ति, जिसका उल्लेख हम 1942-45 की घटनाओं के सदंर्भ में कर चुके हैं, के अतिरिक्त अरविन्द के सांसारिक जीवन की कोई भी उल्लेखनीय घटना नहीं रही है।

द्वितीय विश्वयुद्ध के अवसर पर हिटलर जैसी शक्तियों पर अंकुश लगाने अथवा पराजित करने के लिए अपनी आध्यात्मिक शक्ति का अरविन्दं द्वारा प्रयोग किया जाना भी उसकी किसी जीवनी में, उनके मुख से कहे गए के रूप में, उल्लिखित नहीं है, अपितु यह उनके परम भक्त एवं शिष्यों का अपना अनुमान मात्र है।

**5 दिसम्बर, 1950:** अरविन्द के प्रयाण का दिन।

अरविन्द ने उस दिन अपना पार्थिव शरीर त्याग दिया। पांडिचेरिवासियों ने उस समय यही प्रचारित किया कि पांच दिन तक, जब तक उनका पार्थिव शरीर, विश्व भर में फैले उनके भक्तों और शिष्यों के अंतिम दर्शनों के लिए रखा रहा, वह ज्योतिर्मय दिखता रहा। उस पर 'डिके' अर्थात् अपघटन का लेखमात्र भी चिह्न नहीं था। छठे दिन अथवा पांचवे दिन के अवसर के उपरान्त कुछ अपघटन आरंभ हुआ था अथवा नहीं, इस ओर किसी ने कोई संकेत नहीं दिया।

**9 दिसम्बर 1950:** अरविन्द के मृत अर्थात् पार्थिव शरीर को महासमाधि में रख दिया गया। यों एक क्रांतिकारी का, एक रोगी का शरीरांत हुआ अथवा एक और जीवन का अंत हो गया, उसी समय असंख्य शरीरों अथवा जीवनों का अंत प्रतिदिन होता है। उस दिन भी असंख्य जीवनों का अंत हुआ होगा, उसी गणना में अरविन्द का जीवन भी आता है।

❑❑❑

# वर्णानुक्रम से जीवन की प्रमुख घटनाएं

| | |
|---|---|
| 1872: | 15 अगस्त, 1872 को कलकत्ता में जन्म। पिता ब्रिटिश सरकार के नौकर और सरकार के परम भक्त। माता को अपने पिता से विरासत में देशभक्ति प्राप्त। |
| 1879: | 7 वर्ष की आयु में अपने दो बड़े भाइयों के साथ इंग्लैंड प्रस्थान। आरंभिक शिक्षा यद्यपि दार्जिलिंग में हुई थी, तदपि वास्तविक शिक्षा का प्रारम्भ इंग्लैंड में हुआ। |
| 1879-1883: | अरविन्द द्वारा अपनी प्रतिभा का प्रकटीकरण एवं अनेक विदेशी भाषाओं का ज्ञानार्जन। 'फॉक्स फैमिली मैग्ज़ीन' में कविता लेखन। |
| 1890: | कुशाग्र बुद्धि एवं ज्ञानार्जन के कारण छात्रवृत्ति की उपलब्धि। आई.सी.एस. आदि अनेक परीक्षाओं में उच्चश्रेणी में उत्तीर्ण। आई.सी.एस. की घुड़सवारी की परीक्षा में सम्मिलित न होने के कारण अनुतीर्ण। |
| | 'इंडियन मजलिस' के सचिव पद पर नियुक्ति। |
| 1892: | लंदन में 'लोट्स एण्ड डेगर' नामक संस्था की स्थापना। संस्था का उद्देश्य भारत की स्वाधीनता के लिए प्रयत्न करना। यह गुप्त संगठन था। |
| 1893-1900: | महाराज बड़ौदा से परिचय। किसी मित्र की सहायता से बड़ौदा में नौकरी की व्यवस्था। |
| | भारत वापसी। |
| | बड़ौदा निवास एवं कार्य। |
| | बम्बई से प्रकाशित 'इन्दु प्रकाश' में क्रांतिकारी लेखों का प्रकाशन। |

भारतीय साहित्य का गहन अध्ययन।

योगाभ्यास के रूप में प्राणायाम की साधना। योगी लेले से भेंट।

अनेक क्रांतिकारी संगठनों से सम्पर्क।

निरन्तर कविता की रचना।

1901: विवाह के लिए विज्ञापन।

विवाह से पूर्व 'चान्द्रायण' न करवाने पर दृढ़।

कलकत्ता में मृणालिनी देवी से आडम्बर रहित विवाह।

1902-1905: कलकत्ता के क्रांतिकारियों से निरन्तर सम्पर्क।

प्रतिवर्ष अवकाश के मास में कलकत्ता जाकर क्रांतिकारियों की प्रोत्साहित एवं संगठित करना।

राष्ट्रवादी शक्तियों एवं संगठनों का उद्बोधित करना।

बंग विभाजन।

भवानी मंदिर की योजना।

क्रांति आंदोलन में तीव्रता एवं गतिशीलता का संचार।

1906: विपिनचन्द्र पाल के अनुरोध पर उनकी पत्रिका 'वन्देमातरम्' का अस्थायी सम्पादन।

बड़ौदा की नौकरी का त्याग।

कलकत्ता आगमन एवं नेशनल कॉलेज के प्राचार्य का कार्यभार संभालना।

पूर्ण स्वराज की घोषणा पर बल।

स्वतंत्रता संघर्ष के लिए पांच सूत्री योजना प्रस्तुत करना।

1907: भारतीय राष्ट्रीय कांग्रेस के सूरत अधिवेशन में उपस्थित रहकर प्रमुख भूमिका का निर्वाह तथा गरम दलवालों का सहयोग।

राष्ट्रवादियों द्वारा आयोजित अलग अधिवेश की अध्यक्षता।

'वन्देमातरम्' पर सरकार का प्रकोप।

आरोपों से मुक्ति।

1908: अलीपुर षड्यंत्र के प्रकरण में बंदी बनाया जाना।

कारागार में विभिन्न प्रकार के आध्यात्मिक अनुभव एवं साधना।

आध्यात्मिकता की ओर अधिक उन्मुखता।

1909: कारागार से मुक्ति।

'धर्म' तथा 'कर्मयोगिन्' की स्थापना एवं संपादन।

1910: अन्तरात्मा की पुकार पर ब्रिटिश भारत से चन्द्रनगर को प्रस्थान।

फ्रेंच उपनिवेश पांडिचेरि में पदार्पण।

ब्रिटिश सरकार द्वारा बंदी बनाए जाने की योजना।

गुप्तचार विभाग के एक कर्मचारी की रसोइए के रूप में उनके निवास पर नियुक्ति।

पांडिचेरि में ब्रिटिश सरकार द्वारा विभिन्न प्रकार के उपद्रवों का अपनी योग शक्ति से उपशमन।

योगाभ्यास में अधिकाधिक संलग्नता।

1914: 'श्री मां' का प्रथम बार पांडिचेरि आगमन एवं अरविन्द से भेंट।

'आर्य' पत्रिका का प्रकाशन।

1918: धर्मपत्नी मृणालिनी देवी की कलकत्ता में मृत्यु।

1920: 'श्री मां' का पुनः स्थायी रूप से पांडिचेरि आगमन तथा अरविन्द के साथ निवास।

योग साधना में श्री मां का सहयोग एवं घर की व्यवस्था।

आश्रम के विस्तार का प्रारंभ।

1926: साधना की सिद्धि।

24 नवम्बर 1926 को 'अधिमन' पर अरविन्द की 'सिद्धि'।

योगसाधना ही एकमात्र लक्ष्य एवं उस दिशा में प्रगति।

(24 नवम्बर 1926 के उपरान्त अरविन्द ने सार्वजनिक जीवन से एक प्रकार से संन्यास ग्रहण कर लिया था। अपनी योग साधना करते हुए यद्यपि उनका लेखन एवं काव्य रचना निरन्तर चलते रहे, तदपि जनसामान्य से उनका सम्पर्क टूट गया। पांडिचेरि आश्रमवासियों एवं उनके आधार पर विश्व भर में फैले अरविन्द के शिष्यों की इस धारणा का प्रचार-प्रसार कि द्वितीय विश्व युद्ध के समय हिटलर द्वारा किए गए और भविष्य में, यदि वह विजयी हुआ तो उससे

होने वाले विनाश का अरविन्द द्वारा पुर्वानुमान तथा उसको निरस्त करने के लिए अपनी योग शक्ति का प्रयोग कर हिटलर को पराजय की ओर धकेलना और इस प्रकार मानवता की रक्षा में अपना योगदान।)

1947: 15 अगस्त 1947 को अरविन्द के 75वें जन्मदिवस पर खंडित भारत का स्वतंत्र होना और अरविन्द का अपने शिष्यों एवं देशवासियों के नाम संदेश प्रसारित करना।

(अपने यौवनकाल में अरविन्द देश की स्वतंत्रता के लिए संघर्षरत रहे और जब उनका रुझान योग की ओर बढ़ने लगा तो उन्होंने संघर्ष से विरत होते हुए घोषणा की थी कि 'भारत की स्वतंत्रता का कार्य अब वासुदेव कृष्ण स्वयं संभाल रहे हैं।' तदपि भारत खण्ड-खण्ड हुआ। स्वतंत्रता के उपरांत भी अरविन्द तीन वर्ष सशरीर इस धरा पर विद्यमान रहें, किंतु उस अवधि की उनके जीवन का कोई उल्लेखनीय घटना नहीं है। इतना ही क्यों, जैसा कि हमने पूर्व पृष्ठों पर लिखा है कि 1910 में पांडिचेरि आ जाने के उपरांत अधिकांशतया और 24 नवम्बर 1926 के उपरांत उनके जीवन की कोई उल्लेखनीय घटना का विवरण प्राप्त नहीं है।)

1950: 5 दिसम्बर 1950 को देहावसान।

अरविन्द के मृत शरीर को पांच दिन तक उनके शिष्यों द्वारा अंतिम दर्शन के लिए रखा जाना।

9 दिसम्बर 1950 को अरविन्द की मृत देह को समाधि में स्थापित करना।

❑❑❑

# कालक्रमानुसार अरविन्द की रचनाएं

अरविन्द ने जो कुछ भी लिखा वह अंग्रेजी में ही लिखा है। यहां उनकी रचनाओं की वर्षक्रमानुसार सूची प्रस्तुत है। इस सूची को उनकी जीवनी का अंश बनाना इसलिए आवश्यक है कि उनके जीवन के अर्थात् व्यक्तिगत जीवन से, जो लोग प्रभावित थे, वे सब एक-एक कर कालकवलित हो गए हैं अथवा होते जा रहे हैं, यह स्वाभावित प्रक्रिया है। इसलिए उनकी कृतियां ही एकमात्र ऐसा साधन है जो उनके जीवन के विषय में, उनके कार्य के विषय में तथा भारत के पुनरुत्थान में उनके योगदान के विषय में कुछ कह सकती हैं।

न केवल इतना अपितु नवम्बर 1926 के उपरान्त की जीवनी सर्वथा अलभ्य होने से भी वर्षक्रमानुसार इस सूची से उनकी गतिविधियों का किंचित आभास मिल जाता है।

इस सूची को यहां प्रकाशित करने का यही एकमात्र कारण नहीं है। इसका एक और कारण यह भी है कि समस्त विश्व में इनकी बहुत चर्चा है, इनका अध्ययन होता है और उसके उपरांत विचार-गोष्ठियां आयोजित की जाती हैं। न केवल भारत में अपितु विश्व में इनकी मांग है।

उनकी रचनाओं की यह सूची पूर्ण है, इसका दावा हम नहीं कर सकते। तदपि हमने यत्न किया है कि अधिकाधिक कृतियों का इसमें उल्लेख किया जाए। सम्भवतया इसके अतिरिक्त भी कहीं कोई पुस्तक प्रकाशित हुई हो अथवा किसी के पास अभी भी उनकी पांडुलिपि सुरक्षित हो अस्तु।

**वर्ष 1893-94**

1. न्यू लैम्प्स फॉर ओल्ड
2. बंकिमचन्द्र चटर्जी।

इंग्लैंड से भारत वापस लौटने के उपरांत श्री अरविन्द क्रांतिकारी गतिविधियों में लिप्त होने लगे थे। उस समय बम्बई से प्रकाशित होने वाले 'इन्दु प्रकाश' में उन्होंने यह धारावाहिक लेखमालाएं आरंभ की थीं। पहली लेखमाला 9 अंकों में 7 अगस्त 1893 से 6 मार्च 1894 तक तथा दूसरी लेखमाला 7 अंकों में 16 जुलाई 1894 से 27 अगस्त 1894 तक प्रकाशित हुई थी।

**वर्ष 1895:**

1. सांग्स टू मिर्तिल्ला एण्ड अदर पोइम्स।

इसका प्रथम संस्करण लक्ष्मी विलास प्रिंटिंग प्रेस बड़ौदा से, निजी प्रसार के लिए प्रकाशित किया गया था। इसका दूसरा संस्करण 1909 में तथा पुनः 1923 में आर्य पब्लिसिंग हॉउस, कलकत्ता से प्रकाशित हुआ। इसे 'कलेक्टेड पोइम्म एण्ड प्लेज' में समाहित कर 1942 में पुनः प्रकाशित किया गया था।

**वर्ष 1896:**

1. उर्वशी

अनुमान किया जाता है कि लक्ष्मी विलास प्रेस से ही 1896 में इसका प्रकाशन निजी वितरण के लिए किया गया था तथा इसका पुन प्रकाशन 1909 में कलकत्ता से किया गया और इसे भी 'कलेक्टेड वर्क्स एण्ड प्लेज' में समाहित कर 1942 में पुनः प्रकाशित किया गया है।

**वर्ष 1906-1910:**

1. 'वन्देमातरम्' पत्रिका।
2. 'कर्मयोगिन्' पत्रिका।

'वन्देमातरम्' का प्रकाशन सितम्बर 1908 तक होता रहा था।

'कर्मयोगिन्' का प्रकाशन 27 जून 1909 को प्रारम्भ होकर 2 अप्रैल 1910 तक चलता रहा था।

**वर्ष 1908:**

1. एडवाइस टू नेशनल कॉलेज स्टूडेंट्स।
2. दि प्रजेन्ट सिंचुएशन।

अरविन्द घोष द्वारा दिए गए इन दो व्याख्यानों का प्रकाशन 1908 में हुआ था अब इनको उनके व्याख्यानों के संग्रह में समाहित कर दिया गया है।

**वर्ष 1909:**

1. दि ओपन लैटर टू हिज कन्ट्रीमैन।
2. 'धर्म' बंगला भाषा का साप्ताहिक।

इसका प्रथम प्रकाशन 1909 में कलकत्ता में हुआ था और फिर इसको 'कर्मयोगिन्' अंक संख्या में पुनर्प्रकाशित किया गया था।

**वर्ष 1910:**

पांडिचेरि आगमन के उपरांत अरविन्द ने एक लेख बंगला में 'भारती' तथा एक लेख 'सुप्रभात' में लिखा था। कालान्तर में इन दोनों लेखों को 'कारा

कहानी' के रूप में प्रवर्तक पब्लिसिंग हॉउस, चन्द्रनगर से 1922 में पुनः प्रकाशित किया गया।

## वर्ष 1911:

1. विक्रमोवर्शीयम्।

यह कालिदास के इसी नाम से संस्कृत नाटक का रूपान्तर था। इसका प्रथम संस्करण 1911 में कलकत्ता से प्रकाशित हुआ था और पुनः थोड़े से संशोधन से इसको कालान्तर में पाडिचेरी से प्रकाशित किया गया था।

## वर्ष 1914-1921:

1. आर्य।

15 अगस्त 1914 को इस पत्रिका का प्रकाशन आरंभ किया गया था जो जनवरी 1921 तक प्रकाशित होता रहा। इसमें लेखमालाएं प्रकाशित होती रहीं जिनको कालान्तर में पुस्तक के रूप में भी प्रकाशित किया गया।

## वर्ष 1915:

1. अहन एण्ड अदर पोइम्स।

प्रथम संस्करण पांडिचेरि से प्रकाशित हुआ और इसमें 25 कविताएं थीं। कालांतर में उनको 'कलेक्टेड पोइम्स एण्ड प्लेज' में समाहित कर लिया गया।

## वर्ष 1918 (अनुमानित)

1. दि आइडियल ऑफ दि कर्मयोगिन।

इसका प्रथम संस्करण कहीं भी प्राप्त नहीं है। कालान्तर में इसका चंद्रनगर और कलकत्ता से अनेक बार पुनर्प्रकाशन होता रहा है। इसमें समाविष्ट 12 लेख प्रथम 'कर्मयोगिन्' में प्रकाशित हुए थे। इसके अंत में दो लेख सिस्टर निवेदिता द्वारा लिखे गये थे।

## वर्ष 1919:

1. दि उत्तरपाड़ा स्पीच।

इसका प्रथम संस्करण प्रवर्तक पब्लिशिंग हॉउस, चन्द्रनगर द्वारा अगस्त 1919 में प्रकाशित किया गया था। 'कर्मयोगिन्' के अंक 1 और 2 में इसको सर्वप्रथम 1909 में प्रकाशित किया गया था।

यह अरविन्द द्वारा उत्तरपाड़ा में दिया गया अभिभाषण है।

2. कठोपनिषद्।

कठोपनिषद् को प्रथम 'कर्मयोगिन्' के अंक 3 तथा 6 से 10 तक प्रकाशित किया गया था। कालान्तर में इसका प्रथम संस्करण पूना की अस्तेकर एण्ड कं. ने प्रकाशित किया था।

3. दि आइडियले ऑफ ह्यूमन यूनिटी।

प्रथमत: 'आर्य' के सितम्बर 1915 से जुलाई 1918 तक के अंकों में प्रकाशित हुआ था। कालान्तर में 1919 में इसको मद्रास से पुस्तक रूप में प्रकाशित किया गया। इसके बाद 1950 में अरविन्द आश्रम से इसका द्वितीय संस्करण प्रकाशित हुआ था। उसी वर्ष न्यूयार्क से इसका अमेरिकन संस्करण भी प्रकाशित हुआ था।

**वर्ष 1920:**

1. दि सेवन उपनिषदम्।

प्रारम्भ में ये 'कर्मयोगिन्' के खण्ड 1, अंक 1 जून 1909, अंक 2, जुलाई 1909, तथा अंक 31, 32 एवं 34 में सन् 1910 में प्रकाशित हुए। सन् 1920 में पूना की अस्तेकर एण्ड कं. ने इसको मराठी अनुवाद सहित ईश, केन और मुन्डक उपनिषद् को प्रकाशित किया था।

2. दयानन्द।

दयानन्द: 'द मैन एण्ड हिज वर्क टुगेदर विद दयानन्द एण्ड वेद' का प्रथम संस्करण 1920 में गुरुकुल कांगड़ी विश्वविद्यालय से प्रकाशित हुआ था। 'वैदिक मैग्ज़ीन' में प्रकाशित उनके लेख का यह पुस्तक रूप में पुनर्प्रकाशन था। कालान्तर में इसको 'बंकिम, तिलक, दयानन्द' नामक पुस्तक में समाहित कर दिया गया था जो कि सन् 1840 में प्रकाशित हुई थी।

3. दि रिनेसां इन इंडिया।

आर्य के खण्ड 5 अंक 1 से 4 में प्रकाशित 4 लेखों का संग्रह प्रथम बार 1920 में चंद्रनगर से प्रकाशित किया गया था।

4. आइडियल्स एण्ड प्रोग्रैस।

'आर्य' पत्रिका के विभिन्न अंकों में विभिन्न अवसरों पर प्रकाशित इन लेखों के संग्रह को 1920 में आर्य पब्लिशिंग हॉउस कलकत्ता में प्रकाशित किया गया था।

5. दि सुपरमैन।

'आर्य' पत्रिका में प्रकाशित तीन लेखों के संग्रह को 1920 में प्रकाशित किया गया।

6. इवोल्यूशन।

'आर्य' पत्रिका में प्रकाशित तीन लेखों का संग्रह 1920 में प्रकाशित।

7. थौट्स एण्ड ग्लिम्पसेज।

'आर्य' पत्रिका में प्रकाशित लेखों का 1920 में प्रकाशित संग्रह। इसका द्वितीय संस्करण 1923 में प्रकाशित हुआ था।

8. वार एण्ड सेल्फ डिटरमिनेशन।

'आर्य' पत्रिका में प्रकाशित लेखों का मद्रास से 1920 में प्रकाशित संग्रह।

9. अरविन्देर पत्र।

प्रवर्तक पब्लिशिंग हॉउस, चंद्रनगर, द्वारा 1920 में प्रकाशित अरविन्द के विभिन्न अवसरों पर लिखे गये कुछ प्राप्त पत्रों का संग्रह।

## वर्ष 1921:

1. ईश उपनिषद्।

'आर्य' पत्रिका में 1915 में प्रकाशित लेखों का अनुवाद, टिप्पणी और विश्लेषण सहित, आर्य पब्लिशिंग हॉउस, कलकत्ता से 1921 में प्रकाशित।

2. द योग एण्ड इट्स ऑब्जेक्ट।

प्रवर्तक पब्लिशिंग हॉउस, चंद्रनगर, द्वारा 1921 में प्रकाशित।

3. लव एण्ड डेथ।

'शमा' पत्रिका में प्रकाशित लेखों का संग्रह 1921 में मद्रास से प्रकाशित।

4. ए सिस्टम ऑफ नेशनल एजुकेशन।

1910 में 'कर्मयोगिन्' में प्रकाशित लेखों का मद्रास से प्रकाशित संग्रह।

5. कालिदासाज सीजन्स।

'कर्मयोगिन्' में 1909 में प्रकाशित तीन लेखों का मद्रास से प्रकाशित संग्रह।

6. दि एज ऑफ कालिदास।

टैगोर एण्ड कं. मद्रास से 1921 में प्रकाशित प्रथम संस्करण।

7. कलकत्ता रिव्यू।

ये और आगे के कुछ निबंधों को कालान्तर में 'कालिदास' नाम से आर्य साहित्य भवन, कलकत्ता से प्रकाशित पुस्तक में समाहित कर लिया गया था।

8. दि ब्रेन ऑफ इंडिया।

'कर्मयोगिन्' में 1909 में प्रकाशित लेखों का 1921 में प्रकाशित संग्रह।

## वर्ष 1922:

1. मैन, स्लेव और फ्री।

'कर्मयोगिन्' में 1909 में निजी वितरण के लिए प्रकाशित लेखों का चंद्रनगर से प्रकाशित संग्रह।

2. बाजी प्रभु।

'कर्मयोगिन्' में प्रकाशित लेखों का पांडिचेरि से प्रकाशित संस्करण।

3. एस्सेज ऑन दि गीता।

'आर्य' पत्रिका में इसी शीर्ष से प्रकाशित निबंधों का प्रथम संस्करण मद्रास

से तथा द्वितीय संस्करण 1926 में 'एस्सेज ऑन दि गीता', फर्स्ट सीरीज नाम से प्रकाशित।

एस्सेज़ ऑन दि गीता की द्वितीय लेखमाला 1928 में कलकत्ता से प्रकाशित कालान्तर में 1950 में न्यूयॉर्क से भी इसका प्रकाशन हुआ।

4. दिन नेशनल वेल्यू ऑफ आर्ट।

'कर्मयोगिन्' में 1909 में प्रकाशित लेखों का संग्रह चंद्रनगर से प्रकाशित।

5. स्पीचेज ऑफ श्री अरविन्दो।

एक खण्ड के दो भागों में प्रकाशित। प्रथम भाग के निबंध इससे पूर्व 'वन्देमातरम्' पत्रिका में प्रकाशित हो चुके थे।

6. कारा कहानी।

प्रवर्तक पब्लिशिंग हॉउस, चंद्रनगर, द्वारा 'दि स्टोरी ऑफ प्रिजन लाइफ' का बंगला संस्करण प्रकाशित।

**वर्ष 1923:**

1. ऋषि बंकिमचन्द्र।

'वन्देमातरम्' राष्ट्रगान के गद्य और पद्य में दो अनुवादों का चंद्रनगर से प्रकाशन। इससे पूर्व 'कर्मयोगिन्' पत्रिका में 1909 में इसका प्रकाशन हो चुका था।

2. दि नीड ऑफ नेशनलिज्म एण्ड अदर एस्सेज।

'कर्मयोगिन्' में 1909 में प्रकाशित पांच लेखों का मद्रास से प्रकाशित संग्रह।

3. सौंग्न ऑफ दि सी।

चितरंजनदास के मूल 'सागर संगीत' बंगला कविताओं का अरविन्दकृत अंग्रेजी अनुवाद का मद्रास से प्रकाशन।

**वर्ष 1924:**

1. दि सेन्चुअरी ऑफ लॉइफ।

भर्तृहरि की कुछ रचनाओं का 1910 में 'कर्मयोगिन्' में तथा 1917 में 'आर्य' पत्रिका में प्रकाशित कविताओं का मद्रास से प्रकाशित संग्रह।

**वर्ष 1928:**

1. दि मदर।

प्रथम संस्करण आर्य साहित्य, कलकत्ता द्वारा प्रकाशित।

**वर्ष 1929:**

1. कालिदास।

लेखों का कलकत्ता से प्रकाशित संग्रह।

## वर्ष 1933:

1. द रिडल ऑफ दिस वर्ल्ड।

कुछ प्रश्नों के उत्तर में लिखित लेखों का कलकत्ता से प्रकाशित प्रथम संस्करण।

## वर्ष 1934:

1. दि टीचिंग एण्ड आश्रम ऑफ श्री अरविन्दो।

प्रथम संस्करण पांडिचेरि से प्रकाशित। 1948 में इसका द्वितीय संस्करण भी 'श्री अरविन्दो एण्ड हिज आश्रम' नाम से द्वितीय भाग के रूप में प्रकाशित।

## वर्ष 1935:

1. सिक्स पोइम्स।

चंद्रनगर से बंगला अनुवाद सहित प्रकाशित। संग्रह के अंत में लेखक के कुछ पत्र और नोट्स समाविष्ट कर दिये गये हैं।

2. लाइट्स ऑन योगा।

अपने शिष्यों को लिखे गये पत्रों का सारांश। प्रथम संस्करण हावड़ा से प्रकाशित। द्वितीय संस्करण में 1942 में संस्कृत शब्दों की व्याख्या भी प्रकाशित।

## वर्ष 1936:

1. वेसेज ऑफ योग।

शिष्यों को लिखे गये पत्रों का सारांश, आर्य पब्लिशिंग हॉउस, कलकत्ता से प्रकाशित।

## वर्ष 1937:

1. श्री अरविन्दो।

श्री अरविन्द का जीवन चित्रण, आर्य पब्लिशिंग हॉउस, कलकत्ता से प्रकाशित।

## वर्ष 1939-40:

1. दि लॉइफ डिवाइन।

दो खण्डों में आर्य पब्लिशिंग हॉउस, कलकत्ता से प्रकाशित 'आर्य' पत्रिका में 1914 से 1916 तक प्रकाशित लेखों का संग्रह।

इसका अमेरिकन संस्करण 1040 पृष्ठों का श्री अरविन्दो लाइब्रेरी, न्यूयॉर्क से 1949 में प्रकाशित हुआ।

2. बंकिम, तिलक, दयानन्द।

पूर्व में प्रकाशित लेखों अथवा पत्रिका का पुस्तकाकार संग्रह, आर्य पब्लिशिंग हॉउस, कलकत्ता से प्रकाशित।

3. द मैन दैड पास्ड।

कमयोगिन् में 1909 में, रमेशचन्द्र दत्त के निधन पर प्रकाशित लेख का संग्रह।

## वर्ष 1941:

1. हेराक्लिटस।

'आर्य' पत्रिका में 1916-17 में प्रकाशित लेखों का संग्रह, आर्य पब्लिशिंग हॉउस, कलकत्ता द्वारा प्रकाशित।

2. व्यूज एण्ड रिव्यूज।

'आर्य' पत्रिका में प्रकाशित लेखों का अरविन्दो लाइब्रेरी, मद्रास द्वारा प्रकाशित संग्रह।

3. पोइम्स।

इसके प्रथम तीन 'सोनेट' कलकत्ता रिव्यू में 1934 में प्रकाशित हुए थे। कालान्तर में गवर्नमेंट सेट्रल प्रेस, हैदराबाद द्वारा प्रकाशित संग्रह।

## वर्ष 1942:

1. कलेक्टेड पोइम्स एण्ड प्लेज।

दो खण्डों में प्रकाशित। प्रथम संस्करण श्री अरविन्दो आश्रम पांडिचेरि से प्रकाशित।

## वर्ष 1944:

1. ऑन दि वार।

प्रथम संस्करण, आर्य पब्लिशिंग हॉउस, कलकत्ता द्वारा प्रकाशित।

2. लेटर्स ऑफ श्री अरविन्दों एण्ड दि मदर।

प्रथम संस्करण।

कालान्तर में द्वितीय संस्करण के प्रकाशन के अवसर पर इनको मैसेज ऑफ श्री अरविन्दो एण्ड दि मदर' में समाहित कर लिया गया।

## वर्ष 1946:

1. पोइम्स पास्ट एण्ड प्रजेन्ट।

ये कविताएं इससे पूर्व, 'ऐडवेन्ट' और 'श्री अरविन्दो सर्कल' में प्रकाशित हो चुकी थीं। इसका प्रथम संस्करण श्री अरविन्दो आश्रम पांडिचेरि ने प्रकाशित किया।

2. हिम्स टु दि मिस्टिक फायर।

'आर्य' पत्रिका में पूर्व प्रकाशित हिम्स का प्राक्कथन सहित अरविन्दो आश्रम पांडिचेरि के प्रथम संस्करण का प्रकाशन। कालांतर में 1952 में पुनर्प्रकाशन के अवसर पर अधिक संख्या में हिम्स का समावेश किया गया।

**वर्ष 1947:**

1. लेटर्स ऑफ श्री अरविन्दो।

श्री अरविन्द के 'लेटर्स टु डिसापइल्स' के अतिरिक्त इन पत्रों का प्रकाशन श्री अरविन्दो सर्कल, बम्बई ने किया था।

2. दि सिग्निफिकेन्स ऑफ इंडियन आर्ट।

'आर्य' पत्रिका में 'इन डिफेंस ऑफ इंडियन आर्ट' शीर्षक से प्रकाशित लेखों का 'श्री अरविन्दो सर्कल' बम्बई द्वारा प्रकाशन।

3. दि स्पिरिट एण्ड फॉर्म ऑफ इंडियन पोलिटी।

पूर्व की भांति ही बम्बई से प्रकाशित।

**वर्ष 1948:**

1. मोर लाइट्स ऑन योग।

अरविन्द द्वारा अपने शिष्यों को लिखे गये पत्रों का सारांश, अरविन्दो आश्रम पांडिचेरि, द्वारा प्रकाशित।

2. श्री अरविन्दो एण्ड हिज आश्रम।

पूर्व प्रकाशित संग्रह का परिवर्धित संस्करण, आर्य पब्लिशिंग हॉउस, कलकत्ता, द्वारा प्रकाशित।

3. दि सिन्थिसिस ऑफ योग।

'दि योगा ऑफ डिवाइन वर्क्स' शीर्षक के प्रथम भाग श्री अरविन्दो लाइब्रेरी मद्रास द्वारा प्रकाशित। इसके बारह निबंध 'आर्य' पत्रिका के 1915 के अंकों में प्रकाशित हुए थे। 1950 में इसका अमेरिकन संस्करण न्यूयॉर्क से प्रकाशित हुआ।

4. दि डाक्ट्रिन ऑफ पैसिव रेजिस्टेंस।

'वन्देमातरम्' में 1907 में प्रकाशित लेखों का संग्रह आर्य पब्लिशिंग हॉउस कलकत्ता द्वारा प्रकाशित।

## वर्ष 1949:

1. लेटर्स ऑफ श्री अरविन्दो।

शिष्यों की लिखे गये पत्रों के सारांश की द्वितीय लेखमाल श्री अरविन्दो सर्कल बम्बई द्वारा प्रकाशित।

2. आफटर दि बार।

आर्य पत्रिका के अगस्त 1920 में प्रकाशित लेखों का संग्रह श्री अरविन्दो आश्रम, पाँडिचेरि, द्वारा प्रकाशित।

3. दि ह्यूमन साइकल।

'आर्य' पत्रिका में 1916-1918 में प्रकाशित निबन्धों का संग्रह श्री अरविन्दो आश्रम, पांडिचेरि द्वारा प्रकाशित।

इसका अमेरिकन संस्करण न्यूयॉर्क से 1950 में प्रकाशित हुआ।

4. लेटर्स ऑफ श्री अरविन्दो।

इस शीर्षक का तृतीय लेखमाला। श्री अरविन्दो आश्रम, पांडिचेरि द्वारा प्रकाशित।

5. चित्रगंदा।

श्री अरविन्दो आश्रम, पांडिचेरि, द्वारा प्रथम संस्करण प्रकाशित।

## वर्ष 1950:

1. सावित्री: एलीजेन्ड एण्ड ए सिम्बल, खण्ड-1।

इसका प्रथम पृष्ठ श्री अरविन्दो ने अपने हस्तलेख से प्रारंभ किया गया है। इसका प्रकाशन श्री अरविन्दो आश्रम, पांडिचेरि से हुआ है।

2. थॉट्स फ्रॉम श्री अरविन्दो।

प्रथम लेखमाला। विभिन्न विषयों पर अरविन्द द्वारा लिखे गये निबंधों का सार संग्रह श्री अरविन्दो आश्रम, पांडिचेरि द्वारा प्रकाशित।

## वर्ष 1951:

1. सावित्री: ए लीजेण्ड एण्ड सिम्बल, खण्ड 2 तथा 3।

श्री अरविन्दो आश्रम, पांडिचेरि द्वारा प्रकाशित।

2. लेटर्स ऑफ श्री अरविन्दो।

चतुर्थ लेखमाला। श्री अरविन्दो आश्रम, पांडिचेरि से प्रकाशित।

3. लेटर्स ऑफ श्री अरविन्दो ऑन सावित्री।

श्री अरविन्दो आश्रम, पांडिचेरि द्वारा प्रकाशित।

4. कनवरशेन्स ऑफ दि डैड।

'कर्मयोगिन्' में 1909 में प्रकाशित लेखों का संग्रह।

5. साइन्स एण्ड कल्चर।

कुछ चुने हुए निबंधों का सार संग्रह। श्री अरविन्दो आश्रम, पांडिचेरि, द्वारा प्रकाशित।

## वर्ष 1952:

1. दि प्रॉब्लम ऑफ रिबर्थ।

'आर्य' पत्रिका में 1921 में प्रकाशित लेखों का संग्रह, श्री अरविन्दो आश्रम, से प्रकाशित।

2. केन उपनिषद्।

'आर्य' पत्रिका में 1915-16 में प्रकाशित लेखों का श्री अरविन्दो आश्रम, पांडिचेरि से प्रकाशित संग्रह।

3. ए ग्लोसरी ऑफ संस्कृत टर्मस् इन लाइफ डिवाइन।

श्री अरविन्दो आश्रम, पांडिचेरि से प्रकाशित।

4. दि सुपरमेन्टल मेनिफेस्टेशन अपोन अर्थ।

'बुलेटिन ऑफ फिजिकल एजुकेशन' में 1949 में प्रकाशित लेखों का संग्रह श्री अरविन्दो आश्रम, पांडिचेरि द्वारा प्रकाशित।

5. लेटर्स आफ श्री अरविन्दो ऑन मदर।

श्री अरविन्दो आश्रम, पांडिचेरि द्वारा प्रकाशित।

6. मैसेजेज ऑफ श्री अरविन्दो एंड दि मदर।

श्री अरविन्दो आश्रम, पांडिचेरि द्वारा प्रकाशित।

7. लाइक-लिटरेचर-योग-न्यू लेटर्स विद क्वेश्चन्स।

'मदन इंडिया' पत्रिका में प्रकाशित पत्रों का पुनर्प्रकाशन।

8. सेइंग्स ऑफ श्री अरविन्दो एंड दि मदर।

श्री अरविन्दो आश्रम पांडिचेरि, से प्रकाशित।

9. लास्ट पोइम्स।

श्री अरविन्दो आश्रम, पांडिचेरि द्वारा प्रकाशित।

## वर्ष 1953:

1. एलिमेंट ऑफ योग।

प्रश्नों सहित नये पत्र। सन् 1936 में पूछे गये प्रश्नों के उत्तर सहित। श्री अरविन्दो आश्रम, पांडिचेरि द्वारा प्रकाशित।

2. दि मैसेज एंड मिशन ऑफ इंडियन कल्चर।

श्री अरविन्दो आश्रम, पांडिचेरि से प्रकाशित।

3. एट उपनिषद्स।

श्री अरविन्दो आश्रम, पांडिचेरि द्वारा प्रकाशित।

4. दि फ्यूचर पोइट्री।

'आर्य' पत्रिका में 1917 में प्रकाशित कविताओं का संशोधित संस्करण अरविन्दो आश्रम पांडिचेरि द्वारा प्रकाशित।

5. दि फाउन्डेशन्स ऑफ इंडियन कल्चर।

'आर्य' पत्रिका में विभिन्न अवसरों पर विभिन्न शीर्षकों से प्रकाशित निबन्धों का संग्रह श्री अरविन्दो आश्रम, पांडिचेरि से प्रकाशित।

6. श्री अरविन्दो ऑन हिमसैल्फ एंड ऑन दि मदर।

अपने जीवन, गतिविधियां तथा उनके आध्यात्मिक अनुभवों के आधार पर समय-समय पर लिखे गये पत्रों तथा नोट्स का संग्रह।

''श्री अरविन्दो इंटरनेशनल यूनिवर्सिटी सेन्टर कलेक्शन'' का यह प्रथम खंड है। इसका प्रकाशन पांडिचेरि से हुआ।

7. दि माइन्ड ऑफ लाइट।

यह 'सुप्रामेन्टल मेनिफेस्टेशन अपोन अर्थ' विभिन्न शीर्षक से प्रकाशित है। इसे न्यूयॉर्क में प्रकाशित किया गया था।

## वर्ष 1956:

1. सांग्स ऑफ विद्यापति।

विद्यापति के गीतों पर आधारित, श्री अरविन्दो आश्रम, पांडिचेरि से प्रकाशित।

## वर्ष 1957:

1. इलियन।

अरविन्दो आश्रम, पांडिचेरि का प्रकाशन।

## वर्ष 1958:

1. रोडोगुन।

श्री अरविन्द आश्रम, पांडिचेरि का प्रकाशन।

## वर्ष 1959:

1. दि वजीर्स ऑफ वसरा।

श्री अरविन्दो आश्रम, पांडिचेरि का प्रकाशन।

❑❑❑